KB155718

인문의 힘 시리즈 ①

인문의 눈으로
세상을 보다

염 철 현

머리말

지난해 출간된 《현대인의 인문학》은 우리 대학에서 교양과목으로 개설된 《현대인의 인문학》의 교재로 사용되었다. 강의명과 나란히 제목을 붙였다. 무려 500여 명의 수강생이 몰려 인문학을 향한 그들의 갈증을 확인시켜 주었다. 저자에게는 학생들의 인문학적 소양을 함양하는 데 일조할 수 있었다는 보람과 함께 앞으로 더 다양한 관점에서 글을 써 나가야겠다는 특별한 동기를 부여해 준 계기가 되었다.

이후 지속적으로 인물, 역사, 사상, 문화, 리더십 등 다양한 주제에 대해 글을 쓰고 있다. 사실 글을 더 왕성하게 쓸 수 있는 용기를 갖게 된 것은 외부의 자극이나 격려도 중요하지만 세월의 두께도 한몫 거들었다. 나이를 한 살 더 먹을수록 배우고 익히고 성찰한 내용을 더 많은 사람과 공유, 공감하고 싶은 욕구가 깊어졌다. 그렇다고 특별한 주제에 대해 쓰거나 논하는 것도 아니다. 누구나 생각하기 쉬운 주제들을 나만의 관점에서 생각을 거듭한 후 고치고 다듬어 글로 옮겨보는 것이다. 젊을 때보다 낮은 두꺼워지고 속은 넓어졌다고나 할까. 젊었을 때는 누군가가 내 글을 평가하는 게 부끄럽고 두려웠다면, 요즘엔 오히려 그런 평가가 더 기다려지고 고맙다는 생각이 든다. 이를 두고 타자에 대한 포용과 관대함이 양일(洋溢)해졌다고 하면 교만일까.

저자는 드라마나 영화 등으로 제작, 방영되는 다큐멘터리나 사극(史劇) 등은 인문학의 본질을 쉽게 설명하는 콘텐츠라고 생각한다. 《현대인의 인문학》에서는 KBS에서 장기간 인기리에 방영 중인 휴먼다큐멘터리 〈인간극장〉이야말로 인간의 동선을 충실하게 좇아가는 인문학의 본보기라고 설명한 바 있다. 사극 역시 인문학의 본질을 이해하는 데 안성맞춤의 콘텐츠다. 일례로 저자는 이순신 장군을 주제로 글을 쓰기 위해 2004년 제작된 대하드라마 〈불멸의 이순신〉을 다시 보게 되었는데, 저자의 인문학적 소양을 한층 더 키울 수 있는 시간이 되었다고 생각한다. 이 드라마는 임진왜란 때 누란의 위기에 놓인 조선을 구한 이순신 장군의 일대기를 그리고 있다. 한 사람의 일대기를 다루었지만 주인공 이순신을 중심으로 당대의 정치, 사회, 전쟁, 국제관계, 인간의 심리, 리더십 등을 다양한 각도에서 조명한다. 드라마 속에서 이순신은 21세기에 재탄생하여 시청자인 나에게 질문을 던진다. "인간이란 어떤 존재이고, 어떤 가치를 지향하는가?" "삶의 의미란 무엇인가?" "나와 국가와의 관계는 무엇인가?" "왜 국가는 존재하는가?" "전쟁의 대의명분이란 무엇인가?" "국가 간의 외교란 무엇인가?" "리더십이란 무엇인가?" 등등.

저자는 이 물음이야말로 인문학이 추구하는 핵심적인 영역이고, 이 질문의 답을 찾아나가는 과정이 인문학이고 인문(人文)의 힘이라고 생각한다. 이번에 출간하는 《인문의 눈으로 세상을 보다》는 〈인문의 힘 시리즈〉의 첫 번째 작품으로서 《현대인의 인문학》이 담고 있는 주제와 전개 방식과 그 맥락을 나란히 하지만, 책 이름에서 기대할 수 있는 것처럼 인간과 인간, 인간과 자연, 인간과 사상의 정형화된 틀에서 벗어나 주제에 대하여 보다 폭넓고 자유롭게 생각하고 탐구하며 해석하고자 했다. 주제는 '사람에 대한', '사람으로부터', '사람에 의한' 등 크게 세 가지 영역으로 구분하였다. 사람을 인문학의 중심에 놓고 사람과 관계하여 파생되는 다양한 인물, 사상, 역사적 사건과 사례 등에 대한 저자의 생각을 기술했다. 스펠마이어(2008)도 《인문학의 즐거움》에서 인문학의 차별적인 목적이란 경험의 공개성과 경험을 통해 접하는 세상의 통합성을 반복적으로 주장함으로써 놀랍고 신기한 체험을 가능하게 하는 것이라고 하지 않았던가.

1부 '사람에 대한' 주제에서는 우리들의 삶에 의미 있는 영향을 끼친 인물들과 관련된 사실을 중심으로 오늘날 우리 자신과 사회에 주는 메타포를 담아내려고 했다. 그 인물들은 왕, 전략가, 정치가, 사상가, 종교인, 장군, 음악가, 법률가, 연구자 등 다양한 분야를 대표한다. 2부 '사람으로부터'의 주제에서는 외교, 종교, 죽음, 전쟁, 민주주의 등 비교적 무거운 소재에서부터 인연, 물고기, 시, 바둑, 단풍, 피서법과 같은 일상에서 쉽게 접할 수 있는 소재들을 기술하였다. 3부 '사람에 의한' 주제에서는 인권, 봉사, 리더십, 덕목, 용서, 인권 등 사람에 의해 비롯되는 다양한 소재들을 다루었다. 이렇게 모두 50개의 주제이다.

인문학은 인간이 인간다움을 되찾고 세상을 더 멀리 더 넓게 바라보게 하는 거인(巨人)이라고 생각한다. 저자는 그 거인의 어깨 위에 올라 세상을 바라보며 느끼고 읽으며 쓰려고 노력했다. 서강대 최진석 명예교수님은 저자에게 인문학적 통찰이 무엇인지를 가르쳐 주신 인문학의 거장이다. 그에 의하면 인문학은 "인간이 그리는 무늬를 탐구하는 학문"이며 인문학을 배우는 목적은 '인간이 그리는 무늬'의 정체를 알기 위해서라고 한다. 인문학은 특정한 학문이 아니라 모든 지식의 인간적 차원으로 이해될 수 있을 것이다. 이 소박하고 담백한 기술이 저자에게 인문적 통찰을 할 수 있다는 용력과 자신감을 심어주어 계속적인 저술을 가능하게 해주었다. 이 50개의 주제는 저자가 거인의 어깨 위에서 다양한 역사, 인물, 사건 등에 대해 인문적 통찰을 시도한 결과물이다.

　아무쪼록 저자는 삶의 다양한 주제를 통해 인문학적으로 성찰한 결과물인 이 책이 독자 여러분의 삶의 길을 풍요롭게 열어가는 디딤돌이 되었으면 하는 바람이다. 이번에 『박영 story』에 신세를 지게 되었다. 인문의 힘을 널리 보급할 수 있도록 지지하고 격려해주신 노현 대표님을 비롯한 관계자분들께 감사를 드린다. 저자의 글이 텍스트로 그 생명을 다하는 것이 아니라, 독자들과 공유, 공감할 기회를 주었다고 생각하면 한 번의 감사로는 부족할 것이다. 다양한 주제를 다루다 보니 어떤 주제의 내용에는 저자의 얇고 투박한 지식을 엿볼 수도 있을 것이다. 성찰을 통해 나 자신을 진솔하게 드러내지 않고서는 어떤 성장과 성숙도 기대할 수 없기에 독자 여러분의 아낌없는 질정(叱正)과 격려를 겸허히 기대한다.

2022년 5월
북촌 화정관에서 염철현 드림

차례

제2부 | 사람으로부터

제3부 | 사람에 의한

제1부

사람에 대한

《삼국지》, 제대로 알고 읽기
《정사 삼국지》 vs 《삼국지연의》

흔히 《삼국지》라고 부르는 소설의 원래 제목은 14세기 명나라의 나관중(羅貫中)이 쓴 《삼국지연의(三國志演義)》로, 원본은 전해지지 않고 있다. 《삼국지연의》의 원래 제목은 《삼국지통속연의(三國志通俗演義)》이며, 《삼국연의(三國演義)》라고도 부른다. 〈연의(演義)〉란 사실(史實: 義)을 부연(演)하였다는 뜻이다. 〈연의〉가 붙은 것은 《삼국지연의》가 효시이고, 《삼국지연의》는 중국 최초의 역사소설이다. 그 후 각 왕조의 역사를 소설화한 작품이 속출하였는데, 그러한 일련의 소설들을 연의체(演義體) 소설이라고 부른다(이문열, 2002: 382).

이 소설의 토대가 된 것은 280년 진수(陳壽)가 쓴 《정사 삼국지(正史三國志)》이다. 《삼국지연의》는 오랫동안 민간에서 전해 내려온 화본(話本)이나 설화, 희곡에 나오는 여러 가지 이야기들을 살려서, 최종적으로 나관중이 수정하고 보완한 영웅담이며 전쟁 서사시이다. 또한 은연중 민중 사이에 퍼졌던 촉 정통 사상과 나관중 자신의 촉 정통론을 융합시켜 연의체 소설의 새로운 문학 장르를 확립하였다(이문열, 2002: 389).

《삼국지연의》가 워낙 대중적이다 보니 《삼국지연의》를 《정사 삼국지》로 생각하는 사람들이 많다. 《정사 삼국지》는 위(魏), 촉(蜀), 오(吳) 삼국의 정사로서 중국 후한말의 혼란스러운 사회상을 시작으로 삼국 정립, 후한의 멸망과 위의 성립, 촉의 멸망, 위에서 진(晉)으로의 정권 이양, 오의 멸망까지를 다룬다. 중국 고대사에서는 사마천의 《사기》, 반고의 《한서》와 함께 최고의 역사서로 꼽히고 있다. 《정사 삼국지》는 모두 65권으로 구성되었다. 《위서》 30권, 《촉서》 15권, 《오서》 20권. 권수로만 보아도 위나라의 위상을 짐작할 수 있을 정도다(진수, 2018: 10-16). 진수는 호칭에서도 삼국에 차별을 두었다. 〈본기〉(황제의 전기)는 위의 황제들로만 엮었으며, 촉과 오의 황제는 〈열전〉에 편입시켰다. 무제(武帝, 조조), 명제(明帝, 조예) 등의 제호(帝號)를 붙인 것은 위뿐이며 촉의 유비와 유선은 각각 선주(先主)와 후주(後主)로 기술하였고, 오의 제왕들은 주(主)를 붙이거나 심지어 이름을 그대로 적기도 했다.

《삼국지연의》는 동양과 서양을 막론하고 널리 보급되었지만, 특히 동아시아에서 타의 추종을 불허하는 불후의 명작으로 평가받는다. 국내에서도 소설 삼국지의 판본이 수십 종류에 이른다. 이 중 이문열의 《삼국지》가 2천만 부가량 팔렸으며, 황석영의 《삼국지》는 200만 부정도 팔린 것으로 추정된다. 다른 판본을 모두 합치면 빌리언셀러라고 할 것이다. 판본이 나오기 무섭게 사들여 수집하는 마니아들도 있다. 일본에서는 요시카와 에이지(吉川英治)의 《삼국지》가 대히트했다. 삼국지의 고향 중국에서는 말할 필요가 없을 정도로 수 세기에 걸쳐 수많은 판본이 팔렸다. 워낙 많은 판본과 아류가 섞여 진짜와 가짜를 구별하기도 어려울 지경이다.

그렇다면《정사 삼국지》와《삼국지연의》를 비교할 때《삼국지연의》에서 허구적으로 묘사한 부분이 궁금하다.《삼국지연의》의 독자들에게는 허구로 판명된 인물과 명장면들이 실망스러울 수도 있을 것이다. 유비, 관우, 장비가 도원결의하는 장면, 관우가 술이 식기 전에 화웅의 목을 베는 장면, 왕윤이 초선을 이용하는 연환계, 조조가 술을 마시며 유비와 함께 영웅을 논하는 이야기, 관우가 천 리 길을 단기로 달리며 다섯 관문의 다섯 장군을 베는 장면, 유비가 삼고초려(三顧草廬)하여 제갈량을 영입하는 과정, 조자룡이 장판파에서 유선을 구하는 장면, 적벽대전에서 화살을 빌려오는 장면과 황계의 고육책, 제갈량이 동풍을 불러들이는 장면, 관우가 화용도에서 조조를 살려주는 장면, 제갈량과 주유의 기 싸움 장면, 남만 정벌에서 맹획을 일곱 번 잡았다가 일곱 번 살려주는 장면, 읍참마속의 장면 등(진수, 2018: 11)은 픽션이다. 이쯤 되면 독자들은 맥이 풀리면서《삼국지연의》에 대해 흥미를 잃을지 모르겠지만, 소설 속에 이 명장면 말고도 독자의 눈을 붙잡아 두기에 충분한 장면들은 차고 넘친다.

특히《정사 삼국지》에서 제갈량에 대한 평가는 기대에 훨씬 못 미친다. 진수는 제갈량이 위대한 정치가인 것은 맞지만, 훌륭한 군사전략가의 역량을 갖추지 못해 전쟁에 능하지 못했다고 평가했다. 이로 인해 진수가 고의로 제갈량을 폄훼하여 개인적인 원한을 갚았다는 설도 있다. 그 근거로 진수의 부친은 마속의 참군이었는데 마속이 참형을 당할 때 그의 부친도 이 사건에 연좌되어 머리카락이 깎이는 곤형(髠刑)을 받았다는 사실을 결부시킨다. 허쯔취안(2019)은 진수의 제갈량에 대한 평가는 공정했다고 진수를 옹호했다. 허쯔취안에 따르면 제갈량은 유비가 생존했을 때는 정치 방면의 주요 참모였지만, 군사 방면은 전적으로 유비가 결정을 내렸으며 제갈량 또한 유비 사후에야 비로소 촉한의 정치와 군사에 대한 전권을 맡았다(허쯔취안, 2019: 383)고 주장한다.

《정사 삼국지》와 《삼국지연의》에 등장하는 장면에 대한 진위 여부는 이 정도로 하고 한 가지 중요한 질문을 하고 넘어가자. 《정사 삼국지》의 저자 진수는 위, 촉, 오 중 한나라를 계승할 정통성을 가진 나라로 어떤 국가를 생각했을까? 대부분의 독자도 오나라는 제쳐 두더라도 위나라와 촉나라 중 한나라의 황족 출신인 유비가 세운 촉나라에 조금 더 표를 주지 않을까 싶다. 촉에 표를 던진 사람들은 《삼국지연의》의 기획 의도에 말려들었다고 보면 된다. 진수는 위나라를 한나라의 정통을 계승할 나라라고 보았다. 왜 그랬을까? 진수(233~297)는 촉나라에서 태어나 벼슬까지 지냈지만, 그의 나이 31세 때 촉이 위에 의해 멸망되면서 망국의 백성이 되었다. 사마씨 가문이 위를 멸망시키고 265년 진(晉) 나라를 세웠을 때, 진수는 진에서도 다시 벼슬을 하였다. 진수는 진의 전신인 위를 한나라를 계승할 정통 국가로 보았다. 이 점은 285년 진수가 진에서 벼슬을 하면서 《정사 삼국지》를 완성한 것과도 무관치 않을 것이다.

역사의 부침과 함께 한나라를 계승하는 국가의 정통성에 대반전이 일어난다. 명대(明代) 나관중(1330?~1400)이 쓴 《삼국지연의》에서는 한나라를 계승할 정통 국가로 촉을 부상시켰다. 이는 진수의 《정사 삼국지》의 본질과는 다른 방향에서 집필되었다. 명대에는 존유반조(尊劉反

曺), 즉 유비를 높이고 조조를 깎아내리는 기조 아래《정사 삼국지》에 등장하는 인물들을 아주 다르게 묘사하였다. 졸지에 유비가 부상하고 조조는 간웅으로 폄훼되었다. 이 대반전에 크게 기여한 사람은 송나라의 주희(朱熹, 1130~1200)다. 주희는 주자학(朱子學)을 집대성하였고, 그의 사상은 중국을 비롯하여 동아시아의 통치와 생활 규범의 이데올로기가 되었다. 당대 가장 강력한 인플루언서였던 주희가《자치통감강목》에서 촉나라를 정통으로 보았으니 더 논할 것도 없게 되었다. 결국 명대에 이르러 이민족에 의해 훼손된 중화사상의 자존심을 회복하기 위해 쓰인《삼국지연의》는 정치적인 의도가 담긴 민족주의적 작품으로 이른바 국가 주도의 기획 소설이라고 할 수 있다.《정사 삼국지》와는 다른 허구적인 명장면들이 소설에 등장한 이유가 바로 그것이다. 청나라 역사학자 장학성이《삼국지연의》는 칠실삼허(七實三虛), 즉 7할은 사실이고 3할은 허구라는 말을 괜히 하진 않았을 것이다.

송대(宋代)에 이르러《정사 삼국지》에도 변화가 일어났다.《정사 삼국지》가 지나치게 간략한 것을 애석하게 생각하여 배송지(裵松之 372~451)를 시켜 주(注)를 만들게 한 것이《삼국지주(三國志注)》이다. 배송지는《삼국지주》에 140여 종의 사서를 인용하여 본문의 부족한 부분을 보충하고 풍부한 일화 등을 추가하였다.《삼국지주》는《삼국지연의》가 최고의 대중서로 탄생하는 데 결정적 기여를 했다고 할 것이다(이문열, 2002: 367). 흥미로운 점은 배송지의 아들 배인(裵駰)도 사마천의《사기》의 주석본인《사기집해(史記集解)》의 저자로 알려져 2대에 걸쳐 역사서를 주해한 사실이다.

《삼국지연의》는 우리나라에서도 폭넓게 읽힌 것으로 생각된다. 16

세기 초 조선에 전해진 《삼국지연의》는 16세기 말 국내에서 원문으로 간행되기도 했다. 《삼국지연의》를 번역하거나 번안한 작품들도 상당수 전해지고 있는데, 이는 당시 지식층에 속하는 사대부뿐만이 아니라 민간에도 보급되었음을 나타낸다. 《삼국지연의》는 조선의 시조나 소설, 속담 등에도 많은 영향을 주었다. 《삼국지연의》가 지배계층은 물론 부녀자나 민간인에게까지 널리 읽히고 확산된 것은 이 작품이 조선의 유교적 지배체제가 강조하는 이념, 즉 충(忠)과 의(義)에 대한 이야기로 구성되었기 때문으로 여겨진다.

국가 주도의 기획소설로 변질된 《삼국지연의》의 주인공들 중 관우(關羽)는 충과 의를 대표하는 인물로 떠받들어졌다. 중국은 관우를 모시는 사당을 조선에도 짓도록 강요했다. 그렇게 해서 지어진 관우 사당이 서울 종로구 소재 동묘(東廟)이다. 동묘는 임진왜란 후 1600년에 명나라 신종(神宗) 황제의 칙령으로 건립되었는데, 신종은 임진왜란 당시 일본군을 철퇴시킨 것은 관왕(關王)의 영현에 힘입은 바 크다고 하여 명나라 장수 만세덕(萬世德)에게 칙서와 사천 냥을 보내어 묘당을 짓게 했다. 정식 명칭은 동관왕묘(東關王廟)이고 관왕을 관제(關帝)로 숭상하는 의미로 관제묘라고도 하며 보물로 지정되어 있다(최명, 1994: 216-219). 공자를 모시는 묘우(廟宇)를 문묘(文廟)라 한다면 동묘는 무장을 모시는 무묘(武廟)이다. 조선시대에는 동관왕묘 외에 지금은 남아 있지 않지만 남관왕묘(南關王廟), 북묘, 서묘를 세워 관우를 숭상했다.

심지어 명나라는 조선 왕에게 관우묘에 분향할 것을 강요했는데 조선 조정에서도 출정하는 무장들이나 무과에 급제한 무인들에게 관묘의 참배를 의무화하였다고 한다. 우리나라에도 충의(忠義)의 본보기가 된

무인들이 많은데 굳이 삼국지의 관우를 모델로 삼은 데는 약소국이 감내해야 했던 사대외교의 아픔이 서려있다고 할 것이다. 그러므로 동묘는 재평가, 재인식되어야 마땅하다. 엄연히 《정사 삼국지》는 명대 이후 관우에 대한 평가가 얼마나 과대 포장되었는가를 말해주고 있지 않은가. 역사가 사실(史實)에 기초하지 않으면 존재 이유를 잃어버린다.

　인간의 상상력이 꽃을 활짝 피우기 위해서는 배경과 무대를 필요로 한다. 《삼국지연의》에게 진수의 《정사 삼국지》가 배경과 무대를 제공했다면, 배송지의 《삼국지주》는 날개를 달아주었다고 할 것이다. 오늘날에도 《삼국지연의》의 판본(최초의 판본은 1522년)은 계속 생성되고, 소설뿐 아니라 영화, 드라마, 애니메이션, 경극, 게임, 판타지 등 다방면으로 문화예술 콘텐츠로서 상상력을 자극하고 있다. 그러나 아무리 소설 삼국지를 흥미롭게 읽는다고 해도 그 원형은 어디까지나 《정사 삼국지》라는 것을 기억하면 좋겠다. 그렇게 했을 때 중국사에서 일곱 푼의 진실과 세 푼의 허구의 차이를 알게 될 것이기 때문이다(세 푼의 진실과 일곱 푼의 허구라고도 말하는 사람도 있다).

📖　나관중. (2002). 《삼국지》. 이문열 평역. 민음사.
　　진　수. (2018). 《정사 삼국지 ─ 위서, 촉서》. 김원중 옮김. 휴머니스트.
　　최　명. (1994). 《소설이 아닌 삼국지》. 조선일보사.
　　허쯔취안. (2019). 《위촉오 삼국사》. 최고호 옮김. 역사 모노그래프.
　　〈동관왕묘(東關王廟)〉. 한국민족문화대백과.
　　〈삼국지연의(三國志演義)〉. 두산백과.

《삼국지》 인물 재발견
① 조조 휘하 순욱

소설 《삼국지》, 즉 《삼국지연의》는 역사적 사실을 바탕에 깔고 작가의 상상력을 극대화한 명작이다. 오죽했으면 삼국지를 세 번 읽지 않은 사람과는 어울리지 말라고 했겠는가 싶다. 소설 삼국지에는 수많은 영웅호걸이 등장한다. 주목을 끄는 것은 단연코 천하삼분의 주역인 위(魏)의 조조, 촉(蜀)의 유비, 오(吳)의 손권을 중심으로 한 리더들의 치열한 지략과 경쟁일 것이다. 인간적으로는 도원결의를 맺은 유비, 관우, 장비의 형제애와 삼고초려의 주인공 제갈공명의 지략과 충성에 무게를 둔다. 나관중이 명대에 쓴 《삼국지연의》가 어떤 배경에서 등장했는가에 대해서는 '《삼국지》, 제대로 알고 읽기'편에서 언급했다. 여기에서는 삼국지 주요 등장인물에 가려 빛을 내지 못했던 숨은 주역들을 발굴하여 소개하고자 한다.

먼저 순욱(荀彧, 163~212)에 대한 이야기다. 순욱의 자는 문약(文若)이며 조조 휘하의 대표적인 책사로 알려졌다. 책사로만 부르면 순욱이 서운할지 모른다. 그는 책사뿐 아니라 조조 정권의 창업자이자 동지이며 벗기기도 했다. 무엇보다 순욱은 조조에게 뛰어난 인재들을 천거하였다. 순욱의 추천을 통해 희지재, 곽가, 순유, 가후, 사마의 등 조조가 정치적, 군사적으로 탄탄한 세력을 구축하는 데 큰 역할을 담당한 인재들이 조조 진영으로 들어왔다. 순욱은 인적네트워크의 중심에 있었으며 그가 추천한 인재들은 제 몫을 다했다. 다른 한편으로는 조조가 얼마나 인재를 아끼면서 그들의 재능에 맞는 보상을 하였는지를 알 수 있다. 일궤십기(一饋十起)라는 고사성어가 있다. 문자적 의미로는 '일이 몹시 바빠서 한 끼 밥을 먹는데도 도중에 열 번이나 일어난다'는 뜻이지만, 그 속에는 그만큼 '지도자가 인재를 골라 씀에 있어 정성이 대단함'을 담고 있다. 조조야말로 인재 발굴과 용인술에 관한 한 일궤십기에 어울리는 지도자이다.

순욱은 처음에 원소에게 의탁하였지만 그의 인물됨이 큰일을 이룰 수 없다고 판단하고 원소 곁을 떠나 조조에게 의탁하게 되었다. 양금택목(良禽擇木)이다. 직역하면 '현명한 새는 나무를 골라 앉는다'이지만, 의역하면 '지혜로운 사람은 자신의 능력을 키워줄 훌륭한 사람을 골라서 섬긴다'는 뜻이다. 순욱은 조조라는 나무를 골라 앉았다. 조조는 순욱이 자기를 찾아왔을 때 "나의 장자방이다"라고 기뻐했다고 한다. 촉의 유비에게 제갈공명이 있고, 오의 손권에게 노숙이 있었다면 조조에게는 순욱이 있었다. 조조에게 순욱은 특별한 존재였다. 조조가 전쟁터를 마음 놓고 누빌 수 있었던 것은 순욱이 있었기 때문에 가능한 일이었다. 한나라를 창업한 유방에게 소하(蕭何)가 있었듯이, 조조가 전쟁터에서 필요로 하는 군량과 군사 등 필요한 병참을 무탈하게 제공한 것은 순욱이 있었기에 가능했다. 요즘으로 말하면 그는 대통령제에서 내각을 관리하는 총리로서 그 역할을 빈틈없이 수행했던 것이다.

그런데 조조의 군사(軍師)이면서 동지요, 벗이기도 했던 순욱이 조조의 반대편에 서는 사건이 일어났다. 조조가 위 왕으로 등극하려는 시점에서였다. 조조의 측근 동소 등이 조조의 작위를 국공(國公)으로 승진시켜 조조의 뛰어난 공훈을 표창해야 한다며 은밀히 순욱에게 자문을 구했다. 이때까지만 해도 순욱은 조조가 의로운 군대를 일으킨 것은 조정을 바로잡고 국가를 안정시키기 위해서이며 충정의 진실을 품고서 물러나 사양하는 인품을 지킬 것이라고 생각하고 있었나 보다. 순욱은 조조를 통해 한 왕조의 재건을 꿈꾸었다(진수, 2018). 조조와 순욱의 정치 노선의 차이가 확인되었다. 조조는 한 왕조를 부정하고 새로운 왕조를 건설하려고 했던 반면, 순욱은 한 왕조의 토대 위에서 천하를 평정하고 평화를 가져오려고 했다. 조조와 순욱의 정치 노선의 차이는 조조가 위 왕에 등극하면서 현실로 나타났고 동지이자 벗에서 타도의 대상이 되었다. 조조의 위 왕 등극은 그가 천자를 볼모로 제후들을 호령할 때부터 계획하고 있었겠지만, 남의 이목을 염려하여 저의를 감추었을 뿐이다.

순욱의 결사적인 반대에도 불구하고 후한 마지막 황제인 헌제는 조조를 위 왕으로 책봉했다. 순욱은 한탄했다. "한나라에 진정한 충신이 없구나." 순욱은 퇴청하는 길에 조조의 셋째 아들 조식이 수레를 타고 백마문을 들어서는 것을 보았다. 순욱은 조식의 수레를 막았다. "조공자, 백마문은 오로지 천자만이 다닐 수 있는 문입니다. 어찌 이곳을 가려고 합니까. 수레를 돌리세요." 아버지 조조의 권세를 믿은 조식은 순욱이 반대하는데도 고집을 피웠다. 마침 그곳을 지나치던 조조가

이 광경을 보고 연유를 물었다. 조조는 이야기를 듣고 바로 수문장을 참수하라고 명령했다. 순욱이 조조에게 따졌다.

"엄격한 규율을 어긴 것은 조식 공자인데 어찌 죄 없는 수문장을 참수하시는 것입니까?"

조조가 말한다. "수문장에게 죄가 있다. 만약 수문장이 문을 열어주지 않았다면 조식이 어찌 규율을 어겼겠는가?"

"그런 연유라면 승상께서 왕으로 가는 문을 열어준 만조백관들은 모조리 죽어야 마땅하겠군요." 순욱은 위 왕에 등극한 조조에게 공개적으로 승상이라는 호칭을 썼다. 조조의 역린을 건드린 것이다. 조조는 할 말을 잃었다. 조조는 순욱에 대한 실망과 함께 분노가 극에 달해 이렇게 소리쳤다.

"백마문을 당장 철거해라. 오늘부터 그대가 말하는 그 규율은 이제 없는 것이다." 조조는 자신의 잘못을 합리화하기 위해 권력을 이용해 새로운 규칙을 정하였다.

순욱은 이처럼 조조에게도 당당했다. 천하의 조조도 순욱의 말에는 대꾸할 말을 잃을 정도였다. 순욱의 말이 결코 틀리지 않기 때문이다. 순욱이 조조의 위 왕 등극을 반대하면서 둘은 정치적 동반자와 지기(知己)에서 완전히 멀어지기 시작했다. 조조는 손권 정벌에 나섰고, 순욱은 병에 걸렸다. 조조는 순욱에게 음식을 보냈는데, 뚜껑을 열어보니 빈 그릇이었다. 순욱이 빈 찬합을 보낸 조조의 뜻을 모를 리가 없었다. 무려 30년 가까이 조조와 생사를 함께한 순욱이다. 순욱은 독약을 마시고 자살했다. 그의 나이 50세였다.

2011년 방영된 드라마 〈뿌리 깊은 나무〉에서도 상왕 태종(이방원)이 세종(이도)에게 빈 찬합을 보낸 장면이 등장한다. 이는 드라마의 역사적 상상력이 빚어낸 장면이지만 아버지 이방원에게 대드는 아들 이도를 못마땅하게 생각한 이방원이 내린 특단의 조치였다. 시청자들은 이런 극적 스토리를 통해 권력을 놓고 벌이는 부자 간의 갈등을 흥미롭게 지켜볼 것이지만, 태종이 왕권 강화라는 자신의 뜻에 반하는 사람이라면 그것이 형제든 처남, 장인과 같은 친인척이나 측근이든 제거하는 냉정하고 무자비한 통치 철학을 소유한 인물이었을 것이라는 생각을 하게 만든다. 이한우(2022)는 태종의 이런 통치 철학과 통치 행위를 '지공(至公) 리더십'으로 설명한다. 태종은 매사 공(公)에 입각해 말하고 행동했으며 이해하지 못하거나 의도적으로 거스를 경우에는 냉정하게 그리고 무자비하게 제거했다는 것이다.

다시 순욱에게로 돌아가자. 순욱과 조조의 정치적 신념은 달랐다. 순욱이라는 새는 자신의 재능을 펼쳐 보일 주군으로 조조라는 나무를 택해 앉았지만, 그의 정치적 신념은 어디까지나 한 왕조의 재건이었다. 순욱은 한 왕조를 재건할 적임자로 조조를 택했고 조조를 위해 그의 재능을 쏟아부었다. 그런 순욱도 조조의 야욕을 꺾지는 못했다. 조씨의 나라에서 순욱이 골라 앉은 조조라는 나무는 그 위에 앉은 새를 떨어뜨리고 죽였다. 보통 사람들 간에 나타나는 가치와 신념의 차이가 관계의 단절은 물론 더 나아가 파국을 초래하는 경우를 본다. 하물며 정치적 신념의 차이는 오죽하겠는가. 정치에는 영원한 동지도 적도 없다고 한다. 조조와 순욱의 관계는 오늘의 동지가 내일은 불구대천의 원수로 바뀌는 것이 정치의 속성임을 확인케 하는 역사적 사례이다.

세상 사람들은 순욱이 조조에게 협력했기 때문에 한 왕조가 무너지고 군주와 신하의 관계도 뒤바뀌게 되었다고 비판한다. 이러한 비판에 대해《정사 삼국지》에 주석을 단 송대의 배송지는 '과연 순욱과 같은 인물이 시대의 영웅을 보좌하여 기울어가는 나라의 운명을 바꾸어놓으려 할 때, 선택할 수 있었던 인물이 조조가 아니면 그 누구겠는가?'라고 하면서 순욱의 입장을 대변하고 있다. 드라마 〈삼국기밀: 한헌제전〉은 순욱의 정치적 신념과 인간성을 이해하는 데 도움을 준다. 순욱이 조조가 아닌 다른 나무를 골라 앉았다면 후한 말 역사는 어떻게 되었을까.

📖 나관중. (2002).《삼국지》. 이문열 평역. 민음사.

이한우. (2022).《태종 이방원》. 21세기북스.

진　수. (2018).《정사 삼국지 – 위서1》. 김원중 옮김. 휴머니스트.

＿＿＿. (2018).《정사 삼국지 – 촉서》. 김원중 옮김. 휴머니스트.

박기종. (2016).《매일경제》. 〈20년 간 조조의 최측근이었던 '순욱' 동지, 친구에서 스스로 죽음을 선택한 2인자〉. 5월 25일.

〈뿌리 깊은 나무〉. (2011). 드라마.

〈삼국기밀: 한헌제전〉. (2018). 드라마.

〈삼국지〉. (2010). 드라마.

《삼국지》 인물 재발견
② 조조 휘하 곽가

곽가(郭嘉, 170~206)의 자는 봉효(奉孝)이다. 봉효는 조조가 책략에 뛰어난 참모 희지재를 잃고 안타까워하고 있을 때 순욱이 천거하여 조조 휘하에 들어왔다. 원래 곽가는 원소 휘하에 있었으나 원소를 이렇게 평가하면서 조조에게 왔다. "원공은 한갓 낮은 선비를 모방하려고 하고 인재를 등용하는 기틀을 알지 못한다. 일을 처리할 때 생각은 많으나 요령이 적고, 모략을 좋아하지만 결단력이 없어 그와 더불어 천하의 큰 난국을 구제하고 패왕의 대업을 정하기는 어려울 것 같다." 《삼국지연의》와 《정사 삼국지》에 의하면 원소는 명문가 출신에 그를 따르는 추종자들이 많았지만, 천하에 내로라하는 인재들이 그의 곁에 머물다 떠나는 모습을 자주 보게 된다. 순욱도 원소 곁에 있다 조조에게로 왔다. 인재는 인재를 알아보는 법인데 원소의 인간됨은 큰 인물을 품지 못하는 한계를 지니고 있는 것 같다. 양금택목(良禽擇木). 현명한 새는 나무를 가려 앉는다고 하지 않던가. 현명한 새들은 원소 나무보다는 조조 나무에게 몰려갔다.

그런 반면 조조는 인재를 알아보는 비범한 능력의 소유자이다. 인재를 보면 그에 걸맞은 파격적인 대우를 하는 것도 잊지 않는다. 인재라고 판단되면 버선발로 뛰어나와 맞이한다. 조조의 인재 발탁과 용인술은 타의 추종을 불허한다. "대저 비상한 사람에겐 반드시 비상한 예로써 대우해야 한다"(풍몽룡, 2008: 94)라고 했다. 조조가 그랬다. 사람의 마음을 얻고 그렇게 얻은 인재를 적재적소에 배치하여 활용하는 조조의 능력이야말로 위촉오 삼국 중 가장 강성한 국가의 터전을 만든 결정적 요인이었다. 오늘날 기업에서도 조조의 인재 발굴에 대해 벤치마킹을 하는 이유다.

곽가는 조조와 첫 대면을 한 후 조조를 이렇게 평가한다. "조공은 진정 나의 주군이시다!" 조조 역시 곽가를 대단히 높이 평가했다. "내가 대업을 이루게 할 이는 바로 이 사람이구나." 이번에도 순욱의 인재풀에서 곽가가 나왔다. 순욱이 추천한 인물들은 하나같이 제 몫을 해냈다. 조조의 참모 중에는 예주 영천군 출신이 많은데, 이는 순욱의 고향이 영천이기 때문이고 순욱이 고향 출신 인재들을 조조에게 천거했기 때문이다.

한 가지 눈여겨볼 대목은 유비는 곽가 덕분에 살아났다는 것이다. 사연은 이렇다. 송대 배송지의 《삼국지주》에 따르면, 순욱이 조조에게 "유비는 영웅의 포부를 갖고 있으므로 지금 죽이지 않으면 나중에 근심거리가 될 것입니다"라고 했다. 조조는 그것을 곽가에게 물어보았는데 곽가는 이렇게 말했다. "그것은 옳은 말입니다. 공은 검을 뽑아 의로운 군사를 일으키고, 백성을 위해 어지러움을 없앴습니다. (중략) 지금 유비에게는 영웅이라는 평가가 있고 우리 쪽에 몸을 돌렸는데,

그를 죽이면 현인을 죽였다는 평가를 듣게 됩니다. 그렇게 되면 지혜가 있는 선비들은 의심을 품을 것이며, 마음을 바꾸어 다른 주군을 택할 것입니다. 그렇게 되면 공은 누구와 함께 천하를 평정하겠습니까? 무릇 걱정되는 한 사람을 없애 천하의 신망을 잃는 일은 현명한 처사가 못 됩니다." 이 말을 듣고 조조는 유비를 살려둔다.

삼국이 천하를 삼분하고 용호상박으로 대결할 때 벌어진 수많은 전쟁 중에 관도대전, 적벽대전, 이릉대전을 삼국지의 3대 전쟁으로 꼽는다. 곽가는 조조가 군사적, 정치적으로 토대를 굳게 만든 관도대전, 즉 원소와의 대결에서 승리하는 데 큰 기여를 한다. 또 곽가의 예지력과 통찰력은 어떤 책사보다 뛰어났다고 한다. 한마디로 신들렸다고할 정도다. 곽가는 여포와의 전쟁에서 승리하는 데 결정적 기여를 했고, 강동의 손책이 암살당할 것이라고 예상하였는데 그렇게 되었다. 원소가 죽고 나서 두 아들 원담과 원상이 조조와 대치를 이어나갔는데, 곽가는 형제 간에 불화가 생겨 내분이 생길 것이라고 예상하였고, 정확하게 그렇게 되었다. 조조가 오환족(흉노)의 정벌을 주저하고 있을 때 과감하게 결단을 내릴 수 있도록 설득하여 정벌에 성공한 공로도 곽가의 책략이 주효한 덕분이었다.

조조는 곽가가 죽었을 때 슬퍼하면서 이렇게 말했다. "여러분은 모두 나와 동년배인데, 오직 봉효만이 가장 젊소. 천하를 평정하는 일이 끝나 그에게 뒷일을 부탁하려 했는데, 중년의 나이에 요절했으니, 이는 운명이오!" 조조에게는 수많은 참모가 포진하고 있었지만, 초창기의 어려움을 극복해나가는 과정에서 조조가 곽가에 대해 가졌던 감정은 특별한 것 같다. 조조의 곽가에 대한 신뢰는 절대적이었다. 조조가 나중에 형주를 정벌하고 돌아올 때, 역질을 만나 군함을 모두 태워버리고 이렇게 탄식했다고 한다. "봉효가 살아있었더라면 나를 이 지경에 이르게 하지는 않았을 텐데." 곽가는 뛰어난 참모로서 조조가 초기에 정치적, 군사적 토대를 놓는 데 크게 기여한 인물로 기록되고 있다. 드라마 〈삼국기밀: 한헌제전〉에서도 봉효의 기이한 습관과 신들린 통찰력을 잘 보여주고 있다.

이서린 작가의 《인연》에 이런 글이 있다. "만남에 대한 책임은 하늘에 있고, 관계에 대한 책임은 사람에게 있다." 오늘날 조조를 조직이나 기업의 최고 의사결정자로 비유한다면, 조조야말로 하늘이 내려준 인재들을 잘 관리하고 잘 활용한 대표적인 리더가 아닐까 싶다. 조조의 인재관은 오늘날에도 많은 함의를 제공한다. "만약 반드시 청렴한 인사만 등용할 수 있다면, 제(齊) 환공이 어떻게 천하의 패자가 되었겠는가! 그대들은 나를 도와 신분이 미천한 사람이라도 잘 찾아내어, 오직 재주 있는 사람만을 천거하라. 나는 그들을 얻으면 기용할 것이다." 적벽대전에서 패배한 조조가 신하들에게 내린 명령이다. 인재를 얻는 자가 천하를 얻는 것이다.

📖 나관중. (2002). 《삼국지》. 이문열 옮김. 민음사.

진 수. (2018). 《정사 삼국지 – 위서1》. 김원중 옮김. 휴머니스트.

풍몽룡. (2008). 《열국지》. 이언호 평역. 큰방.

허쯔취안. (2019). 《위촉오 삼국사》. 최고호 옮김. 역사 모노그래프.

〈삼국기밀: 한헌제전〉. (2018). 드라마.

〈삼국지〉. (2010). 드라마.

《삼국지》 인물 재발견
③ 조조 휘하 사마의

사마의(司馬懿, 179~251)의 자는 중달(仲達)이다. 사마의는 유교적 교양을 갖춘 박학다식한 사대부 지주 출신으로 처음에는 환관 출신인 조조 휘하에서 벼슬을 하지 않으려고 했다. 한 왕조의 국운이 다했다고 할지라도 사대부의 후예로서 몸을 낮춰 환관의 자손인 조조 밑에서 벼슬을 할 생각이 없었다(왕우, 2011: 16). 그러나 조조가 승상(오늘날 국무총리)으로 있을 때 엄포와 압력을 받아 마지못해 벼슬을 시작했다. 조조는 사마의의 외모가 낭고상(狼顧相), 즉 "눈초리는 매와 같고 용모는 승냥이(늑대) 같다"라고 하였다. 몸을 움직이지 않은 채 얼굴을 뒤로 돌릴 수 있는 늑대의 특성을 빗댄 말이다. 조조는 사마의가 영웅의 기개와 정치적 야심을 숨기고 있다고 판단하고 끝없이 의심을 했다. 그래서인지 조조는 생전에 사마의에게 병권을 맡기지 않았다. 그럼에도 사마의는 뛰어난 전략가로 행정가로서 두각을 나타내 조조가 위나라 왕위에 오르기 전부터 많은 공을 세웠고, 조조 사후에는 위의 문제(조비), 명제(조예), 제왕(조방) 등 3대에 걸쳐 요직을 두루 역임했다.

특히 위 조비가 황제에 오른 후에는 돈독한 신임을 받았다(장정일·김 운회·서동훈, 2003: 424-425).

사마의는 특별한 외모와 뛰어난 지략 때문에 조씨 가문에 의해 끊임없는 견제를 받았다. 이런 일도 있었다. 조조가 죽기 얼마 전에 세 마리의 말이 한 구유(槽: 조씨의 曹와 음이 같다)에서 먹이를 먹는 꿈을 꾸었는데 매우 꺼림칙했다. 그래서 태자 조비에게 "사마의는 남의 신하가 될 사람이 아니니, 틀림없이 너의 집안일(즉, 국가의 일)을 간섭할 것이다"라고 경고했다. 그러나 태자가 평소 사마의와 친분이 깊어 매번 사마의를 온전히 도와주었으므로 화를 면할 수 있었다(허쯔취안, 2019: 473). 세 마리의 말은 위나라를 멸망의 길로 들게 하는 사마의, 사마사(사마의의 큰아들), 사마소를 뜻하는 것으로 해석된다. 후세 사람은 그 꿈을 해석하는 시를 지었다.

> 세 마리 말이 한 구유에서 먹으니 그 일이 이상하구나
> 그러나 아무도 진나라 기반이 움텄음을 모르네
> 조조의 간특한 꾀도 헛것이구나
> 조정에 사마사 있음을 어찌 알았으리오(최명, 1994: 434).

사마의는 후흑(厚黑)의 최강자이다. 면후(面厚)와 심흑(心黑)을 합성한 후흑은 뻔뻔함과 음흉함을 의미한다. 사마의가 후흑에 있어 최강자의 평가를 받는 것은 그의 지모를 견제하고 시기 질투하는 세력이 많았다는 방증이기도 하다. 후흑의 대명사라고 할 수 있는 조조조차도 사마의에게 속아 넘어갔으니 말이다(최명, 1994: 433-434). 사마의는

행동에 옮기기 전에 확실한 기회가 올 때까지 기다리는 엄청난 인내의 소유자다. 자신의 생각을 겉으로 잘 드러내지 않으면서 외형적으로는 완벽한 충신으로서 입지를 다졌다. 일본의 도쿠가와 이에야스(德川家康)의 성격에 가장 가까운 인물이다(장정일·김운회·서동훈, 2003: 425-426).

드라마 〈삼국지〉를 보면 사마의가 정권 탈취를 위한 계획을 실행에 옮기기 전까지 얼마나 완벽한 때를 기다리는가에 대해 알 수 있다. 조상(曹爽)과 권력 다툼을 할 때는 2년 내내 꾀병을 앓아 상대를 완전히 방심하게 만들었다. 얼마나 완벽하게 연기를 하였던지 염탐하러 갔던 조상의 측근들은 "사마의는 시체처럼 누운 채 겨우 숨만 쉬고 계십니다. 육신과 정신이 이미 분리되었으니 염려하지 않아도 좋겠습니다"라고 보고할 정도였다(허쯔취안, 2019: 499-500). 한번은 사마의가 병을 핑계로 조조의 부름에 응하지 않았을 때, 의심 많은 조조가 사마의의 병이 진짜인지를 확인할 목적으로 자객을 사마의 침실로 보냈다. 사마의는 조조의 의도를 미리 간파하고 자객이 사마의의 얼굴에 칼을 들이대었어도 중풍 환자처럼 눈을 떠 자객을 바라보았다고 한다(왕우, 2011: 16-17). 도광양회(韜光養晦 빛을 감춰 밖으로 새지 않도록 하면서 은밀하게 힘을 기른다는 의미로 사마의가 자신의 재능을 감추고 때를 기다리는 것으로 해석됨)의 대표적인 인물이라고 할 것이다(친타오, 2020: 213-214). 도광양회는 중국의 경제성장을 위해서는 불필요한 대외 마찰을 피하고 국내적으로 힘을 기르자는 중국 등소평 주석의 대외정책 기조이기도 했다.

사마의를 제갈량과 비교하는 것도 흥미롭다. 군사 전략면에서 제갈량이 공격에 능하다면, 사마의는 수비에 능했다. 한마디로 용호상박의 호적수요 막상막하다. 제갈량이 좀 더 오래 살면서 사마의와 싸웠다면 중국 역사는 또 달라졌을 것이다. 유비 사후 제갈량이 6차례에 걸쳐 북벌(227~234)을 단행하지만 번번이 실패를 거듭하게 된 것은 사마의의 수비 전략에 막혀서이다. 사마의는 촉의 제갈량이 신기(神技)에 가까운 전략과 전술을 수립하고 용맹한 장수들이 있다고 해도 식량이 떨어지게 되면 철수할 수밖에 없을 것이라는 믿음을 가지고 있었다. 제갈량은 사마의의 수비 위주의 지구전 전략에 번번이 막히고 만다. 축구로 비유하자면 사마의는 이탈리아 축구가 전성기 시절 보여준 빗장 수비 전략을 견지했다. '죽은 제갈량이 산 사마의를 이긴다'라는 말도 있지만, 제갈량이 234년 오장원에서 죽게 되면서 최후의 승리는 사마의에게 돌아간다.

사마의는 뛰어난 식견과 창의적 사고를 소유한 인물로 후한과 위나라의 관료로 4대에 걸쳐 정치, 군사, 경제, 행정 등 여러 면에서 혁혁한 공을 쌓았다. 그러나 249년 정변을 일으켜 위 황제(조방)를 죽이고 정권을 장악하면서 그의 충과 의의 색깔은 변했다. 결국 손자 사마염이 새로운 나라를 건국하면서 진(晉)의 황제에 오르게 된다. 사마의는 진(晉)의 고조로 추존되었다. 사마의는 조조가 후한 헌제를 옹립함으로써 협천자 영제후(挾天子 領諸侯), 즉 천자를 끼고 제후를 호령하면서 천하 쟁패의 명분을 확보하였던 것과 유사한 정권 탈취의 전철을 밟았다. 후세 사가(史家)들이 사마의에 대해 후한 평가를 내리지 않은 것은 아마도 이 부분일 것이다. 자신이 충성을 다해 섬겼던 주군 조조를 경계했으면서도 고스란히 조조와 그 후손들이 했던 전철을 따라했던 것 말이다. 이러다 보니 명대에 나관중이 쓴 《삼국지연의》에서는 위, 촉, 오나라 삼국 중 한(漢)을 이을 정통성을 촉에 두고 조조를 따른 사마의에 대해서는 조조처럼 음흉하고 간사한 후흑의 이미지를 덧씌우고 있다. 반면 촉의 제갈량에 대한 기록은 상당 부분 과장된 측면이 있는 것으로 보인다. 기록은 역사의 알파요 오메가이지만, 그 기록의 주체로서 사가들이 역사를 어떤 기준과 관점에서 기록할 것인가는 더 중요하다 할 것이다.

📖 왕　우. (2011). 《삼국지 최후의 승자, 사마의》. 남영택·이현미 옮김. 한얼미디어.

장정일·김운회·서동훈. (2002). 《삼국지 해제》. 김영사.

진　수. (2018). 《정사 삼국지》. 김원중 옮김. 휴마니스트.

최　명. (1994). 《소설이 아닌 삼국지》. 조선일보사.

친타오. (2020). 《결국 이기는 사마의》. 박소정 옮김. 더봄.

허쯔취안. (2019). 《위촉오 삼국사》. 최고호 옮김. 역사 모노그래프.

《삼국지》 인물 재발견
④ 유비 휘하 제갈량

제갈량(諸葛亮, 181~234)의 자는 공명(孔明)이며 별호는 와룡(臥龍) 또는 복룡(伏龍)이다. 삼국지에서 제갈량만큼 널리 알려진 인물은 없을 것이다. 《삼국지연의》, 즉 소설 《삼국지》에는 공명의 신기에 가까운 예지력과 통찰력이 있기에 삼국지를 한번 붙들면 밤을 새워 읽는 것이 아닐까 싶다. 중국 고대사에 수많은 영웅호걸이 나타났지만, 공명이야 말로 도덕성, 인품, 충의, 지모, 균형감각, 역사의식 등 영웅에게 필요로 하는 거의 모든 요소를 갖춘 영웅 중에 영웅이라고 생각하는 것은 저자만이 아닐 것이다. 공명에 대한 이야기를 일일이 나열하기는 수십 쪽을 할애해도 부족할 정도이다.

《정사 삼국지》의 저자 진수도 《촉서》에서 제왕과 제후에 이어 공명만을 위해 별도의 〈제갈량전〉을 기록하고 있다. 이뿐만 아니라 진수는 위나라 조정에서 역사편찬 작업에 참여하여 제갈량이 한 말이나 포고, 편지, 상주문을 엮어 24편의 《제갈씨집》 문집을 만들었다. 위나라에서도 제갈량에 대해 특별한 의미를 부여하고 있음을 알 수 있다.

뭇사람이 공명을 전쟁에서 승리하기 위해 필요한 전략과 전술을 생각해내는 유비의 군사(軍師)로만 생각하기 쉬운데, 그는 충성심, 지략, 통찰력, 행정력 등 다방면에 탁월한 역량을 발휘했다. 저자는 다섯 가지 관점에서 제갈량에 대해 평가하고자 한다.

첫째, 제갈량은 시종일관 청빈을 실천하고 가족과 친인척들을 잘 관리한 청렴하고 반듯한 정치가였다. 공명이 북벌 중 오장원에서 숨을 거두기 전 황제 유선에게 다음과 같은 표를 올렸다. "성도에는 뽕나무 8백 그루와 메마른 땅 열다섯 이랑이 있으므로 제 자손의 생활은 이것으로 여유가 있습니다. 신이 밖에서 임무를 수행할 때는 특별히 조달해줄 필요가 없고, 몸에 필요한 옷과 음식은 모두 관부에서 대주므로 다른 산업을 경영하여 재산을 만들 필요가 조금도 없습니다. 만일 신이 죽었을 때 저희 집안에 남는 비단이 있게 하거나 밖에 다른 재산이 있게 하여 폐하의 은총을 저버리게 하지 않겠습니다"(진수, 2018: 128).

나관중의 《삼국지연의》에서는 공명의 가족에 대해 언급하고 있지 않지만, 공명은 결혼하여 슬하에 2남 1녀를 둔 엄연한 가장이었다. 공명은 207년 삼고초려로 유비의 최측근으로 활동하기 시작하여 생애를 마친 234년까지 무려 27년간 국가 최고위직에서 활동하였다. 당시 뽕나무 8백 그루와 땅 열다섯 이랑이 어느 정도의 경제적 가치가 있는지는 정확히 모르지만, 공명은 자신과 가족 그리고 친인척의 부를 축적하거나 출세시키는 데 사적으로 권력을 남용하지 않았다는 것을 알 수 있다. 공명은 임종할 때 한중의 정군산에 묻어달라고 부탁하면서, 산에 의지하여 무덤을 만들되 무덤은 관을 넣을 수 있을 정도로만 하며, 염할 때는 평소 입던 옷으로 하고 제사용품은 쓰지 말라고 유언했다. 그의 청빈한 삶은 관직에 나아가기 전이나 후나 죽을 때까지 일관되었다.

둘째, 제갈량은 창의적 사고를 가진 발명가였다. 공명은 전쟁을 수행하는 과정에서 부딪히는 상황을 창의적 사고와 발명으로 극복했다. 한 발씩 장전하여 쓰는 화살의 한계를 벗어나 연발식 쇠뇌를 만들었고, 산비탈의 협로를 이동할 수 있는 목우유마(木牛流馬)를 발명하였다. 공명이 수차례 걸친 북벌을 수행하는 과정에서 가장 어려웠던 과제 중 하나는 군량 보급이었다. 촉의 성도에서 군량을 우마차에 싣고 북쪽 위나라 지역까지 수송한다는 것은 난제 중 난제였다. 천 리 길의 동선이었다. 아마 공명이 군량미만 제대로 보급받을 수 있는 환경이었다면 당시 전황은 사뭇 달라졌을 것이다.

셋째, 제갈량은 인간의 의리를 끝까지 지킨 충의지사였다. 유비는 임종을 앞두고 이런 유언을 남긴다. "그대의 재능은 위나라 조비의 열 배는 되니 틀림없이 나라를 안정시키고, 끝내는 큰일을 이룰 것이오. 만일 후계자가 보좌할 만한 사람이면 그를 보좌하고, 그가 재능이 없다면 그대가 스스로 취하시오." 저자는 유비의 유언은 진심이라고 생각한다. 공명을 떠보려는 유비의 가짜 유언이 아닐 것이다. 유비의 유언에 공명은 이렇게 답한다. "신은 감히 온 힘을 다하여 충정의 절개를 바치며 죽을 때까지 이어가겠습니다." 공명은 유비와의 약속과 다짐을 평생 지켰다. 유선은 공명이 죽었을 때 시호로 충무후(忠武侯)를 제수한다. 충무공 이순신 장군의 시호 충무공과 겹친다. 공명의 충과 의는 한 사람의 주군과 한 국가를 위해 일관되게 지켜졌다. 이는 위나라 사마의가 군사작전 수행에 필요한 지모가 뛰어나 조조에게 많은 공을 세웠지만, 결국 반란으로 권력을 탈취하고 그의 자손들이 위를 없애고 진나라를 세운 것과는 여러모로 대비가 된다.

제갈량은 자신의 권력을 이용하여 제위를 넘보거나 부를 축적하거나 자식이나 친인척을 출세시킨 적도 없다. 그는 자신의 주군에게 시종일관 충과 의를 실천했다. 바로 이 점에서 후세 사람들이 제갈량을 위대하게 여기는 것이다(장정일·김운회·서동훈, 2003: 178-179).

넷째, 제갈량은 상과 벌이 분명한 관료였다. 공명은 친자식처럼 아끼던 마속을 눈물을 흘리며 죽였다(揮淚斬馬謖). 벌을 주는데 친소관계를 가리지 않았다. 공명은 잘못한 사람을 처분하는 데 멈추지 않고, 그 사람을 골라 쓴 자신에게도 벌을 달라는 상소를 황제에게 올린다. "신은 미미한 재능으로 맡은 일을 해낼 수 없을 정도의 중요한 직무를 담당하여 직접 병사들을 이끌고 싸우러 나갔으나 (중략) 실책을 범했습니다. 그 책임은 모두 신이 사람을 부당하게 쓴 데 있습니다. 신은 사람을 알아보는 명철함이 없으며 일을 처리함에 어두운 면이 많습니다. (중략) 청컨대 신이 스스로 직위를 세 등급 낮추어 그 책임을 지게 해주십시오."(진수, 2018: 125) 공명은 스스로 마속과 연대책임을 지겠다고 나선 것이다. 공명은 진실한 마음과 공정한 태도로 법에 의거하여 업무를 처리하고 상벌을 분명하게 집행했다. 그래서 공명에게 처벌을 당한 사람도 그에게 원한을 품지 않았다. 예를 들어, 공명이 북벌을 단행할 때 군량 보급의 책임을 맡았던 이엄의 경우 군량을 제대로 보급하지 않아 군사작전에 막대한 차질을 빚어 신분을 평민으로 강등하여 유배되었지만 공명의 공평한 인사 처리에 불만이 없었다(허쯔위안, 2019: 389-390).

다섯째, 제갈량은 용인술에 있어 매우 신중했다. 저자는 공명의 신중한 용인술을 백번 이해한다. 최고 의사결정자가 아닌 2인자의 입장에서는 만약의 경우를 생각해야 하고 돌다리도 두드리듯 신중하게 천거를 하거나 기용해야 하기 때문이다. 예를 들어, 공명은 위연에 대해 완벽한 신뢰를 주지 않고 마음속으로는 경계를 했으며 언젠가는 변심할 사람으로 생각했다. 실제 위연은 공명 사후에 반란을 도모하다 실패하지 않았던가. 공명이 꼭 필요한 인재를 기용하지 않은 것이 아니라 여러 가지 관점에서 종합적으로 그 사람을 판단했다고 해야 할 것이다. 이처럼 공명이 인재를 등용함에 있어 신중에 신중을 기하고 성격이 과격하거나 자부심이 강하거나 승벽(勝癖)이 지나친 사람을 기용하지 않은 것을 보고 후세 역사가들은 공명이 도량이 부족하다는 평가를 내리기도 한다(허쯔취안, 2019). 그러나 인재등용에서 다각적으로 관찰하고 신중하게 평가한다는 것은 매우 중요한 과정이라는 점에서 이를 두고 공명이 도량이 부족하다고 평가내리는 것은 편협한 시각이라고 생각한다.

종합하면 제갈량은 뛰어난 정치가, 행정 관료이면서 불세출의 군사 전략가였음을 알 수 있다. 《정사 삼국지》를 지은 진수도 문집 《제갈씨집》에서 공명의 재능과 정치적 수완을 춘추시대 제나라의 관중과 한나라의 소하에 비길 만하다고 평가했다(진수, 2018: 132). 물론 명대 나관중이 《삼국지연의》에서 제갈량을 미화하거나 우상화하기 위한 창작을 한 것 또한 사실이다(장정일·김운회·서동훈, 2003: 31). 이는 앞에서도 설명한 바와 같이 명대에서는 한(漢)의 정통성을 촉한(蜀漢)으로 설정하면서 제갈량뿐 아니라 촉한의 인물 모두를 미화시킨 것에서 알수 있다. 그러나 제갈량에 대한 의도적인 과대 포장이나 거품을 제외하더라도 그는 현대인에게 어떻게 살 것인가에 대한 깊은 울림을 주는 것만은 사실이다. 8세기 당나라 시인 두보(杜甫)는 〈영회고적오수(詠懷古跡五首)〉에서 제갈량에 대해 다음과 같이 읊었다. 시인은 제갈량에 대해 정확하게 평가를 내리고 있는 것 같다.

공명의 큰 이름 고금천지에 남아 있으니
종신의 남긴 자취 엄숙하고 창고하네
천하삼분의 계책을 생각했으나
만고의 높은 지위도 한 가닥 우모였네
이윤 여상과도 백중을 가리기 힘들며
계획대로 되었다면 소하 조참도 어림없는 일
한실의 제위를 회복할 수 없는 천운이 밀려와서
뜻을 세우고도 죽은 것은 군무의 피로 때문이었다(최명, 1994: 130).

📖 장정일·김운회·서동훈. (2003). 《삼국지 해제》. 김영사.
진 수. (2018). 《정사 삼국지－촉서》. 김원중 옮김. 휴머니스트.
최 명. (1994). 《소설이 아닌 삼국지》. 조선일보사.
허쯔취안. (2019). 《위촉오 삼국사》. 최고호 옮김. 역사 모노그래프.
〈삼국지〉. (2010). 드라마.

이순신 장군에 대한 세 번의 if
① 이순신이 전라좌수사로 파격 발탁되지 않았다면?

대한민국 사람이라면 이순신 장군(1545~1598)이 임진왜란에서 우리나라를 구한 성웅(聖雄)이라는 것에 이의를 달 사람은 없을 것이다. 이순신은 국가에 대한 충의는 물론이고 개인의 인격 측면에서도 타의 귀감이 된다는 점에서 만고의 영웅으로 추앙받고 있다. 국가의 대표적인 영웅을 전쟁의 공적으로만 제한한다면 이순신 장군에 버금가는 영웅이 왜 없겠는가. 그러나 이순신의 경우 전쟁에서 세운 전공은 물론이고 인간적인 면모에서도 당대는 물론 후세에까지 큰 감동과 특별한 울림을 준다는 점에서 그에 대한 연구는 계속되고 있는 것이다. 《조선왕조실록》을 비롯하여 그가 남긴 《난중일기(亂中日記)》, 《임진장초(壬辰將草)》와 정조의 지시로 1795년 간행된 《이충무공전서》 등 개인과 국가 차원의 자료를 토대로 이순신에 대한 활발한 연구가 이루어지고 있으며, 국외에서도 많은 관심을 보이고 있다.

"이순신은 천지를 주무르는 경천위지(經天緯地)의 재주와 나라를 바로 잡은 보천욕일(補天浴日)의 공로가 있는 사람이다." 이것은 이순신과 함께 해상에서 싸웠던 명나라 진린(陳璘) 제독(1543~1607)이 선조에게 올린 글이다. 진린 제독은 명나라 황제에게 이순신에 대해 상세히 보고하여 수군도독 벼슬과 도독인(都督印)을 내려주도록 하는 데 앞장섰다(이민웅, 2021: 408). '보천욕일'은 '하늘을 수리하고 해를 목욕시킨다'라는 뜻으로 이순신의 엄청난 공적을 이르는 말이다. "나는 이순신이라는 조선의 장수를 몰랐다. 단지 해전에서 몇 번 이긴 그저 그런 다른 조선 장수 정도였을 것이라 생각하였다. 하지만 내가 겪은 그 한 번의 이순신 그는 여느 조선의 장수와는 달랐다. 나는 그 두려움에 떨려 음식을 몇 날 며칠을 먹을 수가 없었으며, 앞으로의 전쟁에 임해야 하는 장수로서 나의 직무를 다할 수 있을지 의문이 갔다." 이 글은 임진왜란 당시 일본군 장수였던 와키자카 야스하루(脇坂安治)가 회고록에 남긴 이순신에 대한 글이다. 저자는 국내외 수많은 명사가 이순신 장군에 대한 평가를 내리고 있지만, 전장에서 이순신 장군과 함께 참전했던 중국 장수와 일본 장수의 평가야말로 가장 진정성 있는 평가라고 생각한다. 그런 이순신 장군과 관련지어 만약 if 상황을 적용하여 역사적 상상력을 키워보는 것도 장군의 공적, 사적 관계를 좀 더 알 수 있는 계기가 될 것으로 기대된다.

첫 번째 if는 '만약 이순신이 1591년 2월, 임진왜란 발발 1년 2개월 전에 전라좌수사로 임명되지 않았다면 어떠했을까?'이다. 이순신은 정읍현감에서 무려 일곱 품계를 건너뛰어 전라좌도수군절도사(전라좌수사)로 임명되었다. 이는 왕조시대에 절대 권력자인 국왕의 절대적인 신임이 없으면 불가능한 일이다. 우의정 겸 이조판서 류성룡(1542~1607)은 선조에게 이순신을 전라좌수사로 추천했다. 류성룡과 이순신은 서울의 한 동네에서 호형호제하던 사이였다는 점에서 류성룡의 추천이 자칫 연고 관계에 따른 정실 추천이라는 비판을 받을 수 있었지만, 당시 류성룡은 일본의 침략 가능성이 매우 높은 것으로 판단하고 이에 대한 대비로 적재적소에 필요한 인재를 추천한 것이다. 류성룡은 《징비록》에서도 이순신은 담력과 지략을 지니고 있어 수군 리더로서 충분한 자질을 갖추었다고 기술하고 있다(류성룡, 2021: 43-45). 류성룡과 이순신의 관계는 나중에 부연할 기회가 있겠지만, 문관 류성룡과 무관 이순신의 인간적인 신뢰 관계 또한 임진왜란을 극복하는 무시할 수 없는 요소가 되었다.

이때만 해도 선조의 이순신에 대한 신뢰가 높았던 것 같다. 선조는 1583년 여진족 니탕개(尼湯介)가 일으킨 난을 진압할 때 이순신이 세운 전공을 높이 평가하면서 후일 그를 크게 쓰고자 생각하고 있었나 보다. 물론 선조의 이순신에 대한 높은 평가는 자신이 신뢰하는 류성룡의 추천 또한 크게 영향을 미쳤을 것이다. 하지만 만인지상 국왕인 선조가 정작 이순신을 전라좌수사로 파격 발탁하고자 했을 때 조정에서는 반대가 빗발쳤다. 조선 왕조의 특성 중 하나로 꼽을 수 있는 언론 삼사(사헌부, 사간원, 홍문관)의 기능이 작동한 것이다. 특히 사간원의 간관(諫官)은 국왕의 잘못된 정책 및 언행 등에 대해 직간하는 것을 기본 임무로 하지 않던가. 간관은 목숨을 내놓고 국왕의 면전에서 잘못을 꼬집는다. 조선 왕조가 500여 년을 지탱할 수 있었던 가장 핵심적인 기구였고, 이 기구가 제대로 작동할 때 왕과 관료들이 바른 방향으로 나아갈 수 있었다. 오늘날 고위공직자 인사청문회와 비교하면 상대적으로 엄격한 검증 절차를 가지고 있다고 할 것이다.

사간원에서는 "전라좌수사 이순신은 현감으로서 아직 (진도)군수에 부임하지도 않았는데 좌수사에 초수(招授 정해진 규정을 크게 뛰어넘어 임명)하시니, 그것이 인재가 모자란 탓이긴 하지만 관작의 남용이 이보다 심할 수 없습니다. 체차(遞差 관리의 임기가 차거나 부적당할 때 다른 사람으로 바꿈)시키소서!"라고 간언했다. 아무리 인재 가뭄이라고 해도 지나친 파격이라는 지적이다. 이에 선조는 "이순신의 일이 그러한 것도 나도 안다. 다만 지금은 상규(常規)에 구애될 수 없다. 인재가 모자라 그렇게 하지 않을 수 없었다. 그 사람이면 충분히 감당할 터이니 관작의 고하를 따질 필요가 없다. 다시 논하여 그의 마음을 동요시키지 말라"(선조실록, 선조 24년)고 말했다. 선조는 이후에도 이순신의 파격 발탁에 대해 반대하는 신하들에게 위기 상황에서는 규정을 유연하게 적용하여 적재적소에 인재를 배치해야 한다는 주장을 하고 있다. 《조선왕조실록》의 기록을 보면 당시 선조는 일본의 침략 가능성을 높게 보고 나름 대비를 하고 있다는 것을 알 수 있다.

선조의 강력한 의지를 확인한 비변사에서는 이순신을 남쪽 바다의 네 군데 수영(水營), 즉 경상좌수영, 경상우수영, 전라좌수영, 전라우수영 중 가장 규모가 작은 전라좌수영을 책임지는 전라좌수사로 배정했다. 전라좌수영(본영은 여수)은 다른 수영들에 비해 그 규모가 절반에 불과했다고 한다(송우혜·이철원, 2017). 또한 일곱 단계의 품계를 한번에 건너뛰는 것에 대한 비난을 의식하여 먼저 종 5품의 진도군수로 임명했다가 곧바로 종 3품 가리포 첨사로 고쳐 임명했으며, 마지막 순간에 다시 전라좌수사로 임명하는 절차를 밟았다(이민웅, 2021: 66).

만약 선조가 류성룡의 추천에 반대하였거나 신하들의 거센 반대에 따라 어심(御心)이 흔들려 이순신을 전라좌수사로 임명하지 않았다면 임진왜란과 정유재란 당시 조선의 남서해안 제해권(制海權)은 판이하게 달라졌을 것이다. 사실 선조 대에 수군 폐지론이 대세가 된 적도 있었다. 일본군은 육전보다 해전에 능하기 때문에 수군을 폐지하고 오히려 육군의 역량을 증대시키자는 쪽으로 의견이 모아졌다(이철원, 2011). 그러나 조정에서 수군 폐지의 중론에도 불구하고 류성룡의 이순신 추천과 선조의 임명 강행은 조만간 왜적의 대규모 침략을 당하는 조선의 입장에서는 '신의 한 수'였다고 할 수 있다.

이순신은 파격 발탁과 승진으로 전라좌수사에 부임하여 추천인과 임명권자의 기대에 부응하였다. 그는 오래지 않아 일본이 침략할 것이라는 정황을 심각하게 판단하고 수군을 전시체제로 탈바꿈시켰다. 폐지 대상까지 되었던 수군을 재정비하고 전선을 건조하는 데 박차를 가하고 무기와 군량미를 확충하였다. 태종 대에 일시 등장한 귀선(龜船)을 연구하여 거북선을 건조하는 등 밤을 낮으로 삼아 종횡무진 최강 수군 재건에 전념했다. 이순신 장군은 육지에서보다 바다에서 그의 직감력과 통찰력이 더 빛났다. 그가 23전 23승의 전적을 기록한 것은 우연의 산물이 아니다. 그의 빈틈없는 유비무환의 자세와 민관군을 하나로 묶는 위기관리 리더십이 모여 누란(累卵)의 조선을 위기에서 구하였다.

이순신 장군이 임진왜란 이전과 이후에 보여준 일거수일투족은 중용에 나오는 '성즉명 명즉성(誠則明 明則誠)'으로 설명할 수 있다. '정성스러우면 밝아지고 밝게 하는 것은 바로 정성스러움이다.' 이순신 장군은 일찍이 지극한 정성으로 왜적의 침입을 정확하게 예측했고, 그

예측에 맞춰 전쟁에 필요한 인적, 물적 준비는 물론 군사들을 필승의 신념으로 정신무장까지 시켜두었다(김종대, 2022: 124-137). 한마디로 이순신 장군이 왜적과 싸울 때마다 승리할 수 있었던 결정적 요인은 그의 '지극한 정성'에 있었다고 할 것이다.

📖 김종대. (2020). 《이순신, 신은 이미 준비를 마치었나이다》. 시루.
　_____. (2022). 《이순신, 하나가 되어 죽을 힘을 다해 싸웠습니다》. 가디언.
김 훈. (2001). 《칼의 노래》. 문학동네.
류성룡. (2021). 《징비록》. 오세진·신재훈·박희정 역해. 홍익출판미디어그룹.
이규희. (2019). 《신에게는 아직 12척의 배가 있습니다》. 토토북.
이민웅. (2021). 《이순신 평전》. 책문.
이순신. (1996). 《난중일기》. 최두환 옮김. 학민사.
　_____. (2019). 《난중일기》. 노승석 옮김. 여해.
이재운. (2015). 《소설 징비록》. 책이 있는 마을.
정두희. (1997). 《조선시대 인물의 재발견》. 일조각.
황현필. (2021). 《이순신의 바다》. 역바연.
《조선왕조실록》. 〈선조실록〉 선조 24년 2월 16일.
송우혜·이철원. (2017). 《조선일보》. 〈이순신 전라좌수사 발탁의 진상〉. 1월 18일.
이철원. (2011). 《중앙선데이》. 〈日 침략의도 간파, 전라좌수사 되자마자 전쟁 준비〉. 12월 31일.
〈바른 정치 구현을 위한 조선시대의 언론기관, 언론 삼사〉. 문화재청.
〈불멸의 이순신〉. (2004). 드라마.
〈명량〉. (2014). 영화.

이순신 장군에 대한 세 번의 if
② 선조가 이순신을 사형에 처했다면?

이순신 장군에 대한 두 번째 if를 전개하기 위해서는 임진왜란 당시 조선의 붕당(朋黨) 구조에 대해 살펴볼 필요가 있다. 붕당은 조선 중기 이후에 나타난 조선의 정치 운영 형태로서 특정한 학문적·정치적 입장을 공유하는 사대부들이 모여 구성한 정치 집단을 말한다. 조선의 붕당은 현대의 정당 제도와 유사하지만, 정치적 이해관계는 물론이고 학문적 유대까지 공유했다는 점에서 특별하다 할 것이다.

조선의 붕당은 언제로 거슬러 올라가는가? 조선 제14대 국왕 선조 대(재위 1567~1608)인 16세기 후반, 이조전랑(吏曹銓郎) 임명 문제로 인한 갈등으로 심의겸을 추종하는 기성 사림인 서인과 김효원을 영수로 하는 신진 사림인 동인이 결집하는 것에서 비롯되었다고 한다. 심의겸의 집이 서울 서쪽에 있어 서인(西人)으로 부르고, 김효원의 집이 동쪽에 있었다는 이유로 동인(東人)으로 이름을 붙였다. 이조전랑 자리가 어떤 자리이기에 이처럼 붕당을 만들 정도였던가? 이조전랑은 5품(정랑)과 6품(좌랑)의 낮은 자리이지만, 문반 관료의 인사권을 쥐고 있다는 점에서 권력의 노른자 자리라고 할 것이다. 이 자리는 관례적으로 홍문관 출신의 엘리트 관료가 임명되는데 사헌부, 사간원, 홍문관 삼사(三司)의 공론을 수렴하여 대신들을 견제할 수 있다. 이조전랑은 국가의 주요 보직에 대한 인사 추천권을 쥐고 있다는 점에서 어떤 당파에서 그 자리를 차지하느냐는 권력의 주도권과 관련하여 첨예한 관심사가 아닐 수 없었을 것이다. 이처럼 붕당은 정치적 이념과 학연에 따라 결집되었는데, 결국 조정에서 권력을 어떻게 나눠 가질지 정치적 이해관계를 가진 신하들 사이의 합종연횡이라고 할 수 있다. 예컨대 동인은 영남의 거유(巨儒)였던 이황과 조식의 문하생들이 주류를 이루었고, 서인은 주로 서울 근방에 생활 근거를 둔 고관들이 주류를 이루었는데 주로 학문적으로 이이와 기대승의 영향을 받은 인사들이었다.

그렇다면 이순신 장군에 대한 두 번째 if로서 '그는 어떻게 해군 최고사령관에서 사형 직전까지 가게 되었는가?'이다. 저자는 선조가 이순신에게 역모죄를 물어 사형까지 시키려고 결심하게 된 중요한 원인으로 세 가지를 꼽을 수 있다고 생각한다. 첫째는 원균의 지나친 교만함과 이순신에 대한 우월감, 둘째는 붕당 정치의 희생, 그리고 셋째는 선조의 병적인 의심과 질투다.

첫째, 원균(1540~1597)의 교만함과 이순신에 대한 우월감에 대해 살펴보자. 원균은 이순신보다 다섯 살이 많고 무과에는 이순신보다 9년 일찍 급제했다. 원균은 등과(登科) 성적도 이순신보다 월등했다. 원균은 식년시 을과 2등으로 전체 28명 중 5등이었고, 이순신은 식년시 병과 4등으로 전체 29명 중 12등으로 합격했다. 조선시대 과거제도에서는 같은 합격자라 해도 등과 성적에 따라 초임 벼슬의 품계가 달랐다. 원균은 정8품으로 출사했고, 이순신은 종9품으로 출사했다(방성석, 2022: 209-210). 또한 원균은 당시 서인의 거두 윤두수(1533~1601)의 친족으로서 그의 비호를 받으며 순조로운 관직 생활을 할 수 있었다. 선조 대에 막강한 정치적 영향력을 행사한 윤두수와 윤근수 형제를 언급하지 않을 수 없는데, 두 사람은 종계변무(宗系辨誣)를 해결한 공신이었다. 종계변무란 명나라 법전 대명회전(大明會典)에 태조 이성계가 고려의 권신 이인임의 아들로 잘못 기록된 내용을 고치는 일이다. 이인임은 고려 우왕 대의 탐학 권신으로 이성계의 정적이었음에도 이성계의 부친으로 기록되어 조선왕조의 정통성이나 합법성 면에서 용납할 수 없는 일이었다. 역대 왕들의 숙원사업을 윤두수와 윤근수 형제가 해결하였다. 선조는 오랜 외교적 난제를 해결하면서 방계 콤플렉스에서 자존감을 회복하게 되었으며, 윤두수와 윤근수는 이러한 공로에 힘입어 선조의 절대적인 신임을 받게 되었다(방성석, 2022: 45-48). 반면 이순신 가문은 몰락한 양반 출신으로 조정에서 그를 지지한 주요 인사는 류성룡 등 소수에 불과했다. 원균은 연배와 등과 성적, 그리고 가문과 정치적 배경 등 여러 면에서 이순신에 대해 우월의식을 지녔다.

원균의 교만함과 이순신에 대한 우월의식이 드러난 것은 임진왜란에서였다. 임진왜란 당시 경상 우수사 원균은 경상 우수영의 전선을 모두 잃고 3척만을 거느리고 이순신에게 와서 경상도 해역의 왜군을 치러 가자고 간청했지만 이순신은 부탁을 거절하고 출진을 보류했다. 이때부터 원균은 이순신에 대한 원망으로 알력과 갈등이 폭발하였다고 한다(류성룡, 2021: 150-151). 그러나 이순신 입장에서는 원균의 요청을 쉽게 들어줄 수도 없었다. 전라좌수영 군사를 관할 지역 밖으로 움직일 수 없으며 이는 국왕의 승인이나 명령으로 움직여야 했기 때문이다. 원균과 이순신의 관계가 틀어진 시점을 한산대첩 이후로 잡고 있는 시각이 많지만, 적어도 1차 출전 때부터 악화되었을 것으로 보기도 한다(이민웅, 2021: 140-146).

《난중일기》에서 이순신은 원균에 대해 모두 84번이나 언급하고 있다. 원균이란 인물이 이순신의 기록에 많이 등장하는 이유는, 그만큼 원균과 이순신 사이에 많은 갈등이 있었다는 방증이기도 하다. 원균은 자신보다 상급자인 삼도수군통제사 이순신의 지휘권에 반발하거나 자신의 공적을 부풀리기 위해 거짓으로 조정에 장계를 보내기도 하였다(정두희, 1997). 오죽했으면 이순신이 조정에 장계를 보내 자신을 삼도수군통제사 자리에서 물러나게 해달라고 요청했겠는가. 원균은 명과 일본의 강화 협상이 진행되고 전쟁이 소강상태에 접어들자 소극적으로 전쟁에 임하는 이순신을 비난하면서, 선조에게 "신이라면 한 번에 왜놈들을 바다에 밀어 넣을 수 있을 것입니다"라고 호언장담하는 지경에 이르렀다. 마침내 그동안 통제사 이순신의 전략에 불만을 가지고 있던 선조는 서인들의 절대적 지지 속에 전황을 냉정하게 진단하기는커녕 오히려 헛된 기대감을 갖게 한 원균을 높이 평가하고 이순신의 통제사직을 박탈하고 역모죄를 씌우게 된다.

선조에게 큰소리를 쳤던 원균은 어떻게 되었을까? 이순신이 한양으로 압송되어 고문을 받으면서 목숨이 경각에 달려있을 때, 새로이 통제사로 임명된 원균은 큰소리를 쳤지만 출전을 머뭇거리다가 도원수 권율(1537~1599)에게 곤장을 맞은 후 출전하여 이순신이 재건한 수군을 전멸시키고 만다(류성룡, 2021: 152). 칠천량 전투의 패배는 임진왜란에 조선군이 기록한 최악의 대패였다. 원균의 비뚤어진 교만함과 우월감이 생사람을 잡고 조선의 전쟁 수행 능력을 극도로 약화시켰다. 결국 선조는 원균의 거짓 보고와 서인들의 주장에 힘을 실어주면서 일본의 재침과 함께 전쟁을 장기화시키는 등 국가적 위기를 다시 불러일으켰다.

둘째는 이순신이 붕당 정치의 희생양이 되었다는 것이다. 선조 대에 본격화된 붕당 정치가 백성과 국가의 미래에 얼마나 치명적인가는, 임진왜란 발발 2년여 전 일본으로 파견된 통신사가 말해준다. 1590년 3월 조선에서는 정사 황윤길과 부사 김성일로 통신사를 파견하여 일본의 실정과 도요토미 히데요시(1537~1598)의 저의를 탐지하도록 했지만, 돌아온 통신사의 보고는 서로 달랐다. 서인 황윤길은 일본이 많은 병선을 준비하고 있어서 반드시 전쟁을 일으킬 것이라 보고한 반면, 동인 김성일은 일본이 침략할 낌새는 전혀 없었으며, 도요토미 히데요시의 사람됨도 쥐와 같이 생겨서 전혀 두려워할 것이 못된다고 보고하였다. 통신사의 보고가 다른 것과는 별개로, 일본이 전쟁을 일으킬 것이라는 정보는 여러 경로를 통해 조선에 전해졌지만 조선은 한사코 무시하였다. 확증편향도 이만저만이 아니었다. 국론을 통일하여 전쟁에 대비하여도 승패를 장담할 수 없었음에도 조선은 붕당의, 붕당에 의한, 붕당을 위한 정쟁만을 일삼고 있을 뿐이었다.

이어령(1934~2022)은 일본에서 돌아온 사신들이 선조에게 보고한 내용이 각각 다른 것에 대해 우리의 눈치문화와 결부시켜 풀이한다.

사신들은 일본의 침략 여부를 오직 눈치로만 살피려 했다. 사신들이 보고 온 것은 도요토미 히데요시(豊臣秀吉)의 눈뿐이었다. 눈치만 보고 온 것이다. 서인 황윤길은 "도요토미 히데요시의 눈이 광채가 있는 것으로 보아 아무래도 우리나라로 쳐들어올 것 같다"고 말했고, 동인 김성일은 반대로 "그의 눈이 쥐새끼처럼 생겼으니 결코 쳐들어올 인물이 못 된다"고 했다. 사신들은 일본의 국력이나 그들의 정략을 분석해 보지 않고 히데요시의 눈이 호랑이 같으냐 쥐새끼 같으냐로 조선 정벌을 관상 보듯 점치려 한 것은 눈치로 살고 눈치로 죽었던 이 민족의 사고방식을 단적으로 암시한 것이다(이어령, 2018: 47-49). 한국인의 '눈치문화'가 침략 여부를 판가름하는 데 중대한 영향을 미쳤다는 것이다. 우리 시대의 지성으로 불렸던 이어령다운 흥미로운 지적이 아닐 수 없다.

앞에서도 언급하였지만 원균은 서인의 실력자 윤두수와 인척 관계로 서인들의 절대적인 지지를 받고 있었다. 원균이 이순신에 대한 거짓 보고를 조정에 보냈을 때마다 이순신에 대해 조정과 선조의 불신은 가속되었다. 그리고 명과 일본이 강화협정을 벌이고 전쟁이 소강상태에 접어들었을 때, 이순신의 소극적인 전쟁 대응에 대해 불만을 갖고 있던 조정과 선조는 원균의 거짓 보고가 도착했을 때 불에 기름을 붓듯이 이순신에 대한 불만과 불신이 극에 달하여 결국 삼도통제사 이순신을 파직하고 역모죄로 한양으로 압송한 것이다.

셋째는 조선 국왕 선조의 의심과 질투다. 선조의 귀는 팔랑귀였나 보다. 팔랑귀란 무엇인가? 남의 말에 쉽게 흔들리는 사람으로 줏대없이 별거 아닌 것에 쉽게 혹하여 어리석은 행동을 하게 된다. 이런 사람이 국왕의 자리에서 위기관리 리더십이 필요한 국가 간 전쟁을 지휘하다 보니 주위에 아첨하는 무리로 들끓게 되는 것은 명약관화다. 전쟁 전에는 많은 신하의 반대를 무릅쓰고 이순신을 무려 일곱 품계를 건너뛰게 하여 전라좌수사로 발탁, 임명했던 선조였지만, 전쟁 중에는 최고사령관 이순신을 불신하고 급기야 질투와 의심의 화신으로 바뀌었다.

이처럼 이순신이 역모죄로 사형 집행 전까지 간 것은, 전란의 와중에 중심을 잃은 선조의 병적인 의심과 선조의 귀를 잡았다 놓았다 한 어지러운 붕당정치 때문이었다. 선조는 전쟁 이후의 국가경영에 필요한 큰 그림을 그리기보다 자신의 체면 유지와 권위를 높이는 데 더 큰 관심을 두었고, 붕당정치를 일삼던 신하들은 전란 중에도 이런 어리석은 선조의 마음을 흔들어 놓았다. 결국 원균의 이순신에 대한 모함은 선조의 의심과 붕당 정치와 상승 작용을 하면서 무고한 이순신을 제물로 삼은 것이었다. 또한 일본군조차도 선조의 팔랑귀를 이용한 반간계로 이순신을 역모죄로 옭아매고 일시에 전쟁의 흐름을 바꿔 놓았다.

선조와 조정이 이순신 장군에게 씌운 죄목은 네 가지이다. (1) 조정을 속였으니, 임금을 업신여긴 죄, (2) 남의 공을 가로채고 남을 모함한 죄, (3) 임금이 불러도 오지 않은 한없이 방자한 죄, (4) 적을 쫓아 공격하지 않아 나라를 등진 죄. (1), (2), (3)이 국내의 정치적 판단에 따른 죄목이라면, (4)의 '적을 쫓아 공격하지 않아 나라를 등진 죄'라는 것은 조선의 조정이 일본군 대장 고니시 유키나가(小西行長)의 반간계에 이용당한 것이다. 고니시는 첩자 요시라를 경상 우병사 김응서에게 보내 "가토 기요마사가 부산 앞바다를 건너올 테니 조선 수군이 체포하라"고 충동질하였는데 김응서는 이 내용을 조정에 보냈다. 그리고 조정에서는 이 내용을 그대로 믿고 이순신으로 하여금 군사를 움직이라고 지시했지만, 이순신은 믿지 못할 내용이라고 판단하고 조정의 명령에 따르지 않았다. 결국 일본의 반간계는 가뜩이나 이순신에 대해 불만을 품고 있던 선조와 조정에 이순신을 제거하기 위한 결정적인 빌미를 제공했던 것이다(오귀환, 2004). 조선은 이런 반간계에 제대로 걸려들었고, 일본은 이순신이 없는 바다를 마음껏 유린하면서 조선 수군을 궤멸로 몰고 갔다.

국왕으로서 선조는 질투와 의심의 화신으로 무능하고 옹졸하였다. 선조는 밤을 낮으로 삼아 오로지 조선의 바다를 지키기 위해 민관군을 하나로 묶어 혼신을 다하고 있는 야전 사령관을 전후좌우도 따져보지 않은 채 대역죄로 몰아 고문을 가하고 사형을 시키려고 했다. 김훈의 《칼의 노래》에서는 이순신이 의금부에서 풀려난 장면을 이렇게 묘사하고 있다. "내가 받은 문초의 내용은 무의미했다. 위관들의 심문은 결국 아무것도 묻고 있지 않았다. 그들은 헛것을 쫓고 있었다. 나는 그들의 언어가 가엾었다. 그들은 헛것을 정밀하게 짜 맞추어 충(忠)과 의(義)의 구조물을 만들어가고 있었다. (…) 내 몸을 으깨는 헛것들의 매는 뼈가 깨어지듯이 아프고 깊었다."(김훈, 2012: 14 재인용)

선조는 류성룡, 이원익, 정탁 등의 의견을 받아들여 이순신을 죽이지는 않고 권율 장군 휘하에 백의종군하도록 했다. 선조는 오랜 전란으로 지쳐버린 백성들의 절대적 지지를 받으면서 조선의 희망으로 부상한 이순신을 죽였을 때에 돌아올 반대급부를 두려워했던 것일까?

다시 칼의 노래에서는 선조의 심리를 꿰뚫고 있다. "임금은 적이 두려웠고, 그 적과 맞서는 수군통제사가 두려웠던 모양이다. 그것이 임금의 싸움이었다."(김훈, 2012: 75 재인용)

사실 선조가 즉위부터 의심 많고 옹졸한 국왕은 아니었다. 그는 조선 왕조에서 적통이 아닌 방계 혈통으로 즉위한 왕이었지만, 그 누구보다도 백성을 생각하고 검약한 생활을 했다고 한다. 선조는 즉위 초부터 좋은 정치에 뜻을 두고 학문에 전념하였으며, 사림(士林)이라 불렀던 신진세력들과 덕망 있는 인사들을 대거 기용하였다. 그러나 시간이 흐를수록 선조는 방계 혈통 왕위 승계 콤플렉스를 벗어나는 데 한계가 있었던 것 같다. 부모가 왕과 왕비가 아닌 서자 출신의 왕이라는 콤플렉스는 곧 선조의 비뚤어진 자존심으로 연결되고 지나친 권위의식은 주변에 듣기 좋은 말을 간하는 신하들로 채웠다. 만인지상의 국왕이 팔랑귀의 소유자이다보니 내치는 물론 외치에서도 적절한 대처를 하지 못했다.

다시 if로 돌아와서 선조가 이순신을 죽였다면 전쟁은 어떻게 되었을까? 이순신의 죽음을 가장 반기는 것은 일본군이었을 것이다. 이순신이 투옥되었을 때 일본은 기다렸다는 듯이 조선을 재침략하고 이순신이 없는 조선 수군을 전멸 지경으로 몰고 가지 않았던가. 만약 이순신이 사형을 당해 이순신이란 지휘관이 없는 상태에서 전쟁을 계속했다면, 일본군은 남해와 서해에서 조선 수군을 몰아내고 조선 정벌의 목적을 달성했을 것이다. 일본은 조선 정벌에 그치는 것이 아니라 명나라까지 넘보게 되면서 한반도는 동아시아 국제전쟁의 화약고가 되었을지 모른다. 또 일본이 한반도를 식민지로 삼고 중국을 침략했던 역사가 수세기 앞당겨졌을지 모른다는 상상을 해보는 것도 무리는 아닐 것이다.

김　훈. (2001). 《칼의 노래》. 문학동네.

류성룡. (2021). 《징비록》. 오세진·신재훈·박희정 역해. 홍익출판미디어그룹.

방성석. (2022). 《분노의 시대: 이순신이 답하다》. 리사.

이민웅. (2021). 《이순신 평전》. 책문.

이순신. (1996). 《난중일기》. 최두환 옮김. 학민사.

＿＿＿. (2019). 《난중일기》. 노승석 옮김. 여해.

이어령. (2018). 《흙 속에 저 바람 속에》. 문학사상.

정두희. (1997). 《조선시대 인물의 재발견》. 일조각.

김시덕. (2015). 《조선일보》. 〈김응서 vs 고니시 유키나가〉. 7월 3일.

박기종. (2016). 《매일경제》. 〈'聖君에서 暗君으로', 선조 리더십의 변명〉. 12월 1일.

오귀환. (2004). 《한겨레21》. 〈이순신, 내부의 적과 싸우다〉. 10월 8일.

〈불멸의 이순신〉. (2004). 드라마.

〈선조〉. 한국민족문화대백과사전.

이순신 장군에 대한 세 번의 if
③ 배설이 12척의 전선을 숨겨놓지 않았다면?

앞에서 기술한 대로 1597년 2월 이순신은 원균의 시기 질투에서 비롯된 모함과 붕당 정치의 희생물이 되어 조선 수군 제1대 삼도수군통제사직에서 파직돼 한양으로 압송되어 고문과 함께 생사의 갈림길에 놓이게 되었다. 이렇게 된 데에는 일본군이 선조의 팔랑귀와 붕당을 이용한 반간계도 한몫을 단단히 했다는 것에 대해 살펴보았다. 이제 이순신이 제거된 남쪽 바다에서는 새로 삼도수군통제사가 된 원균이 1597년 7월 칠천량에서 일본군과 맞붙게 되었다. 조선의 바다와 명운이 통제사 원균의 어깨에 달려있었다.

국왕 선조는 원균을 높이 평가하고 있는 만큼 그에게서 승전보를 기대했지만, 선조가 이순신을 해임하고 원균을 삼도수군통제사로 임명한 것은 악수(惡手) 중에 악수가 되고 말았다. 전황은 선조가 기대한 만큼 또 원균이 큰소리를 친 것처럼 전개되지 않았고 오히려 조선 수군은 대패를 당하고 원균도 죽었다. 칠천량 해전은 조선 수군에게 최악의 참패로 기록되는데 이 패배로 조선 수군은 거의 궤멸되었다. 이순신이 지난 5년 동안 무패의 강군으로 키워놓은 조선 수군의 자긍심과 그 불패의 신화가 하루아침에 물거품이 되어 버렸다.

원균의 입장으로 돌아가 보자. 개인에 대한 평가는 다각도에서 보다 더 객관적인 잣대를 들이댈 필요가 있다고 생각한다. 또한 이순신과 원균과의 관계는 주로 《난중일기》나 《징비록》 등 개인의 기록에 의해 기술되고 있는 것도 마음에 걸리는 일이다. 여하튼 이순신 장군에 대해 우월의식이 강했던 원균은 이순신이 파직, 압송, 투옥되고 난 뒤 새로 통제사로 부임하면서 조선 수군의 실정과 일본군의 전력을 파악할 수 있었을 것이다. 그는 일본 수군의 압도적인 우위에 사기가 많이 꺾였을 것이다. 당시 조선 수군의 전력은 134척의 전선, 1만 3,200명의 병력에 불과했다. 국왕에게 '왜놈들을 모조리 쓸어버리겠다'라고 큰소리쳤던 예전의 원균이 아니었다. '자리가 사람을 만든다'라는 말이 있다. 이 말은 누구든지 책임져야 할 위치에 앉게 되면 그 책임감과 중압감이 그를 성장하게 만든다는 뜻이다. 이쯤 되면 원균도 전임 통제사 이순신의 마음을 알게 되었으리라. 이러지도 저러지도 못하고 머뭇거리는 원균에게 조정에서는 성화를 내며 독촉했지만, 승리를 장담할 수 없었던 원균은 쉽게 출동 명령을 내리지 못했던 것이다. 급기야 도원수 권율이 원균을 소환해 곤장을 치는 사태까지 벌어졌다(류성룡, 2021: 252-260). 원균은 칠천량 해전에서 대패하기 이전만 해도 나름 군공을 세운 맹장으로 평가받고 있었지만, 전황은 그의 호언장담과 기고만장을 뒷받침할 수 없었다. 심한 풍랑으로 하늘조차 원균을 돕지 않았다.

다시 if로 돌아가자. 이순신 장군의 세 번째 if는 경상 우수사 배설

(1551~1599)에서 비롯된다. 지휘관으로서 배설은 매우 흥미로운 인물이다. 그는 삼도수군통제사 원균이 지휘하는 칠천량 전투에 참전했는데, 전세가 불리해지자 판옥선 12척을 이끌고 남해 쪽으로 도망쳤다. 배설의 경우 상관의 허락을 받지 않고 전쟁터를 무단으로 이탈하였다는 점에서 탈영에 해당했다. 칠천량 해전에서는 전투 중에 전세가 불리하게 돌아가자 전선을 이끌고 도주했지만, 명량해전을 앞두고서는 개전(開戰)도 하기 전에 승산이 없다는 판단을 하고 탈영했다. 당시 조선 수군과 일본 수군의 전력을 놓고 볼 때 어디 배설만 승산이 없다고 생각했겠는가 싶다. 누가 보아도 조선 수군에게는 13척(나중에 1척이 추가되었음)의 전선으로 133척의 일본군 전선과 맞서는 것은 두렵고 떨리는 일이었을 것이다.

배설은 임진왜란에서 가장 부끄러운 지휘관으로 인식되어 영화나 소설 등에서 그를 비겁한 군인으로 묘사하고 있다. 그러나 배설에 대한 평가는 수정되어야 한다는 주장도 있다. 배설 장군의 후손들과 경주 배씨 문중에서는 '허위사실 적시에 의한 사자(死者)의 명예훼손 혐의'로 영화 〈명량〉의 감독과 작가 등을 고소하기도 했다. 백번 이해가 된다. 후손들의 입장에서 선조에 대한 불명예를 지켜볼 수만은 없었을 것이다. 후세들은 《난중일기》와 《조선왕조실록》을 바탕으로 배설이 오랜 바다 생활에서 얻은 어지럼증으로 이순신 장군에게 요양 신청을 내 허락을 받고 군영을 떠나 고향에서 요양 중에 있었는데 전란후 느닷없이 모반죄로 참형을 당했다는 주장을 하고 있다. 그리고 배설이 참형 당하고 6년 후에 조정에서는 배설 장군을 일등공신으로 봉(封)하고 호조참판에 추증했는데, 이는 당대 조정이 판결의 잘못을 인정하고 명예와 신원을 회복해 주었다는 주장이다(이상훈, 2014). 아무리 영화나 소설의 상상력이 예술 창작의 자유에 기인한다 할지라도 누군가의 역사적 평가는 신중해야 한다고 생각한다.

그러나 누가 알았겠는가. 배설이 칠천량 해전에서 12척의 전선을 빼돌려 도주한 것은 조선 수군에는 또 다른 '신의 한 수'가 될 줄이야. 우연도 이런 우연이 없을 것이다. 바로 배설이 도주시킨 12척이 있었기에 이순신 장군이 선조에게 '신에게는 아직 12척의 배가 있습니다 (今臣戰船尙有十二)'라는 그 유명한 장계를 보낼 수 있었던 것이다. 이순신이 선조에게 이런 장계를 올리게 된 연유를 짚어볼 필요가 있다.

1597년 7월 16일 선조는 그토록 믿었던 원균이 칠천량 해전에서 대패하여 수군이 궤멸된 후, 8월 3일 이순신을 삼도수군통제사로 재임명하게 된다. 이순신을 통제사에서 파직한 지 5개월여 만이다. 아래는 선조가 이순신에게 전한 삼도수군통제사 재임명 교서의 내용이다. 교서의 내용을 보면 국왕 선조가 이순신에게 전한 사과문의 성격이 강하다. 아무리 왕조시대 국왕이라도 이순신에게 무슨 낯이 있겠는가. 그는 입이 열 개라도 할 말이 없었을 것이다.

> 그대의 이름은 일찍이 수사의 책임을 맡겼던 그날 진작 드러났고,
> 또 공적은 임진년 대첩이 있은 뒤부터 크게 떨치어 변방 백성과
> 군인들이 만리장성처럼 믿었는데, 지난번에 직함을 갈고 그대로
> 하여금 죄인의 이름을 쓴 채 백의종군하게 했던 것은 역시 사람의
> 지모(智謀)가 밝지 못한 데서 생긴 일이오. 그래서 오늘 이같이 패
> 전의 욕됨을 당한 것이라 무슨 할 말이 있으리오. 무슨 할 말이 있
> 으리오(김종대, 2022: 320 재인용).

그랬던 선조는 불과 12일 만인 8월 15일 이순신에게 편지를 보냈는데, '지난 해전에서 패한 결과로 해전이 불가능할 경우 육지에 올라 도원수를 돕는 것도 가하다'는 내용의 편지였다(이민웅, 2021: 328). 이순신 장군이 수군 재건의 의지를 불태우며 경상도 초계, 단성, 진주에서 전라도 구례, 곡성, 옥과, 순천, 낙안, 보성을 거쳐 장흥 회령포에 도착한 날은 8월 18일이었다. 이 편지 내용을 보면 언뜻 국왕이 이순신과 조선 수군에 관심을 갖는 것처럼 보이지만, 국왕 선조의 이른바 어심(御心)이 얼마나 죽 끓듯 하며, 선조와 조정이 일본군의 전략에 얼마나 무지한가를 알 수 있다. 이순신 장군이 피를 토하는 심정으로 국왕에게 보낸 장계를 좀 더 상세히 기술한다.

저 임진년으로부터 오륙 년 동안 적들이 감히 전라도와 충청도로 바로 쳐들어오지 못한 것은 수군이 그 길목을 누르고 있었기 때문입니다. 지금 신에게는 아직도 12척의 배가 남아 있습니다. 죽을 힘을 다해 항거해 싸운다면 오히려 해볼 만합니다. 지금 만일 수군을 전부 없애 버린다면 이는 곧 적들이 크게 다행으로 여기는 것으로 호남을 거쳐 한강까지 곧바로 쳐들어갈 터인데, 신이 걱정하는 바는 바로 이것입니다. 전선의 수는 비록 적지만 신이 죽지 않는 한, 적은 감히 우리를 업신여기지 못할 것입니다(박기봉, 2006 재인용).

이순신 장군이 선조에게 보낸 장계 내용을 보면 장군은 일본 수군의 전략과 심리를 정확히 꿰뚫고 있음을 알 수 있다. 이순신은 조선 수군을 포기하는 것은 일본군이 가장 바라는 것이며, 수군이 무너지면 호남이 무너지고 '호남이 무너지면 국가도 없다(若無湖南 是無國家)'

라는 논리의 상소로 수군 폐지론을 물리치고 이후 명량해전에서 세계 해전사에 길이 빛나는 승리를 거두었다(류성룡, 2021: 260). '지피지기 백전불태'란 말은 이순신 장군을 두고 하는 말이다.

다시 if로 돌아가자. 당시 칠천량 전투의 결과를 놓고 보았을 때, 만약 배설이 칠천량 전투에서 도주하지 않고 계속 싸웠다면 12척의 전선마저 잃었거나 그 자신도 전사했을 가능성이 높다고 할 것이다. 당시 배설이 전선에서 무단이탈하여 도주한 것은 군법의 참형감이었고 실제 전쟁 후에 참형을 당했지만, 역사의 우연이 신의 한 수가 될 수 있다는 것을 확인시켜 준 것이기도 하다. 만약 배설이 12척의 전선을 회령포에 숨겨놓지 않았다면 이순신 장군이 저 명량에서 대승을 거둘 수 있었을까 싶다. 명량에서의 전투가 9월 16일이었으니 이순신 장군이 8월 18일 회령포에서 12척의 전선을 인계받은 지 불과 한 달도 채 되지 않은 시간이었다.

이순신 장군은 명량해전에서 승리를 거둔 다음 쓴 일기에 승리에 대한 소감을 "이번 일은 참으로 천행이었다"라고 썼다(정두희, 1997: 78). 이순신은 그 모든 것을 '천행(天幸)', 즉 '이는 실로 하늘이 도운 것이다(此實天幸)'라고 말했다. 이 천행이라는 말에는 배설이 도주하면서 숨겨놓은 12척의 배를 인계받을 수 있었음에 대한 천행도 포함되었을 것이다. 그 12척이야말로 천행의 시작이었고, 무적 조선 수군의 재건을 알리는 신호탄이었기 때문이다.

지금까지 이순신 장군이 임진왜란이 발발하기 1년 2개월 전에 전라 좌수사로 부임하여 임진왜란 시기에 겪었던 상황들을 세 번의 역사적 가정법에 적용하여 생각해보았다. 역사에는 가정이 없다고 하지만 역사의 가정법이야말로 인문학적 상상력을 한껏 북돋아주고 인간이 그린 동선과 무늬를 다시 좇아가 본다는 점에서 의미 있는 작업이었다고 생각한다.

학계에서는 이순신에 대한 학술적 연구를 어떻게 진행하고 있을까 궁금하다. 한국교육학술정보원 학술연구정보서비스(RISS) 사이트에서 '이순신', '이순신 장군', '충무공 이순신'으로 각각 검색하면 수많은 다양한 논문과 단행본 등을 찾아볼 수 있으며 이순신 장군과 관련된 중국과 일본의 문헌도 쉽게 찾을 수 있다. 이처럼 우리나라 학계에서는 이순신과 관련하여 활발한 연구활동을 펼치고 있으며, 학문으로서 『이순신학(李舜臣學)』이 저변으로 확대되고 그 뿌리를 튼튼하게 내리고 있음을 확인할 수 있다. 이순신 관련 연구소는 〈전남대학교 이순신 해양문화연구소〉, 〈순천향대학교 이순신 연구소〉, 〈해군사관학교 해양연구소 충무공연구부〉 등이 있다. 이들 연구소에서는 「충무공 이순신과 한국 해양」, 「이순신연구논총」, 「해양문화연구」 등의 논문집을 발행하고 정기적으로 학술대회를 개최하고 있다. 흥미로운 점은 연구소의 위치가 임진왜란 당시 삼도수군통제사 이순신 장군이 관할했던 전라도, 충청도, 경상도에 소재하고 있다. 2022년부터 대구가톨릭대학교에서는 석박사통합과정의 『이순신학과(Department of Admiral Yi Sunsin)』를 개설하여 본격적으로 이순신 전공의 후학 양성을 시작하였다. 2000년대 들어 지방자치단체, 민간, 학계에서 「이순신학회(李舜臣學會)」의 설립에 대한 논의를 활발하게 진행하고 있다. 학계는 물론 정부, 공공기관, 민간단체에서 이순신과 관련하여 수행된 수많은 연구와 그 성과물은 이순신이라는 인물이 우리나라와 우리나라 사람들에게 얼마나 커다란 영향을 미치고 있는가를 단적으로 보여준다고 할 것이다.

　　김종대. (2022). 《이순신, 하나가 되어 죽을 힘을 다해 싸웠습니다》. 가디언.

　　류성룡. (2021). 《징비록》. 오세진·신재훈·박희정 역해. 홍익출판미디어룹.

　　박기봉. (2006). 《충무공이순신전서》, 비봉출판사.

　　이민웅. (2021). 《이순신 평전》. 책문.

　　이순신. (1996). 《난중일기》. 최두환 옮김. 학민사.

　　정두희. (1997). 《조선시대 인물의 재발견》. 일조각.

　　이상흔. (2014). 《조선일보》. 〈영화 '명량'에 나오는 배설 장군, 과연 그렇게 비열한 인물이었나?〉. 9월 21일.

　　〈불멸의 이순신〉. (2004). 드라마.

　　〈명량〉. (2014). 영화.

　　〈이순신〉, 〈이순신 장군〉. 〈충무공 이순신〉. 한국교육학술정보원 학술연구정보서비스.

인연이 역사를 만든다
① 선조와 서산대사의 인연

어리석은 사람은 인연을 만나도 몰라보고

보통 사람은 인연인 줄 알면서도 놓치고,

현명한 사람은 옷깃만 스쳐도 인연을 살려낸다.

피천득의 시 〈인연〉에 나오는 구절이다. 인연이란 사람과 사람, 사람과 사물이 서로 맺어지는 관계를 말한다. 인간 만사가 인연에서 비롯된다는 것을 강조하다 보니, '옷깃만 스쳐도 인연이다'라는 속담이 있을 정도다.

조선왕 선조(재위 1567~1608)와 서산대사(1520~1604 법명은 휴정(休靜))와의 인연도 특별하다. 숭유억불정책을 국가의 통치이념으로 삼은 조선의 왕이 불교 고승과의 인연을 어떻게 맺었단 말인가? 도대체 선조와 서산대사는 어떤 인연을 맺었고 이 인연은 어떻게 이어졌더란 말인가?

〈선조수정실록〉 24권에 따르면, '휴정이 묘향산에서 수행 중에 정여립 모반 사건(1589)에 연루되어 감옥에 갇혀 국문을 당하게 되었다.

이때 선조가 휴정의 석방을 지시하면서 묵죽시(墨竹詩)를 하사하여 위로하였다'라고 기록하고 있다.

정여립 모반 사건, 즉 기축옥사의 요지는 이렇다. 정여립(1546~1589)은 전주 출신으로 과거에 급제하여 중앙관료로 승승장구하다 당파(서인)를 바꿔 동인 편에 서면서 선조의 미움을 받게 되자 관직을 버리고 낙향했다. 그 후 그는 대동계를 조직하여 기인, 모사들과 교류하면서 무술을 연마하였으며, 임진왜란 4년 전에는 전라도를 침략한 왜군을 소탕하는 데 기여하기도 했다. 그는 왕조시대에는 용인되기 어려운 급진적인 대동사상을 주장하였는데, 이른바 "천하는 공공의 물건이며, 누구를 섬긴들 임금이 아닐 것인가(天下公物 何事非君)"라고 말했다. 당시로서는 이 말 자체만 해도 역모로 단정짓기에 부족함이 없었을 것이다. 이 모반 사건에 대해서는 여러 다른 의견이 있지만, 역사적 사실은 이 사건으로 조선의 지식인, 특히 호남의 많은 지식인들이 죽임을 당했다는 것이다. 당시 지식인 천여 명이 죽었다고 한다. 현대에 이르러 정여립을 재평가하는 목소리도 들린다. 향토사학자 신정일은 '정여립은 영국의 공화주의 혁명가 올리버 크롬웰(1599~1658)보다 60년 앞선 한국 최초의 공화주의자로서 엄혹한 왕조 시절에 시대를 앞선 사상을 주창한 혁명가이다'라고 주장한다. 또한 '정여립의 대동사상은 근대에 이르러 동학농민혁명으로 분출됐다'라고 설명한다(박임근, 2018).

정여립 모반 사건은 승려들이 많이 연루된 것으로 밝혀져 불교계를 난처하게 만들었다. 체포된 승려 중 무업(無業)은 고문에 못 이겨 뜻밖에도 서산대사가 모반에 가담한 것처럼 진술하였다. 무업은 서산대사가 쓴 〈등향로봉(登香爐峰)〉을 역모에 연루된 증거로 제시하였고, 이 말을 믿은 포도청에서는 서산대사를 체포, 고문하였다. 〈등향로봉〉의 내용은 이렇다.

만국의 도성들은 개미집이요
천하의 호걸들도 하루살이라
맑고 그윽한 달빛 베고 누우니
끝없는 솔바람은 묘음(妙音)을 연주하네.

임금이 사는 도성(都城)을 개미가 사는 굴에 비유했으니 언뜻 보기에는 역모로 볼 수 있을 것이다. 현대의 국가원수 모독죄는 왕조시대에는 역모죄에 가깝다. 역모 사건에 고승이 연루되었다고 하니 선조에게도 보고가 되었으리라. 선조는 서산대사가 쓴 시집이라든지 그에 대한 모든 것을 열람한 후 그의 뛰어난 문장과 충정에 감탄하고 즉각 석방 명령을 내렸다. 선조는 서산대사에게 대나무 그림을 곁들인 묵죽시를 내려 고승의 무고함을 잘 알고 있다는 뜻을 내비쳤다.

잎은 붓끝에서 나왔고
뿌리도 땅에서 나오지 않았네.
달이 비추어도 그림자가 보이질 않고
바람이 불어도 소리가 들리질 않네.

그림에 묘사된 대나무의 잎과 뿌리 그리고 달과 바람은 모두 실제가 아닌 그림일 뿐이라는 뜻으로 서산대사의 실제 의도가 아니라는 것을 알고 있다는 마음을 시로 표현한 것이다(최정준, 2018). 선조가 서산대사를 신뢰한다는 뜻이다.

세속계의 최고 권력자와 속세를 벗어난 고승과의 인연은 누란(累卵)의 위기에 처한 나라를 구하는 데에는 한마음이었다. 임진왜란(1592)으로 나라가 위기에 이르게 되었을 때 선조는 서산대사와의 인연을 떠올리고 그에게 도움을 요청하게 된다. 국가 차원에서 승통(僧統)을 설치하고 승군(僧軍)을 모집하게 되는데 서산대사에게 팔도 도총섭(八道都總攝)의 직책을 주고 책임을 지게 했다. 이때 서산대사의 나이는 73세였다. 서산대사는 전국 사찰에 격문을 보내 관동의 사명대사 유정(惟政)과 호남의 처영(處英)을 장수로 삼아 군사를 일으키게 하여 수천의 승군을 조직하게 되었다. 《조선왕조실록》에서는 승군에 대해 이렇게 기록하고 있다. "승군은 제대로 접전은 하지 못했으나 경비를 잘하고 역사를 부지런히 하여 먼저 무너져 흩어지지 않았으므로 여러 도에서 그들을 의지하였다."(선조수정실록, 26권)

조선은 유학자들이 지배하는 나라였다. 유학자들이 승려들을 곱게 볼 리 없었을 것이다. 사실 조선은 숭유억불을 국시(國是)로 정했지만 왕을 비롯한 왕실 사람들은 독실한 불교도들이 많았다. 그래서 불교를 옹호하는 왕실과 불교를 반(反)성리학적 이단으로 간주하는 사대부와 갈등을 빚었다. 사찰은 테러 대상이었다. 사찰에 방화를 한 유생을 심문하는 것은 이단(異端)을 두둔하는 것으로 간주했다. 심지어 건국 시조 태조가 세운 정릉의 흥천사가 방화 테러를 당해도 왕이 불문에 부칠 정도로 유학자들은 사찰과 승려를 배타적으로 대했다(박종인, 2022).

나라가 위기에 처하면서 승군의 도움을 받게 되었지만, 평시에 사찰의 승려들은 성곽 부역에 동원되거나 종이를 제조하는 등 위험하고 힘든 노역에 종사하는 처지였다. 승군이 조직되고 몇 개월 후 사헌부에서는 선조에게 이렇게 아뢴다. "국가가 어려움이 많아 적을 토벌하는 것이 시급한지라, (중략) 승려인 휴정에게도 병권을 맡기었는데, 조정의 수치가 극심합니다. 휴정은 적을 초토하려는 생각은 하지 않고 오직 방자한 마음만을 품어 많은 추종자를 거느리고 앞뒤에서 호위하는가 하면, 심지어는 말을 타고 궁문 밖에 이르러서는 조정의 신하들을 만나도 거만스레 벼슬아치나 재상의 체통을 보입니다. 조금도 중다운 태도가 없으니 추고하여 엄히 다스리도록 명하시어 후일을 징계하소서."(선조실록, 34권) 신분 계급의 나라, 조선에서는 나라의 운명이 오늘내일하는 과정에서도 뭐가 중한지를 구분하지 못하고 있다. 서산대사를 따르는 승려들을 그를 호위하는 추종자로 비유하고, 속세와의 인연을 끊다가 나라를 구하려는 충의로 심산유곡에서 내려와 사람을 죽이고 살리는 전쟁에 참전한 고승에게 재상의 체통 운운하는 것은 한심한 일이 아닐 수 없다 할 것이다.

중요한 것은 선조는 적어도 임진왜란 이후 서산대사와의 인간적인 인연을 살려 승려들의 도움을 받아 나라를 위기에서 건져내려고 했으며 승군의 노고에 대해서도 그에 합당한 보상을 하려고 노력했다는 것이다. "근래 승려들이 적을 참획한 것은 모두 휴정의 지휘에 의한 것이니 그에게 비단 1필을 하사하고, 그의 제자에게는 공이 있는 사람의 아들과 사위, 동생과 조카에게 관직을 제수하는 예에 따라 군직을 제수하기도 하고 면역시키기도 하되 그들이 원하는 대로 하게 하라."(선조실록, 38권)

숭유억불의 나라에서 임금이었던 선조는 혹시라도 오해를 살까 싶어서인지 《조선왕조실록》에는 선조가 불교계와 밀착하는 이유를 설명하고 있다. "(중략) 각도 승려의 수가 상당히 많지만 세상을 등지고 구름처럼 떠도는 무리라서 국가에서 사역을 시킬 수 없으니, 그들을 사역시킬 수 없을 바에야 한 장의 종이를 주어 적의 수급 하나라도 얻는 것이 낫지 않겠는가? (중략) 의병에게 빈 관직을 주어 조정의 법도를 문란케 하는 것과는 다르고 또 재물을 소비하며 군사를 먹여야 할 걱정도 없을 것이다. 이는 이단을 존숭하여 선과(禪科)를 회복시키려는 것이 아니라, 임시로 적을 초토하려는 술책일 뿐이다. (중략) 이를 가지고서 내가 이단을 숭배한다고 하면, 듣는 자들은 코웃음을 칠 것이다."(선조실록, 39권)

선조에 대한 역사의 평가는 후하지 않다. 동서 붕당을 자초하고 이를 정치에 이용한 왕, 전쟁이 예견되었음에도 준비하지 못한 채 나라를 파탄에 이르게 한 왕, 그리고 방계 혈통의 왕이라는 콤플렉스를 극복하지 못한 왕 등 부정적인 평가가 대부분이다. 그러나 선조가 숭유억불의 국시에도 불구하고 서산대사와의 인연을 살려 위기에 빠진 나라를 구하려고 노력한 점은 인정해야 한다. "현명한 사람은 옷깃만 스쳐도 인연을 살려낸다"라는 시인의 시 구절을 인용한다면, 선조 또한 현명한 구석이 있다고 할 것이다. 조선 중기 이후 우리나라 (호국) 불교의 중흥을 위한 씨앗은 선조와 서산대사의 인연, 그리고 그 인연을 발판으로 국난을 극복하는 과정에서 뿌려지고 발아된 것으로 봄직하다. '만남에 대한 책임은 하늘에 있고, 관계에 대한 책임은 사람에게 있다'는 것이 정작 이런 역사를 만드는 인연을 두고 한 말이 아닐까 싶다.

심재우·한형주·임민혁·신명호·박용만·이순구. (2011). 《조선의 왕으로 살아가기》. 돌베개.

《조선왕조실록》. 〈선조실록〉 34권, 38권, 39권.

《조선왕조실록》. 〈선조수정실록〉 24권.

김우영. (2021). 《전북일보》. 〈전주의 인물명 도로, 정여립로 이야기〉. 8월 22일.

박임근. (2018). 《한겨레》. 〈정여립은 한국 최초의 공화주의자입니다〉. 4월 22일.

박종인. (2022). 《조선일보》〈"선비가 절에 불을 질렀기로서니 왜 수사를 하는가!"〉. 3월 30일.

이병재. (2019). 《전라일보》. 〈조선을 뒤흔든 역모사건, 그 진실은?〉. 1월 21일.

최정준. (2018). 《경인일보》. 〈월래무영: 달이 비추어도 그림자가 없다〉. 12월 6일.

〈고승대덕_서산대사〉. 대흥사.

〈승려의 삶, 서산대사〉. 한국콘텐츠진흥원.

인연이 역사를 만든다

② 고려 원종과 몽골 쿠빌라이 칸의 조우

칭기스 칸(재위 1206~1227)이 세운 몽골제국은 중국, 아시아, 러시아, 유럽을 정복하면서 세계사에서 가장 광활한 영토를 차지했다. 칭기스 칸 시대에 정복한 땅은 777만㎢에 이른다. 이는 알렉산더 대왕의 348만㎢와 나폴레옹의 115만㎢와 비교할 때 얼마나 광활한 면적인가를 알 수 있다(김종래, 2004: 8). 현대 지도를 펴놓고 보면 무려 30개국에 인구는 30억이 훨씬 넘는다. 당시 몽골 부족 전체 인구는 약 100만 명이었고, 군대는 10만여 명에 불과했다고 한다. 이 정도 규모의 군대로 시베리아부터 인도와 헝가리 그리고 발칸 제국까지 뻗어 나갔던 것이다. 25년이라는 짧은 기간 동안 몽골군은 로마군이 400년 동안 정복한 것보다도 많은 땅과 사람을 정복했다(웨더포드, 2016: 14-15). 오늘날의 관점에서 보면 정말 믿기 어려운 이야기다.

몽골에서는 대체로 칸(汗)이라고 부르는 우두머리가 친족 관계에 바탕을 둔 무리를 이끌었다. 칭기스 칸(Chinggis Khan)이란 칭호는 서구에는 페르시아 철자법에 따라 젱기스 칸(Genghis Khan)으로 알려지게 되었다. 몽골어에서 친(chin)은 강하고, 단단하고, 흔들림 없고, 두려움이 없다는 의미로 사용되며 늑대를 가리키는 몽골어 치노(chino)에 가까웠다. 실제 몽골족은 자신들이 늑대의 후손이라고 주장한다(웨더포드, 2016: 122).

몽골이 제국을 건설하는 과정에서 상대적으로 피해를 적게 본 지역은 유럽이다. 몽골(페르시아어로는 '무굴')은 러시아를 정복하고 폴란드를 접수한 뒤 헝가리를 침공하여 부다와 페스트를 점령했지만, 1241년 12월 대칸 우구데이(재위 1229~1241)가 죽자 1242년 초 러시아로 철군했다. 신임 대칸을 선출하는 회의, 즉 쿠릴타이를 위해 몽골 본토에서 모여야 했기 때문이다. 대칸 우구데이의 죽음이 유럽을 살린 셈이었다(로사비, 2015: 34-35). 대칸이 죽지 않았다면 유럽의 역사는 오늘날과 다른 모습이었을 것이다.

칭기스 칸은 역사상 전례를 찾아볼 수 없는 대제국의 토대를 마련했지만, 후계자 선출에 대해서는 명확한 규칙을 정하지 않았다. 쿠릴타이에서 칭기스 칸의 후손 중에 적임자를 선출한다. 쿠릴타이는 몽골 부족의 전통적인 회의로 각각의 가족, 가문, 씨족이 참여하여 투표를 한다. 그래서 몽골제국 대칸이 선출되기까지는 2년에서 5년까지 공백이 생긴다. 이 공백기에 목숨을 건 세력 다툼이 벌어지기도 한다. 몽골군은 대칸이 죽으면 휘하 장수들이 점령지에서 철수해야 하기에 때로는 정복 계획에 차질을 빚게 되곤 하였다. 4대 대칸 몽케(재위 1251~1259)가 죽었을 때 몽골군은 중동과 소아시아를 정복하고 있었는데 대칸이 죽었다는 소식을 듣고 주력 부대를 몽골로 철수시켰다.

몽케 대칸이 사망하면서 고려 역사에서 중요한 역할을 한 칭기스 칸의 손자 쿠빌라이가 등장한다. 몽케는 세 명의 아우를 두었는데, 바로 아래 동생 쿠빌라이와 셋째 아우 아리크부카가 대칸이 되길 원했다. 둘째 아우 훌라구는 서아시아에 자신의 영지를 갖고 있어 칸 위 경쟁에 가담하지 않았지만, 형 쿠빌라이가 대칸이 되길 바랐다고 한다. 쿠빌라이와 아리크부카는 적대적으로 세력을 불리는 데 혈안이 되었으며 급기야는 형제간에 무력 충돌까지 빚어졌다. 이 과정에서 동생 아리크부카가 병사하면서 쿠빌라이(재위 1260~1294)가 대칸으로 선출되어 중국의 원나라를 건설하였다.

몽골이 고려를 오랫동안 침략(1231~1257)하였지만, 고려 왕실은 1232년 강화도로 도읍을 옮기고 대몽항쟁을 펼치게 된다. 세계 역사에서도 고려는 몽골에 투항하지 않고 저항한 몇 안 되는 국가 중 하나였다. 몽골에게 고려는 저항의 상징이었다. 몽골이 고려 국왕의 입조를 요구하며 압도적인 군사력으로 압박하자 고려 지도층은 본토를 내어주고 강화도로 천도하는 '벼랑끝 외교'로 버텼다. 그러나 몽골의 세력이 강성해지자 더 이상의 저항은 의미가 없다고 판단한 고려는 결국 고립과 항전 노선을 포기하고 몽골과의 강화 협상에 나섰다(유성운, 2018).

고려를 완전히 복속시키기 어렵다고 판단한 몽골도 태도를 바꿨다. 1256년에는 국왕 대신 태자의 입조를 요구해왔다. 때마침 항전을 주도한 최씨 무신정권이 정변으로 몰락하면서 타협하자는 목소리가 커졌고, 이듬해 태자의 입조를 결정했다. 1259년 6월 태자 왕전(王倎) 일행은 원나라 헌종(몽케 대칸)을 만나 강화를 요청하러 가는 길에 제국의 동경(遼陽 만주의 요양)에 도착한다. 이곳에서 남송을 공략 중이던

헌종이 사망했다는 소식을 접하게 되었다. 태자와 일행은 몽골 황실이 후계자 선출을 놓고 쿠빌라이와 아리크부카 양대 세력으로 나뉘어 계승 분쟁을 벌이고 있다는 소식도 듣게 되었다(고려사절요, 권18).

태자와 일행은 상당 기간 아리크부카가 있는 북쪽으로 가야 할지, 쿠빌라이가 있는 남쪽으로 가야 할지 고민을 거듭했을 것이다. 결과적으로 태자는 고려로 돌아오는 길에 마침 남송 공격을 중단하고 몽골 고원으로 돌아가고 있던 쿠빌라이와 마주쳤다. 이것이 의도된 판단에서 만남이 이루어졌든 우연한 만남이든, 태자 왕전과 쿠빌라이의 조우가 몰고 온 파급효과는 이후 고려 역사에 커다란 영향을 미쳤다(우리 역사넷, 원종 참조).《고려사절요》의 원종(재위 1259~1274)편에서는 당시의 정황을 구체적으로 기록하고 있다.

> 그때 황제의 아우 쿠빌라이가 강남(江南)에서 군대의 위세를 보이다가 군사를 돌려 북상하였다. 태자가 폐물을 받들어 길가에서 배알하니, 쿠빌라이가 놀라고 기뻐하며 말하기를, "고려는 만리(萬里)의 나라이다. 당(唐) 태종이 몸소 정벌했으나 복속시킬 수 없었는데, 지금 세자가 스스로 오니 이는 하늘의 뜻이다."

쿠빌라이의 신료들은 "고려는 비록 소국이지만 산과 바다의 험준함에 의지하니, 나라에서 20여 년간 군사를 동원하였어도 아직 신하가 되지 않았습니다. (중략) 지금 듣기로 그의 아비(고종 재위 1213~1259)가 이미 죽었다 하니, 실로 왕전을 왕으로 세워 본국으로 돌려보내면, 세자는 반드시 은덕에 감격하여, 신하의 직분을 닦기를 원할 것입니다. 이는 한 명의 병졸도 수고롭게 하지 않고 한 나라를 얻는 것입니다"라고 말하면서 고려 태자가 자발적으로 쿠빌라이를 찾아온 것(태자가 고려로 돌아가는 중에 우연히 만남이 이루어진 것, 즉 조우로도 볼 수 있음)에 정치적으로 큰 의미를 부여했다. 그리고 머지않아 그렇게 되었다.

당나라 태종조차도 정복을 포기했던 그런 고려의 태자가 스스로 찾아와 복종 의사를 밝혔다는 것은, 쿠빌라이로서는 자신의 정통성과 위세를 과시할 수 있었다는 점에서 얼마나 기뻐했겠는가 싶다. 태자 왕전의 도박(북쪽으로 가지 않고 말머리를 남쪽으로 돌린 것)은 쿠빌라이가 황위 계승 싸움에서 최종 승리하면서 현실이 되었다. 왕전이 남쪽으로 말머리를 돌린 것은 독일 정치가 비스마르크의 말처럼 "신이 역사 속을 지나가는 순간, 뛰어나가 그 옷자락을 붙잡고 함께 나아간" 결단이었다(유성운, 2018).

고려 태자와 쿠빌라이(원나라 세조)의 인연은 고려에게 오랜 전쟁으로부터 국가를 재정비할 기회를 갖게 해 주어 피해를 최소화하기도 했지만, 원의 본격적인 간섭을 받게 되면서 자주성의 상실과 굴욕의 시기를 맞이하게 되었다. 먼저 태자 왕전은 쿠빌라이의 도움으로 고려 왕위에 오를 수 있었다. 이후 고려 국왕은 대대로 몽골 황실과 혼인을 맺으며 몽골 황실의 사위, 즉 부마에 봉해지고 몽골 칸의 계승 분쟁에도 깊숙하게 관여하기도 하였다. 예컨대 충렬왕의 뒤를 이은 충선왕, 즉 세자 원(謜 몽골명 익지예보화)은 충렬왕과 제국공주 사이에서 태어났다. 세자 원은 고려 왕실 최초의 혼혈 왕인 셈이다(정성희, 2000: 379).

쿠빌라이 칸의 손자가 고려의 왕으로 책봉되면서 고려는 몽골이 구축한 세계 질서 안에서 유례를 찾아볼 수 없을 만큼 특별한 지위를 누렸다.

또한 고려는 쿠빌라이로부터 '몽골은 고려의 풍속을 고치도록 강요하지 않겠다'라는 불개토풍(不改土風)의 약속을 받아냈다. 그 약속은 이후 한 세기 동안 지속된 몽골과 고려의 양국관계에서 중요한 원칙으로 적용되었다. 고려는 몽골에 복속하게 되지만, 쿠빌라이와의 인간적인 인연을 계기로 여섯 가지의 조건을 내걸었고 쿠빌라이도 이 조건들을 받아들였다. 그 여섯 가지 조건은 다음과 같다.

첫째, 옷과 머리에 쓰는 관은 고려의 풍속에 따라 바꿀 필요가 없다.
둘째, 사신은 오직 원나라 조정이 보내는 것 이외에 모두 금지한다.
셋째, 개경 환도는 고려 조정에서 시간을 조절할 수 있다.
넷째, 압록강 주둔의 몽골 군대는 가을에 철수한다.
다섯째, 다루가치(몽골이 파견한 관리)는 모두 철수한다.
여섯째, 몽골에 자원해 머무른 사람들은 조사하여 돌려보낸다.

당시 오랜 항전으로 국력과 왕권이 약화된 고려의 입장에서는 몽골의 양보를 최대한 이끌어낸 외교적 성과로 평가받고 있다. 특히 불개토풍의 원칙은 몽골이 고려의 독립성을 침해하려는 시도를 할 때마다 방어를 위한 합리화 명분으로 활용되었다(유성운, 2018). 물론 이후 몽골은 틈나는 대로 다루가치를 고려에 파견해 내정에 개입하려 했고, 이 기간 고려의 왕들은 충성을 의미하는 충(忠)자를 돌림자로 쓰게 되었다. 충렬왕, 충선왕, 충숙왕, 충혜왕. 충목왕, 충정왕. 고려는 몽골의 쿠빌라이가 약속한 '불개토풍'을 외교관계의 원칙으로 삼고 사대외교를 했다고 하겠다.

사실 무신들이 고려 왕실의 주도권을 잡고 있는 상황에서 고려 태자와 쿠빌라이의 인간적인 관계만으로 양국의 외교 문제가 정리된 것은 아니었다. 예컨대 1259년 고려의 고종이 죽자 실권자 김준은 태자 왕전이 몽골에 있다는 이유로 고종의 둘째 아들 왕창(王淐)을 왕위에 앉히려 한 적이 있었다. 무신들은 몽골에 대해 강경책을 취했고, 개경 환도를 서두르지 않았다. 급기야는 무신들과 왕실의 갈등으로 한때 원종이 무신들에 의해 쫓겨나기도 했다(정성희, 2000: 364-367).

고려가 독자적인 제사와 관제를 온전하게 유지한 것도 원나라의 특별한 배려가 있었기에 가능했다. 《고려사》에서 원의 무종이 고려 충선왕에게 내린 제서(制書)에서 말한 내용 중 일부를 옮겨본다. "짐이 보건대 지금 천하에 백성과 사직이 있고 왕 노릇 하는 것은 고려뿐이다. 조상 때부터 신하가 된 것이 거의 100년이 되었으며, 아버지가 일구어놓은 것을 아들이 다시 성취하니, 나와는 장인과 사위라 할 수 있으며, 훈척으로 일가가 된 것이니 마땅히 부귀를 누려야 할 것이다." 고려는 1335년 몽골에서 공녀(貢女)를 요구해왔을 때, 원나라 세조 쿠빌라이와 고려와의 인간적인 관계를 부각하면서 요구를 거절했다. 《고려사절요》의 기록에 따르면, "세조 황제께서 공주를 하가(下嫁 지체가 낮은 곳으로 시집간다는 뜻으로 몽골의 공주나 옹주가 고려의 왕에게 시집감을 이름)시키시고 조서를 하사하시어 권면하고 타이르시며 말씀하시기를, '의관과 국가 의식은 선대의 풍속을 무너뜨리지 말 것이다'라고 하셨습니다. 이에 그 풍속이 지금까지 변하지 않았으니, 지금 천하에 임금과 신하가 있고 민과 사직이 있는 곳은 오직 고려뿐입니다"라고 하면서 설득시켰다. 고려는 몽골의 지나친 요구에 대해서는 이렇듯 쿠빌라이의 약속과 인척관계를 상기시키면서 요구를 거절하였고 이 전략은 상당히 효과가 있었던 것으로 보인다.

아무리 고려가 몽골과의 왕실인척의 관계를 맺은 나라라고 하지만, 몽골인에게 고려는 자국의 동번(東藩), 즉 동쪽 울타리에 있는 속국으로 인식되었다. 충렬왕 이후 원나라 공주를 아내로 맞이하여 원나라의 부마가 되었으므로, 몽골인의 처지에서 보면 고려의 영토와 인민은 원나라의 부마가 보유하고 있는 투하령(投下領), 즉 속국이 되는 셈이다. 결국 몽골인은 고려를 독자성을 지닌 제국의 외연적 존재로 파악하면서도 한편으로 원나라 중심의 천하 질서에 편입된 속국으로 보는 이중적 고려관을 가지고 있었다(우리 역사넷, 이정란 참조). 역사는 사람의 역사이고, 그 역사는 사람 사이의 인연이 만든다. 옷깃만 스쳐도 인연이라고 하듯이 고려 태자와 쿠빌라이의 조우는 고려 역사의 물줄기를 바꿔놓았다.

📖 김종래. (2004). 《CEO 칭기스 칸》. 삼성경제연구소.

김호동. (2011). 《몽골제국과 세계사의 탄생》. 돌베개.

로사비, 모리스. (2015). 《수성의 전략가 쿠빌라이 칸》. 강창훈 옮김. 사회평론.

웨더포드, 잭. (2016). 《징키스 칸, 잠든 유럽을 깨우다》. 정영목 옮김. 사계절.

정성희. (2000). 《인물로 읽는 고려사》. 청아출판사.

《고려사》 권33, 세가 권제33, 충선왕 2년(1310년) 7월 을미.

《고려사절요》 권18, 원종 1년(1260년) 3월.

《고려사절요》 권24, 충숙왕(후) 4년(1335년) 윤 12월.

유성운. (2018). 《중앙일보》. 〈고립 풀고 평화를 … 고려 운명이 바뀐
　　　날〉. 6월 3일.

〈원종〉. 우리 역사넷.

2인자의 조건
① 제왕의 스승, 한나라 장량

어느 조직이나 최고 권력자 아래에는 2인자가 있기 마련이다. 2인자는 최고 권력자가 추구하는 목표를 달성하는 데 도움을 주는 역할을 수행한다. 2인자는 최고 권력자의 최측근이다. 하지만 최고 권력자의 입장에서는 최측근의 2인자가 일정 기준 이상의 위상이나 권한을 가지게 되면 2인자를 내치게 되는 것을 보게 된다. 최고 권력자가 2인자를 견제하면서 관계가 파국으로 치닫는 경우도 있고, 2인자가 최고 권력을 넘보면서 파국으로 끝나는 경우도 있다. 또 2인자를 견제하는 측근들 간의 권력 다툼으로 2인자가 소멸되기도 한다. 최고 권력자와 2인자의 관계가 처음의 관계처럼 아름다운 모습으로 끝난 경우는 찾아보기 쉽지 않다.

사람들은 조선시대의 대표적인 2인자를 말할 때 정도전을 언급하는 것을 주저하지 않을 것이다. 정도전은 조선 개국의 일등공신이면서 태조 이성계의 최측근 참모였다. 정도전은 조선의 건국이념 및 국정 방향을 수립, 설계한 명실상부한 2인자였지만, 태종으로 등극한 이방원과 권력 싸움에서 밀려나 척살되고 만다. 한명회는 세종의 둘째 아들 수양대군이 왕이 되는 데 결정적 역할을 한 2인자였다. 한명회는 세조, 예종, 성종에 걸쳐 오랜 기간 권세를 누렸지만, 결국 사후 17년 만에 폐비 윤씨 사건에 연루되어 연산군에 의해 부관참시를 당하게 된다.

중국 역사에서도 2인자의 끝이 아름답지 못한 경우가 허다하다. 전국시대 말기 여불위(呂不韋, BC 290~BC 235)만큼 권력을 누리고 국정을 농단한 2인자도 드물 것이다. 전해오는 기록에 따르면 여불위는 진시황의 생부로도 알려졌는데 시황제의 견제를 견디지 못하고 자살로 마감하게 된다. 당나라 태종 이세민의 최측근이었던 장손무기(長孫無忌, 594~659)도 그랬다. 이세민은 장손무기의 누이동생과 혼인하여 둘은 처남 매부 간이었다. 장손무기는 현무문의 변(玄武門之變)으로 이세민을 태종으로 등극시키는 데 핵심 역할을 했지만, 태종의 사후 후궁 측천무후와의 권력 싸움에서 밀려나 스스로 목숨을 끊게 된다.

하지만 2인자와 최고 권력자의 관계가 항상 비극으로 끝나는 것만은 아니다. 2인자이지만 최고 권력자와 끝까지 아름다운 인간관계를 맺으며 역사의 본보기로 평가받은 인물이 없는 것도 아니다. 최고 권력자와 2인자가 선시선종(善始善終)의 관계로 마무리를 지은 모델이 있다. 한나라의 장량이다. 그는 한나라를 건국한 한 고조 유방의 최측근 참모로서 2인자의 필요충분조건을 갖추었다고 볼 수 있다. 물론 삼국지에서 유비를 삼고초려(三顧草廬)하게 했던 제갈량도 장량 못지 않은 모델이 될 수 있을 것이다. 그러나 현실적인 성취로 보았을 때 제갈량은 천하통일을 이루고 총총히 사라진 장량과 비교하기 어렵다

(위리, 2021). 제갈량은 유비와 촉을 위한 만고의 충신으로 흠잡을 데 없지만 천하통일의 대업을 이루지 못한 채 위나라 정벌 원정 과정에서 서거하고 만다. 2인자로서 장량과 제갈량이 각각의 삶의 결과에서 보여준 결은 다르다.

장량(張良, BC 262~BC 186)은 이름은 량(良)이고 자(字)는 자방(子房)이다. 장량의 원래 성은 희(姬)씨다. 장량의 가문은 조부와 부친 등이 5대에 걸쳐 한(韓)의 재상을 지낼 정도의 명문가이다. 한이 진(秦)에 의해 멸망하면서 장량의 가문도 멸문지화를 당했다. 그는 한나라의 원수 진시황을 죽여 복수할 계획을 세웠다. 진시황의 성은 조(趙)이고 이름은 정(政)인데, 재미있는 것은 영(嬴)씨 성을 붙여 영정(嬴政)이라 불렀다. 이는 시황제를 미워하는 사람들이 그 조상이 서융(西戎)이었음을 드러내고자 과거의 성인 영씨를 붙였다. 장량은 전 재산을 털어 시황제를 저격할 자객을 구하였는데, 역사에서는 그 자객의 이름을 '창해역사(滄海力士)'라고 부른다. 결과적으로 시황제 저격 시도는 실패로 끝나고 창해역사는 현장에서 죽고 장량은 현상범으로 도망치는 신세가 되었다. 이때부터 장량은 원래 성 희(姬)를 버리고 장(張)으로 바꾸게 되었다.

장량은 도망자 신세로 지내는 과정에서 두 가지 사건을 겪게 되는데 이 두 사건은 그의 미래에 엄청난 영향을 미치게 된다. 첫째는 황석공(黃石公)과의 기연(奇緣)으로 《태공병법(太公兵法)》을 손에 넣은 사건이었다. 장량은 이 병법서를 통달하여 향후 탁월한 전략가로서뿐 아니라 인간의 심리를 간파하는 능력도 갖추게 되었다. 둘째는 항백(項伯)과의 만남이었다. 항백은 초나라 사람으로 항우의 숙부가 된다.

항백의 부친 항연은 초나라 장군으로 초나라뿐 아니라 이웃 나라에서도 모르는 사람이 없을 정도의 명망가였다. 장량이 문(文)의 명문가라면 항백은 무(武)의 명문가라고 할 수 있다.

유방이 한나라를 건국하는 과정에서 가장 큰 장애물은 초나라의 항우였다. 당시 유방의 군사력은 병사의 숫자, 휘하 장수, 병참, 배경과 인지도 등 많은 측면에서 항우의 군사력과 정치력에 비해 열세를 나타냈다. 그러나 유방은 특유의 리더십을 발휘하여 장량과 같은 인재들을 휘하에 영입하여 장애물을 하나씩 돌파하였다. 유방과 항우의 쟁패에서 승부처는 인재영입에 달려있었다. 이 인재 중 단연 돋보이는 사람이 바로 장량이라고 해도 과언이 아니었다. 자신의 안목에 따라 장량은 목숨을 바쳐 따라야 할 리더로 유방을 선택했다.

장량의 존재는 한 고조 유방의 삼불여(三不如)에서 알 수 있다. '삼불여'란 무엇인가? 이는 유방이 한나라 황제에 오른 뒤 스스로 성공요인을 분석, 평가한 것이다. '내가 세 사람보다 못하다'라는 뜻이다. 원래 삼불여에 등장하는 인물은 장량, 소하, 한신 등의 삼걸(三傑)인데 무엇보다 유방의 장량에 대한 평가를 살펴보면 "방략을 품고 계획을 구상하여 신묘한 계산으로 장막 안에 계책을 마련하고 천 리 밖에서 승리를 결정짓는 면은 짐이 장량보다 못하다." 유방이 항우를 물리치고 한나라의 고조가 된 것은 인사, 재정 등에서 탁월한 행정 능력을 발휘한 소하(蕭何)와 한신(韓信)과 같은 백만 대군을 지휘한 장수의 공헌도 컸지만, 장량의 전략이야말로 한나라 건국에 절대적으로 기여했음을 인정하는 말이다.

장량을 통해 2인자가 갖추어야 할 이상적인 필요충분조건 세 가지를 생각해본다. 첫 번째, 2인자는 최고 권력자가 추구하는 목표를 실현할 수 있는 통찰력과 지략을 겸비해야 한다. 두 번째, 2인자는 최고 권력자가 설정해 놓은 권력 행사의 금도(襟度)를 넘지 않아야 한다. 세 번째, 2인자는 최고 권력자와의 인간관계를 초심대로 지켜나갈 것인가에 대한 확고한 철학을 가져야 한다. 장량은 이 세 가지의 필요충분조건을 구비하고 또 이를 철저히 지켰기 때문에 하늘이 내린 책사라든지 제왕의 스승이라는 역사의 평가를 받았을 것이다.

첫 번째는 2인자가 갖추어야 할 필요조건으로서 그의 기본 자질 및 역량과 관련된다. 필요조건만 따지면 이 조건에 적합한 2인자는 셀 수도 없을 정도다. 문제는 두 번째와 세 번째의 충분조건까지 겸비했느냐이다. 두 번째를 지킬 수 있다는 것은 최고 권력자와 2인자의 권력 관계가 상당 기간 유지될 수 있음을 의미한다. 대부분의 2인자는 최고 권력자가 설정한 금도를 지키지 못해 파국으로 치닫게 되는 것을 보게 된다. 이러한 원인은 반드시 2인자에게만 있는 것은 아닐 것이다. 최고 권력자 역시 초심을 지키고 선한 권력을 행사하면서 2인자에게 솔선수범한다면 문제의 소지는 줄어들 수 있을 것이다. 그러나 최고 권력자가 권한을 남용하거나 권력을 부당한 곳에 사용한다면 2인자의 입장에서는 최고 권력자의 권위를 짓밟거나 자신도 유사한 행동을 따라 할 가능성이 높아진다. 세 번째 조건은 최고 권력자나 2인자 모두 갖추기가 쉽지 않다. 그만큼 그 본보기도 찾아보기 어려울 정도다. 역사를 보면 최고 권력자와 2인자가 초심을 지키기는커녕 불구대천의 원수로 지내거나 둘 중 한 명을 죽이고야 마는 비극으로 치닫는 경우를 허다하게 본다. 서로가 필요로 해서 맺어진 인간관계가 견원지간(犬猿之間)이 되고 만다.

'화무십일홍(花無十日紅)이요 권불십년(權不十年)'이라고 하던가. 열흘 붉은 꽃이 없고 권력은 십 년을 가지 못한다. 권력의 속성을 꼬집는 말일 것이다. 최고 권력자는 2인자의 도움을 받아 자신의 포부와 철학을 표출하고 구체화할 수 있으며, 2인자 역시 최고 권력자의 지위와 위상을 빌려 자신의 신념을 구현할 수 있다. 이렇게 최고 권력자와 2인자는 서로 의기투합하는 것이다. 인간관계는 맺어졌다가도 서로의 관점이 다르면 깨질 수도 있다. 권력의 속성도 마찬가지다. 인간의 의리가 실종되고 각자의 이익만을 좇는 염량세태를 보면서 장량과 같은 2인자를 떠올리는 이유다.

장량과 황석공과의 관계는 어떻게 되었을까? 장량은 하비(下邳)의 다리 위에서 만난 노인으로부터 《태공병법》을 받은 지 13년 후 곡성산(穀城山) 밑에서 황석(黃石)을 보게 되었다. 노인이 말한 그대로였다. 장량이 그 황석을 거두어 가지고 와서 보물처럼 간수하며 사당을 지어 제사까지 지내주었다. 장량이 죽자, 그 자손들이 그 황석과 함께 묻었다. 그 후 장량의 후손들은 길일을 택해 장량과 황석에게 제사를 올렸다(사마천, 2016). 장량이 보여준 삶의 에필로그는 덕(德)이 덕을 낳은 선시선종의 아름다운 역사의 교훈이다. 이런 장량에 대해 삼국시대 촉한의 승상 제갈량은 "그 모습을 쳐다보면 위엄이 없는 듯하지만 장막 안에서 계책을 마련하고 천 리 밖에서 승리를 결정지으면서 제왕의 스승이 되었다. 우리는 그에게 탄복하고, 그를 존경하고 본받아야 한다"라고 칭송했으며, 조선의 성호 이익과 같은 대학자도 "장량의 영웅됨은 천고의 단 한 사람일 뿐 상대가 없다"라고 격찬했다(위리, 2021).

또한 과거 시험에도 장량이 등장한다. 이순신 장군이 무과에서 구술시험을 치를 때 시험관은 다음과 같은 질문을 던졌다. "중국 한나라 고조 때의 장량이 신선을 좇아 놀았다고 했는데 그는 죽지 않았겠는가?" 이에 이순신은 "삶이 있으면 반드시 죽음이 있는 법입니다. 〈강목(綱目)〉에도 임자 6년에 장량이 죽었다는 기록이 있는데 죽지 않았을 리가 있겠습니까." 시험관들은 이순신이 수준 높은 인문적 소양을 겸비했을 뿐 아니라 생과 사의 문제를 사리에 바탕을 두고 거침없는 대답을 하자 모두 놀라워했다고 한다(김종대, 2022: 48). 이는 이순신이 문무겸전의 무인이었음을 말해주는 방증이기도 하지만, 조선시대 사대부들도 장량에 대해 깊이 공부하고 있음을 알 수 있다.

📖 김종대. (2022).《이순신, 하나가 되어 죽을 힘을 다해 싸웠습니다》. 가디언.

사마천. (2016).《사기》. 신동준 옮김. 힉오재.

송은명. (2017).《위대한 2인자들》. 시아.

염철현. (2021).《현대인의 인문학》. 고려대학교출판문화원.

위 리. (2021).《제왕의 스승 장량》. 김영문 옮김. 더봄

이문열. (2012).《초한지》. 민음사.

김동호. (2018).《한겨레: 온》.〈장량과 황석공의 만남〉. 3월 7일.

2인자의 조건

② 명재상, 황희

저자는 2인자가 최고 권력자와의 관계에서 갖추어야 할 세 가지 필요충분조건을 제시했다. 첫째는 최고 권력자가 추구하는 목표를 실현할 수 있는 통찰력과 지략을 겸비해야 하고, 둘째는 최고 권력자가 설정한 권력 행사의 금도(襟度)를 넘지 않아야 한다. 그리고 셋째는 최고 권력자와의 인간관계를 초심대로 지켜나가기 위한 확고한 철학을 가져야 한다. 조선의 명재상 황희(黃喜, 1363~1452)야말로 2인자로서의 필요충분조건을 구비했다고 생각한다.

황희의 자(字)는 구부(懼夫), 호는 방촌(厖村)이다. 황희의 호(號) 방촌은 황희의 캐릭터를 잘 표현하고 있다. 한자 방(厖)은 일반적으로 '방대(厖大)하다'처럼 '크다'라는 의미로 사용하지만, '후덕하다(厚)'와 '섞이어 어지럽다(雜)'라는 의미로도 사용한다. 황희의 생애를 들여다보면 그의 호와 같이 후덕하고 넉넉한 성품을 지닌 성인군자의 반열에 들기도 하지만, 한편으론 세속의 일에 섞여 판단이 어지러운 측면도 있다. 옛사람들이 사회적 지위나 연배와 상관없이 이름을 피하고

호(號)를 즐겨 불렀다고 하는데, 그 호에는 개인의 성품이 고스란히 배어 있음을 알 수 있다.

황희는 조선 왕조의 기틀이 확고하게 자리잡혔던 태종 대와 세종 대의 50여 년간 정치적으로 매우 중요한 역할을 수행했다. 우리나라 왕조시대를 통틀어 20여 년이나 재상의 지위에 있었던 인물은 찾아보기 힘들 것이다. 황희는 고려 말 관직을 지내다 이성계가 조선을 세우자 두문동으로 들어가 칩거 생활을 했다. 두문동 72현(賢) 중 한 명이었지만 동료들의 등에 떠밀려 마지못해 세상으로 나와 조선의 신하가 되었다(신연우·신영란, 2001). 황희는 두문동에서 불에 타 죽으면서까지 고려에 충절을 지켰던 동료들에 대한 마음의 빚이 평생 이어졌을 것이다. 그 마음의 빚은 황희로 하여금 더욱 분발토록 하는 특별한 동인(動因)이 되었을 것이다.

이성계는 조선 왕조에 발을 들여놓은 황희를 세자 방석의 스승으로 삼았다(문종실록, 권12). 조선이 역성혁명으로 새 왕조를 열었지만 고려 지식인들의 지지를 받지 못했다는 점에서 황희를 왕세자의 스승으로 삼은 것은 새 왕조에 들어온 고려의 지식인을 높이 여긴다는 상징적 효과를 노렸는지 모른다. 그러나 이성계가 황희를 세자의 스승으로 삼은 것은, 당시 황희에 대한 높은 학문적 평판을 고려한다면 반드시 이성계의 정치적 효과만은 아니었던 것 같다.

황희는 태종의 눈에 들었다. 태종은 황희에게 국정 전반에 대해 자문을 들었다. 대표적으로 폐세자 문제를 놓고 태종은 황희의 의견을 듣고 싶었다. 태종은 원래 적장자 양녕(이제)을 왕세자로 삼았다. 태종은 1, 2차 형제의 난을 일으킨 주동자였기에 그 누구보다 왕세자로서 적장자의 중요성을 알고 있었다. 양녕도 왕세자로서 나무랄 데 없는 자질을 가지고 있었다. 그러나 왕세자 양녕의 일탈은 태종으로 하여금 왕세자를 교체하게 했다. 왕세자 교체는 국가적으로 중차대한 사안이다. 태종이 황희에게 폐세자 건에 대해 물었을 때, 황희는 세자 양녕을 폐하고 충녕을 세자로 책봉하려는 것에 반대했다. 황희는 왕세자는 적장자가 되어야 하며, 부족한 점은 훈육하면 된다고 생각했다. 유교 국가에서 적장자를 폐하는 것은 상상하기 어렵다. 더욱이 태종 자신이 적장자가 아니면서 무력으로 왕위를 쟁취한 사람이 아니던가.

황희는 신상에 닥칠 고난을 무릅쓰고라도 왕에게 할 말은 하는 신하였다. 이는 황희의 색깔을 뚜렷하게 드러낸 사건이었다. 태종 자신도 황희가 양녕대군을 세자에서 폐하는 일에 반대할 줄은 몰랐을 것이다(정두희, 1997: 10). 이 일로 황희는 5년 동안 유배 생활을 하게 되었다. 태종이 경기도 교하(交河)에 유배 중인 황희를 그의 향리인 남원(南原)으로 유배 조치하면서 내린 명이 《조선왕조실록》에 실려 있다. "경(卿)은 비록 공신이 아니지마는 나는 공신으로 대우하므로, 하루 이틀 동안이라도 보이지 않으면 반드시 불러 보아서 하루라도 나의 좌우에서 떠나 있지 못하게 하려고 하는데, 지금 대신과 대간들이 경에게 죄 주기를 청하여 양경(兩京 한성과 개경) 사이에는 거처시킬 수 없다고 한다. 그런 까닭으로 경을 경의 향관(鄕貫)인 남원(南原)에 옮겨 두니, 경은 어미와 더불어 편리할 대로 함께 가라."(문종실록, 1452년) 태종이 황희를 얼마나 아끼는가를 알 수 있는 대목이다.

흥미로운 사실은 황희는 세자 양녕을 폐하고 충녕(세종의 군호)을 왕세자로 옹립하는 것을 반대하고, 심지어 외숙인 민무구, 민무질 형제의 죄상을 밝히는 데 앞장섰지만, 세종 대에 이르러 최고의 전성기를 누리게 되었다. 세종의 입장에서는 황희야말로 자신이 세자가 되는 길을 막았고, 든든한 배경이 되어준 외숙들을 처벌하는 데 앞장섰던 사람이 아니었던가. 사간원에서도 유배가 풀려 서울로 돌아온 황희를 불충죄(不忠罪)로 다스려 복직시킬 수 없다고 주장하였다. 그러나 세종은 "(…) 너희들이 태종의 뜻을 어떻게 짐작할 수가 있겠는가? 이미 서울로 돌아온 이상 이를 번복할 수 없다"라고 답하였다. 세종도 인재를 알아보는 남다른 식견과 공평무사하고 사리사욕에 치우치지 않는 황희의 처신에 높은 점수를 주었다.

저자는 황희가 노예 문제를 놓고 자신의 주장을 펼치는 것에 깊은 인상을 받았다. 당시 조선은 노예에 관해서는 종모종부법(從母從父法)을 따랐다. 즉 부모 중 한쪽이 천인이면 그 사이에서 태어난 자식은 무조건 천인이 되었다. 노예를 재산으로 보는 당시로서는 노예제도의 변경만큼은 양반이 양보할 수 없는 사회적, 경제적으로 큰 문제였다. 종모종부법은 소수의 양반 사대부에게 절대적으로 유리한 법이었다. 개인의 노예가 많을수록 국력은 약해질 수밖에 없는 구조였다. 태종은 종모종부법을 종부법(從父法)으로 바꿔 양인 아버지와 천인 어머니 사이에서 태어난 자식은 양인이 되는 구조로 만들고자 했다. 태종의 노비제도개혁에 황희를 제외한 모든 신하가 반대를 했다(이덕일, 2018: 244-252). 황희는 기득권을 지키기보다 양민을 늘려 조선의 사회적, 경제적 역동성에 기여하고자 했다.

이처럼 황희는 최고 권력자를 도와 국정을 이끌었으며 처신을 올곧게 하면서 공평무사하게 업무를 처리하여 백성의 지지를 얻었다. 무엇보다 최고 권력자와의 인간관계를 아름답게 마무리하여 그의 행적은 후세에 귀감이 되었다. 세종 대에 가장 두드러진 업적은 김종서를 시켜 6진을 개척하고 조선의 국경을 두만강으로 확정지었는데 이는 고구려 멸망 이후 800여 년 만에 우리의 옛 땅을 수복한 쾌거였다. 김종서는 바로 황희가 세종에게 추천한 인물이었다. 황희 역시 국가의 미래를 위해 적재적소에 필요한 인재를 발굴하는 데 누구보다 열심이었다.

우리나라 역사에서 황희만큼 2인자로서 필요충분조건을 갖춘 인물도 보기 드물다. 〈문종실록〉의 황희에 대한 졸기(卒記)를 보면 그가 어떤 인물인가를 알 수 있다. "황희는 천성이 너그럽고 부드럽고 신중하며 재상으로서의 식견과 도량을 지니고 있었다. (…) 옥사를 다룰 때도 너그럽게 처리하였다. 일찍이 사람들에게 말하기를 경솔하게 남의 죄와 형벌을 정할 수는 없다"라고 하였다. 비록 늙었어도 책을 놓지 않았으며, 항상 한 눈을 감고 생활하면서 시력을 보호하려고 하였다. 그래서 비록 잔글씨일지라도 읽지 못하는 것이 없었다. 24년간이나 재상을 지내어 그 명성이 크게 알려졌다."(정두희, 1997: 18 재인용) 물론 황희가 사적, 공적 영역에서 완전무결한 것은 아니다. 그와 관련된 부패와 청탁 연루에 따른 허물은 그가 남긴 업적의 큰 그늘에 가려져 있음을 인정하지 않을 수 없다. 대사헌으로 있을 때는 뇌물을 금으로 받아 '황금 대사헌'이라는 비난까지 받았다(정윤재 외, 2010: 135-137). 또한 조선의 양반 계층이 그들의 기득권을 유지하기 위해 황희를 청렴과 청빈의 아이콘으로 황희의 존재를 왜곡, 확대하였다는 지적도 무겁게 받아들여야 할 것이다. 하지만 황희가 우리나라 역사에서 최고의 조건을 구비한 2인자가 된 것은, 정치적으로 가장 민감한 시기에 태종과 세종이라는 최고 권력자와 선시선종(善始善終)의 관계를 유지했기 때문이었을 것이다.

박종화. (1997). 《대하역사소설 세종대왕》. 기린원.

박홍규. (2021). 《태종처럼 승부하라》. 푸른 역사.

송은명. (2017). 《위대한 2인자들》. 시아.

신연우·신영란. (2001). 《제왕들의 책사》. 생각하는 백성.

이덕일. (2018). 《조선왕조실록 2》. 다산초당.

정두희. (1997). 《조선시대 인물의 재발견》. 일조각.

정윤재 외. (2010). 《세종과 재상: 그들의 리더십》. 서해문집.

KBS 〈역사저널 그날〉 제작팀. (2019). 《역사저널 그날》. 민음사.

《조선왕조실록》. 〈문종실록〉 권12, 2년 2월 황희의 졸년기사(卒年記事).

《조선왕조실록》. 〈문종실록〉 1452년(문종 2년) 2월 8일.

2인자의 조건

③ 탁월한 경세가, 하륜

하륜(河崙, 1348~1416)의 자는 대림(大臨) 또는 중림(仲臨)이고 호는 호정(浩亭)이다. 하륜의 자(字) '대림'은 '크게 다스린다'이며, '중림'에서 중(仲)은 '으뜸에 버금간다'는 뜻을 가지고 있다는 점에서 그에 대한 역사의 평가와 어긋나지 않는다는 생각을 해본다. 하륜은 여말선초의 관료로서 정몽주, 정도전, 이숭인, 권근 등과 함께 이색(李穡) 문하에서 공부했다. 하륜은 조선 태종 대에 네 번이나 영의정을 지냈지만 한 번도 신하로서 분수에 넘치는 말이나 행동을 하지 않았다. 능력을 갖추고도 군주에게 순종할 줄 아는 하륜이야말로 태종이 필요로 하는 이상적인 신하였다(조민기, 2016: 126-127). 이처럼 하륜은 우리나라 역대 왕조에서 2인자로서 필요충분조건을 넉넉히 갖춘 인물이라고 생각한다.

하륜이 중앙 무대에 데뷔하게 된 것과 관련하여 흥미로운 사연이 있다. 하륜이 고려 공민왕 시절 과거시험을 볼 때 스승이자 감독관이었던 이인복은 하륜의 인물됨이 마음에 들어 사위로 삼으려 했지만 미혼인 딸이 없어 아쉬워하던 차에 동생(이인미)에게 사위로 삼게 했다. 이인복은 아래로 다섯 명의 남동생들이 있었는데 바로 아래 동생 이인임은 공민왕 사후 이성계가 역성혁명으로 조선을 개국하기 바로 전까지 무소불위의 권력을 휘둘렀다. 하륜은 이인임의 조카사위가 되어 중앙 무대에서 존재감을 드러냈지만, 이인임이 권력에서 멀어지면서 국정 농단의 연대책임을 져 유배형에 처해지기도 했다.

하륜은 이성계가 고려 왕조를 무너뜨리고 새 왕조를 건국했을 때 출사하지 않았다. 이성계는 개국 초 인재난에 시달렸다. 고려에서 일했던 능력 있는 인물들은 두 왕조를 섬길 수 없다는 명분으로 벼슬을 버리고 고향으로 돌아가거나 아예 산속으로 들어가기도 했다. 조선 왕조는 새로운 인재를 발탁하기 위해 과거시험도 시행해 보았지만 고려의 대부분 선비는 이성계의 역성혁명 왕조에 참여를 거부했다. 일부 사람만이 마음을 바꿔 조선에 출사했는데 이 중 대표적인 인물이 황희, 하륜, 권근 등이었다. 그들은 혁명 왕조에 함께하기를 거부한 고려 유생들로부터 '배신자'라는 비난을 들었지만, 새로운 왕조에서 자신들의 뜻을 펼쳐보자는 의지가 강했다. 이성계는 하륜을 경기관찰사로 임명하여 고려 출신 인재들을 중용한다는 의지를 나타냈다.

하륜이 조선 왕조의 무대에서 두각을 나타낸 것은 한양 천도(遷都)와 관련해서였다. 풍수에서 발군의 실력을 지닌 하륜은 개경에서 공주의 계룡산 부근으로 수도를 옮기려는 이성계의 계획에 반대하는 상소문을 올리고 그 대안으로 오늘날 신촌과 연희동 일대 '무악'을 추천했다. "도읍은 마땅히 나라의 중앙에 있어야 될 것이온데, 계룡산은 지대가 남쪽에 치우쳐서 동면·서면·북면과는 서로 멀리 떨어져 있습니다. (중략) 계룡산의 땅은, 산은 건방(乾方)에서 오고 물은 손방(巽方)에서 흘러간다 하오니, 이것은 송(宋)나라 호순신(胡舜臣)이 이른바, '물이 장생(長生)을 파(破)하여 쇠패(衰敗)가 곧 닥치는 땅'이므로, 도읍을 건설하는 데는 적당하지 못합니다."(태조실록, 1393년) 이 상소문으로 이성계는 계룡산 부근으로의 천도를 중지하고 오늘날 북악산을 주산으로 도읍지를 정하게 되었다. 하륜이 천도 문제로 이성계로부터 신임을 얻게 되면서 정도전이 하륜을 경계하는 마음이 더 커진 것으로 보인다. 정도전은 혁명에 반대했다가 마음을 바꿔 조선에 출사한 인사들에 대해서는 중앙에 중용하는 것보다는 지방이나 외직으로 보냈다.

한편 1396년(태조 5년)에 표전문(表箋文) 사건이 발생한다. 표전문이란 사대 외교문서인데, 명나라 황제 주원장(1328~1398)이 조선에서 보낸 표전문의 글귀를 트집 잡았다. 주원장은 문서에 "경박하고 모멸하는 문구가 있다"며 책임자인 정도전을 압송할 것을 요구했다. 이 사건은 자칫 신생국 조선과 명국 간의 외교 문제가 발생할 수 있는 여지가 있었다는 점에서 조선 정부를 난처하게 만들었는데, 그렇다고 태조는 자신의 최측근 정도전을 명국에 보낼 수도 없는 형편이었다. 여기서 잠깐, 명나라를 세운 주원장이 왜 문구에 민감한가에 대해 살펴볼 필요가 있다. 주원장은 중국 역대 왕조의 창업자 중 가장 밑바닥 인생을 전전했던 인물이다. 그는 거지와 도둑질은 물론 중노릇까지 하면서 목숨을 부지하였다. 황제가 된 주원장은 자신의 어두운 과거를 연상시키는 글자를 못 쓰게 했다. 도적의 도(盜) 자는 물론 길 도(道) 자도 못쓰게 했다. 승(僧) 자를 못 쓰게 하는 것은 이해가 되지만, 심지어 머리 깎은 중을 떠올리게 한다고 해서 빛 광(光) 자도 금지했다. 명나라 초기에는 많은 문신이 아무런 이유도 모른 채 문자옥(文字獄)을 당했는데(KBS 〈역사저널 그날〉 제작팀, 2019: 69-72), 조선에서 보낸 표전문 사건도 이와 유사한 맥락에서 발생했다고 본다.

조선 태조 이성계에게 골칫거리였던 표전문 사건을 해결한 것은 하륜이었다. 하륜은 명 황제가 지목한 정도전이 직접 명국에 가 해명하라고 주장했지만, 이성계는 하륜과 권근을 명나라에 보냈다. 하륜은 표전문 사건을 무난하게 해결하는 공을 세우고 돌아왔지만, 중앙정치에서는 정도전의 견제에 막혀 지방관을 전전했다. 표전문 사건은 하륜이 최고 실권자인 정도전과는 한배를 타고 일할 수 없다는 것을 확인하는 계기가 되었다. 정도전과 하륜의 정치적 이상은 너무 달랐다. 정도전은 재상을 중심으로 한 신권정치를 주장한 반면에 하륜은 강력한 왕권을 바탕으로 부국강병을 이룰 수 있다고 생각했다. 정도전은 인재들을 두루 발굴하여 활용한 것보다는 자신의 노선과 이상에 맞는 인물을 썼던 것 같다. 그러면서 정도전은 자신의 정치철학에 맞지 않은 신진세력들을 견제하고 그들을 지방이나 외직으로 보내 중앙으로의 진출을 차단했다. 정도전의 열망은 순수했지만, 자신이 가진 권력을 이용해 반대파를 집요하게 숙청했다.

하륜은 정도전의 견제를 받는 가운데 자신이 충성을 바칠 군주로 이방원(태종)을 선택한다. 그리고 이후 1, 2차 왕자의 난에서 공을 세우면서 태종의 책사뿐 아니라 중앙정치의 거물로 성장하게 된다. 하륜이란 물고기가 태종이란 물을 만나 자신의 정치적 이상을 구현할 정치적 배경을 마련한 것이다. 또 하륜과 태종의 관계에서 빼놓을 수 없는 두 번의 사건이 있다. 태종의 목숨을 두 번이나 구했다. 첫째는 정종에게 왕위를 물려주고 함흥에 머물던 이성계가 한양으로 돌아오게 되었다. 이때 태종이 살곶이 다리까지 마중을 나가서 이성계를 맞이할 때 '태상왕(太上王 태조 이성계)의 노기가 아직 풀리지 아니했을 터이니, 천막의 중간 기둥을 굵은 나무로 만들라'고 건의하였다. 이성계는 태종을 보자마자 노기충천하여 활을 잡고 마중 나오는 태종을 향하여 화살을 쏘았다. 태종은 황급히 천막의 대들보 뒤로 몸을 피하여 그 위기를 모면하였고 날아온 화살은 천막 기둥에 꽂혔다. 이것이 '살곶이'라는 이름과 지명의 유래가 되었다. 둘째는 아들 태종이 아버지 태조의 환영연회를 열었을 때 하륜은 태종에게 술을 따르기만 하고 잔을 올리는 것은 내관을 시키도록 진언했다. 태종을 대신하여 내관이 태조에게 술을 올리자, 태조는 막비천운(莫非天運), 즉 "하늘이 정한 운수라서 어쩔 수가 없구나!"라는 장탄식과 함께 긴 소매 속에서 작고 단단한 여의주 모양의 철퇴를 꺼냈다. 태조는 두 번씩이나 아들 태종을 죽이고 싶은 충동을 느꼈지만 그때마다 태종은 교묘하게 위기를 모면했다(신연우·신영란, 2001: 51). 이후로 태조는 태종을 죽일 생각을 단념했다고 한다.

'개혁은 정몽주처럼, 혁명은 정도전처럼, 인생은 하륜처럼'이라는 말이 있다(조민기, 2016: 106). 정몽주, 정도전, 하륜은 모두 고려 말의 대학자 이색 문하에서 공부했다. 동문수학의 선후배 사이이다. 그들은 서로 정치적 이상을 달리했는데, 정몽주는 일편단심 고려에 충절을 지켰고, 정도전은 급진적인 개혁으로 새 왕조 건국의 일등공신이 되었으며, 하륜은 역성혁명에 반대하다 나중에 마음을 바꿔 조선에 출사했다. 우리나라 왕조사에서 여말선초만큼 걸출한 정치가와 경세가

들이 있었을까 싶을 정도로 세 사람이 차지하는 존재감은 크다 할 것이다. 그들은 자신의 정치적 신념에 따라 스스로 군주를 선택했고 이 선택으로 그들의 삶의 궤도는 달라졌다. '좋은 새는 나무를 가려서 깃들인다'라는 양금택목(良禽擇木)은 어느 시대에나 적용되는 고사가 아닐 수 없다.

하륜 역시 공인으로서 완벽할 수 없었다. 그도 청탁이나 뇌물 수수 등 권력을 남용했다. 《조선왕조실록》에서는 "하륜은 평소 가까운 사람들의 이름을 써서 주머니에 넣고 다니면서 인사 행정을 할 때 이를 이용했다. 하륜은 학문이 해박하고 정사에 재주가 있어 재상으로서의 체모는 있지만 청렴결백하지 못하고 일을 아뢸 때도 여염의 청탁까지 시간을 끌며 두루 말하곤 했다. 내 생각으로는 보전하기 어려울 것인데도 태종께서는 능히 보전하시었다"라고 기록하고 있다(세종실록, 1438년). 태종은 하륜에 대한 절대적인 신뢰를 보이면서 웬만한 권력 남용에 대해서는 용서를 하고 이해를 한 것으로 보인다. 《조선왕조실록》에 따르면 태종의 하륜에 대한 평가는 대략 이러하다. "정승 하륜은 사람됨이 남의 잘하는 것은 되도록 돕고, 남의 잘못하는 것은 되지 아니하도록 말리어, 충직하기가 견줄 사람이 없다."(세종실록, 1420년) 하륜은 재상으로서 태종의 절대적인 신임 속에 국정을 안정적으로 이끌었고, 특히 명나라와의 외교 관계에서는 탁월한 능력을 발휘한 것으로 보인다. 이뿐이 아니다. 하륜은 호패법 시행, 신문고 설치, 관등에 따른 관복 제정, 관원의 정년 퇴직(70세) 등 인사 정책 제정 등 수많은 개혁을 주도하였다. 하륜은 태종 대의 2인자로서 필요충분조건을 충족하면서 태종과의 20년이 넘는 수어지교(水魚之交)의 탄탄한 인연을 바탕으로 조선의 내치와 외치의 기틀을 다졌다는 평가를 받는다.

📖 박홍규. (2021). 《태종처럼 승부하라》. 푸른역사.

신연우·신영란. (2001). 《제왕들의 책사》. 생각하는 백성.

조민기. (2016). 《조선의 2인자들》. 책비.

KBS 〈역사저널 그날〉 제작팀. (2019). 《역사저널 그날》. 민음사.

《조선왕조실록》. 〈태조실록〉 1393년(태조 2년) 12월 11일.

《조선왕조실록》. 〈세종실록〉 1420년(세종 2년) 5월 8일.

《조선왕조실록》. 〈세종실록〉 1438년(세종20년) 12월 7일.

수단의 슈바이처

이태석 신부

2019년 12월 추운 어느 날이었다. 《천년의 화가, 김홍도》를 집필한 이충렬 작가가 미국 애리조나에서 한국에 왔다. 경복궁 옆에 위치한 모 서점에서 준비한 독자와의 만남 행사를 위해서다. 일정은 김홍도가 살았던 집터를 답사하고 책을 집필하는 과정에서의 비하인드 스토리를 소개하고 독자와의 Q&A로 진행되었다. 작가는 김홍도의 집터로 알려진 서울 종로구 자하문 터널 위(옛 지명은 백운동)로 일행을 안내했다. 당시 중인 계급이 주로 거주하는 지역이라고 한다. 작가는 저서의 집필 배경에서부터 사료 고증 등 집필 과정에서의 어려움들을 설명했다. 마무리 멘트에서 이제는 이태석 신부(1962~2010)의 전기를 집필하기 위해 아프리카로 가야 한단다. 이태석 신부의 존재가 강렬하게 다가왔다. 이충렬 작가는 2021년 12월 《신부 이태석》을 출간했다.

〈이태석 신부 선종 10주기 기념사업위원회〉에서 이충렬 작가에게 이태석 신부의 전기 집필을 요청했다. 왜 하필 이충렬 작가를 생각했을까? 이 작가가 김수환 추기경에 대한 전기를 집필한 인연과 관련되었으리라 짐작해본다. 이충렬 작가는 우리나라에서 전기 작가로 명성이 높다. 그가 집필한 전기는 김수환(추기경)을 비롯하여 전형필(문화재 수집가), 백충현(국제법학자), 권정생(아동문학가), 최순우(박물관장), 김환기(화가) 등 우리 사회에서 의미 있는 영향을 끼친 인물들에 관한 것이다. 글이 간결하고 담백하다. 역사에 숨겨진 이면을 밝혀내 사료를 고증해낸다. 철저히 팩트 중심의 스토리를 전개한다. 인물의 행동과 업적을 포장하려고 하지 않고 검증된 사료나 자료를 통해 객관적으로 조명한다.

이태석 신부 이야기로 돌아가자. 이태석 신부는 81학번으로 저자와 동갑내기다. 81이라는 숫자와 동년배에서 비롯된 묘한 동질감이 발동한다. 사람에겐 숙명이란 게 있는 것 같다. 이태석은 의대를 졸업한 뒤 의사라는 안정된 직업을 마다하고 신학으로 방향을 돌렸다. 1992년 광주가톨릭대 신학과에 편입하여 사제 양성 교육을 받고 1994년 살레지오회 수도자로서 첫 서원을 받았다. 이후 국내에서 사목 실습을 하다 1997년 로마 교황청이 설립한 살레지오대로 유학을 떠났다. 2000년에 이탈리아 토리노 살레지오 수도회에서 종신 서원을 받고 2001년 아프리카 남수단 톤즈(Tonj)에 선교 사제로 부임하였다. 1999년 수단에 선교 체험을 간 것이 수단과의 인연이 되었던 것이다.

그는 '아프리카 성자'로 추앙받는 슈바이처(Albert Schweitzer, 1875~1965)와 닮은 점이 많다. 슈바이처 역시 의사이면서 신학자이고 목사였다. 음악에도 소질이 있어 오르간 연주회를 가질 정도였다. 이태석 신부는 가난했던 어린 시절 부산 부민동 송도성당을 자기 집처럼 드나들면서 풍금을 혼자 익혔다. 음악적 재능이 뛰어났던 그는 고등학교 시절 성가 '묵상'을 작사, 작곡했으며 대학에서도 실내 합주단 동아리에서 살다시피 했다. 그가 톤즈에 학교를 세우고 전쟁과 가난으로 희망을 잃어버린 청소년들을 교육하며 브라스밴드를 조직한 것은 '다 계획이 있어서였다.' 음악으로 상처를 어루만지고 그들에게 희망을 되찾아 주기 위함이었다. 그를 주제로 한 다큐멘터리 영화에서 가장 감동적인 장면은, 한센병 환자들이 발의 피부와 뼈가 기형적으로 변형되어 맨발로 다니는 것을 안타깝게 여겨 발의 모형을 직접 그려 맞춤형 신발을 만들어 준 것이다. 의사이면서 선교사이고 교육자이면서 음악가였던 그를 수단의 슈바이처로 부르는 이유를 알 것 같다.

〈이태석 신부 선종 10주기 기념사업위원장〉으로 활동하고 있는 안정효는 고인과 의대 81학번 동기다. 안 위원장은 고인이 수단에서 활동할 때 주고받은 메일과 편지를 공개했다. 이태석 신부가 수단에서 활동한 지 얼마 되지 않았을 때 겪었던 이야기란다. 한번은 한센병 환자에게 약을 주면서 하루 3번 식후에 복용하라고 말했더니 알아듣지 못했다고 한다. 그곳에서는 하루 한 끼 식사도 어려운데 세 끼라는 말은 존재하지 않는 단어였다. 언젠가는 이 신부가 이런 편지를 보내왔다. "한센병 환자에게 한 달 치의 약과 함께 강냉이와 식용유도 나누어 주는데, 이것 때문에 한센병 환자이기를 바라는 사람도 많아. 한 어머니가 딸을 데리고 왔길래 검진해보고 한센병이 아니어서 '다행입니다!'라고 말했지. 그런데 모녀는 안도하는 대신 실망하는 빛이 역력해 보였어. 빈손으로 돌아가는 뒷모습이 안쓰러워 살짝 불러 강냉이와 식용유를 주어 보냈어." 현장에 있지 않으면 믿기 어려운 현실이다. 우리가 사는 현실에서 상식적이라고 생각하는 언어들이 그곳에서는 비현실적인 생각이고 존재하지 않는 언어이다.

2020년 노벨평화상은 세계식량계획(WFP)에게 돌아갔다. 노벨위원회는 "코로나 백신을 찾을 때까지는 이 혼돈에 맞설 최고의 백신은 식량"이라고 했다. 기아와 빈곤으로 고통을 받는 국가가 한둘이 아니지만 북한도 예외가 아니라는 점에서 가슴 아픈 일이다. 후진국의 기아 문제가 해결되지 않는다면 인류애니 세계 평화니 초연결시대니 하는 말은 공염불에 불과하다. 부의 양극화는 곧 식량의 양극화다. WFP는 잉여 농산물을 활용해 개발도상국과 후진국의 기아 문제를 해결하고 궁극적으로 아무도 굶지 않는 '제로 헝거(Zero Hunger)'의 구현을 목표로 한다. 이 목표가 하루빨리 실현되기를 바란다. 세계 지도자들은 이 문제를 최우선으로 해결해야 한다. '인류 공동체 구현'이라는 거창한 구호는 그 다음의 문제다.

저자는 이태석 신부가 즐겨 사용했던 유머를 자주 인용한다. "우리 민족 가요 아리랑, 아리랑의 어머니 이름은 무엇인가?" 난센스 같지만 진한 여운을 남긴다. 진도 아리랑의 첫 구절을 흥얼거려보자. '아리아리랑 쓰리쓰리랑 아라리가 났네. 아리랑 응응응 아리라가 났네.' 정답은 '아라리'다. 저자는 아리랑이 아라리에서 나왔다는 생각을 한 번도 해본 적이 없었다. 그저 따라 부르고 흥얼거렸을 뿐이었다. 최근에야 창덕궁 맞은편 《서울우리소리박물관》에서 기획 전시하는 〈아라리(ARARI)〉를 통해 아리랑과 아라리의 관계를 확인하게 되었다. 관심을 갖게 되면 눈에 보이고 문제는 해결되기 마련이다. 요지는 '아라리'는 향토 민요로서 아리랑의 모태이자, 넓게는 아리랑 문화의 역사적 근원이 된다고 한다. 강원도 산간 지역의 노래였던 아라리가 경기 지역으로 진출하면서 통속 민요화되고, 다시 통속 민요 아리랑을 바탕으로 신민요 아리랑이 생겨나면서 현재의 아리랑이 형성되었다고 한다. 음악적 감수성이 풍부한 이태석 신부의 유머와 재치가 드러난다.

고인의 얼굴을 보면 듬직하면서도 유달리 해맑다. 영화 〈바람과 함께 사라지다〉에 나오는 "내일은 또 내일의 태양이 뜬다"라는 대사와 딱 들어맞는 인물이다. 웬만한 직장인도 매년 혹은 몇 년 단위로 정기 검진을 받는데 의사 이태석 신부는 난생 처음 종합검진을 받고 대장암 4기 판정을 받았다. 자기 몸을 신에게 내맡겨버리지 않으면 불가능한 일이다. 사제의 신앙만으로 고인의 봉사와 덕행을 평가하기에는 뭔가 부족하다. 모든 신앙인이 이태석 신부처럼 할 수는 없을 것이다. 국적과 인종과 종교를 초월한 그의 행동이 남다르게 평가받는 이유다.

이태석 신부가 심고 키웠던 '아낌없이 주는 나무'에는 열매가 주렁주렁 열리고 있다. 톤즈의 후예들이다. 이들은 의사가 되거나 엔지니어가 되어 고국에서 의료 봉사와 국가 인프라 건설에 앞장서고 있다. "말로 다 할 수 없을 정도로 힘든 시간이었지만 이태석 신부님을 생각하며 버텼습니다." 2018년 고인의 모교인 인제대학교 의과대학을 졸업하게 된 남수단 출신 유학생 토마스 타반 아콧(33) 씨가 졸업식에서 한 말이다. 국내에서는 〈이태석 봉사상〉이 제정되었고 〈수단어린이장학회〉가 지속적으로 활동하고 있으며 그를 주제로 한 전기, 영화, 다큐멘터리가 집필, 제작되고 있다. 우리 사회와 전 지구촌에 그가 전해준 선한 바이러스가 널리 전파되기를 바란다.

📖 이충렬. (2021).《신부 이태석》. 김영사.

　박돈규. (2020).《조선일보》.〈"이태석 신부 선종 10주기 기념사업위원
　　　장 안정효 인제대 의대 81학번 동기" 인터뷰〉. 1월 18일.

〈울지 마, 톤즈〉. (2010). 영화.

노추(老醜)
루돌프 줄리아니의 경우

루돌프 줄리아니(1944~)는 검사 출신의 정치인이다. 뉴욕주 검사로서 범죄율을 줄이는 데 기여하면서 시민들에게 깊은 인상을 심어 주었고, 포드 행정부에서는 법무 차관보를 역임하였다. 뉴욕 시장(재임 1994~2001)도 성공적으로 마쳤다. 2001년 9월 11일 알카에다 테러리스트들이 뉴욕 맨해튼 세계무역센터를 공격했을 때 시장으로서 탁월한 리더십을 보여주었다. 위기의 순간 강인하고 안정감 있는 리더십으로 시민들을 구출하고 혼란을 수습했다. 테러를 수습하는 기간에 전립선암 투병 중이었지만 시민을 위해 헌신한 그는 박수를 받으며 시장직을 떠났다. '미국 시장'이란 영예도 누렸다.

줄리아니는 2008년 공화당 대통령 후보에 출마했지만 낙마한 뒤로는 두각을 나타내지 못했다. 주로 공화당 정치인들의 자문 역할을 해왔다. 그러나 트럼프 대통령(재임 2017~2021)의 개인 변호사가 된 줄리아니는 미국을 분열시키는 장본인 중 한 사람이 되었다. 그는 2020년 11월 3일 치른 대통령 선거에서 트럼프가 패배했음에도 불구하고 부정 선거 의혹을 제기하면서 소송전을 주도했다. 의혹을 제기하면 그에 따른 증거가 있어야 함에도 의혹만 제기했다. 법을 잘 아는 사람이면서도 '아니면 말고'라는 식이었다.

2020년 11월 20일 그는 기자회견을 자청했는데 땀을 뻘뻘 흘리는 사진이 대서특필되었다. 사람이란 그렇다. 뭔가 석연치 않은 주장을 내놓든지 아니면 거짓말을 계속하다 보면 신경계가 긴장하면서 땀이 흐르게 되는 법이다. 트럼프는 역대 대선에서 최다 득표를 하고 패배했으니 억울할 수 있을 것이다. 문제는 주변에서 트럼프를 부추기는 줄리아니와 같은 변호사다. 노회(老獪)를 넘어 노추(老醜)하다. 이런 사람은 단풍을 보고 부끄러워할 줄 알아야 한다. 단풍은 마지막 이파리가 떨어지는 순간까지도 자신의 색깔로 사람들에게 감동을 주지 않는가.

2020년 11월 17일 자 뉴욕타임스는 "줄리아니 자신이 재정적으로 이익을 보기 때문에 트럼프 대통령에게 거짓된 법적 싸움을 계속하도록 부추기고 있다. 트럼프 대통령이 투표 기계로 인한 부정 선거 의혹을 제기하는 여러 음모론을 믿게끔 한다"라는 기사를 실었다. 줄리아니는 변호사 자격으로 대선 불복 소송 책임을 맡으면서 하루 2만 달러의 수임료를 요구한 것으로 알려졌다. 자신의 금전적 이익을 위해 소송을 오래 끌면서 온 나라를 들쑤시고 다닌다는 말이 나오는 것도 우연한 게 아니었다.

줄리아니를 보면 안타깝다. 트럼프 대통령 개인 변호사로서 그가 대선 결과를 불복하면서 온갖 음모론을 제기하는 행동은 정치적 공세나 제스처를 넘어도 한참 넘어섰다. 명분도 실리도 없는 노추의 작태이자 수치이다. 그는 공직자, 정치인으로서 남긴 긍정적인 유산을 모두 날려버렸다. 트럼프 대통령도 문제가 크지만 그런 의뢰인의 위헌적인 주장을 사실인 양 날조, 왜곡한 줄리아니의 잘못도 그에 못지않다고 생각한다. 권력과 돈의 단맛에 중독된 노추는 보기 민망할 정도다. 미국 민주주의의 수치가 아닐 수 없다.

스메타나의 교향시 곡 〈나의 조국〉

음악을 통한 조국애

박웅현은 광고 카피라이터이면서 베스트셀러 작가다. '나이는 숫자에 불과하다', '잘 자! 내 꿈 꿔', '그녀의 자전거가 내 가슴 속으로 들어왔다' 등 그의 머리에서 나온 카피는 단순히 광고에 그치지 않고 전 국민이 사용하는 유행어가 되었다. 그가 쓴 책 《여덟 단어》, 《책은 도끼다》도 많은 사람의 필독서가 될 정도로 베스트셀러다. 카피라이터가 쓴 글을 읽다 보면 유독 밑줄을 그으면서 곱씹어볼 행간이 많다. 그가 체코를 여행하면서 하멜 국제공항에 착륙할 때 기내에서 들려주던 음악이 베드르지히 스메타나(Bedřich Smetana, 1824~1884)의 〈나의 조국〉이었다고 한다. 스메타나의 교향시 곡은 소름이 끼칠 정도로 강렬했단다.

저자는 대한민국 최고의 광고쟁이가 소름 끼칠 정도로 강렬하게 느꼈던 음악에 호기심이 생겼다. 호기심이 발동하여 스메타나의 〈나의 조국〉을 듣게 되었는데 굵고 장중한 선율에 묘하게 빨려들어가는 느낌을 받았다. 가슴이 쿵쾅거리면서 압도되는 느낌이었다. 마지막 대목에서는 감정이 몰입되면서 전율을 느낄 정도다. 〈나의 조국〉은 6부(비세흐라트, 블타바, 샤르카, 보헤미아의 목장과 숲, 타보르, 블라니크)로 구성된다. 체코의 국토와 역사, 그리고 전설을 주제로 한 교향시다. 체코의 정체성과 조국에 대한 자부심을 음악으로 표현했다. 특히 2부 블타바(흔히 독일어 '몰다우'로 알려짐)는 강렬한 리듬에 마치 여름 홍수철에 댐을 방류했을 때의 강줄기를 연상시키는 장엄미를 연출한다. 이때 가슴이 울컥해지고 감정이 몰입된다. 만국 공통언어인 음악의 마력일 것이다. 체코의 블타바는 우리나라의 한강에 비유할 수 있다. 체코 역사의 산증인이고 동맥이다.

스메타나가 활동하던 젊은 시절 그의 조국 체코는 오랫동안 오스트리아의 지배(1620년 합병)를 받고 있었다. 민족의식에 눈을 뜬 그는 민족적인 자부심을 고양하는 음악을 작곡하면서 독립운동에 참여했다. 그는 조국이 압제와 착취에서 벗어나 홀로 서는 데는 유무형의 힘이 필요하다는 것을 깨닫고 음악으로 힘을 보탰다. 국민 의용군 행진곡이 대표적이다.

스메타나는 음악학교를 세워 음악 인재를 양성하고 싶은 포부를 가지고 있었다. 자신도 신동(神童)이란 말을 들으면서 음악가로 성장했지만, 재능 있는 후배들이 좀 더 체계적인 음악 교육을 받았으면 하는 열망에서였다. 본래 식민 제국주의 국가는 피지배 국가의 국민에게 인문 교육을 금지하는 통치술을 가지고 있다. 인문학이 인간의 비판적 사고 능력을 키우고 감수성을 풍부하게 하기 때문이다. 내면에 잠자고 있는 의식이 잠을 깨면 독립운동에 뛰어든다는 우려에서다. 일제 강점기에 일본 역시 한국 젊은이들을 인문학교보다는 실업학교에 다니게 했다. 스메타나는 프라하에 음악학교를 세웠지만 식민제국의 박해가 심해 학교 운영을 정상적으로 할 수가 없었다. 그는 시대의 요구와 조국의 부름을 결코 외면하지 않았고 자신의 신념을 굽히지 않았다. 억압과 박해를 피해 스웨덴에 학교를 세워 후학 양성을 계속하였다.

당시 유럽에는 리스트(1811~1886)와 쇼팽(1810~1849)이란 걸출한 음악가가 용호상박의 재능을 펼치던 때였다. 스메타나는 리스트의 음악 세계를 존경했다. 그는 프라하에 순회공연 차 방문하는 리스트를 만나는 행운을 누린다. 리스트는 음악에서도 대가였지만, 국적이 다른 스메타나의 젊은 열정을 높이 평가하고 힘닿는 데까지 도와주었다.

스메타나는 리스트가 구축한 인적네트워크의 도움에 그치지 않고 리스트가 창시한 교향시에 매료된다. 현재의 틀을 벗어나 새로운 틀을 만드는 것, 즉 법고창신(法古創新)하기란 결코 쉽지 않은 일이다. 스메타나는 교향곡(일반적으로 4악장)보다 자유롭고 경쾌한 교향시(1악장의 관현악곡)를 창시한 리스트 학파의 일원이 된다. 그는 6부작 교향시 곡을 작곡함으로써 해방될 조국의 희망찬 미래를 표현했다. 스메타나의 〈나의 조국〉은 체코인의 최고의 애창곡으로 1946년 이후 매년 개최되는 '프라하의 봄' 국제 음악축제의 오프닝 곡이기도 하다.

국제공항은 국가의 관문으로 국가의 이미지가 투영되는 곳이다. 폴란드의 관문은 '바르샤바 프레데리크 쇼팽 국제공항'이다. 폴란드 출신의 쇼팽도 조국에 대한 사랑을 음악으로 쏟아냈고 조국은 그를 영원히 기억하고 있음을 보여준다. 광고쟁이 김웅현이 체코의 관문인 '프라하 바츨라프 하벨 국제공항'에 도착했을 때 기내에서 들었던 〈나의 조국〉은 체코인의 민족적 자긍심을 들려준 것이다. 일부에서 제기되고 있는 애국가 작곡가 안익태 선생(1906~1965)의 친일문제로 현애국가의 정통성이 도전받는 시점에 스메타나의 음악을 통한 조국애는 그의 교향시 곡처럼 깊고 장중한 울림을 준다. 우리나라 국적기가 대한민국의 관문 인천공항에 착륙할 때 들려주는 음악 한 곡쯤 있으면 좋겠다. 또 한강을 소재로 한 음악이 작곡되었으면 하는 마음 간절하다. 강은 민족의 젖줄이고 역사의 산 증인이다. 한강은 세계 어느 강들보다 수려하고 역사도 깊다. 우리 민족의 근원이며 자부심이며 한반도의 허리에 해당하는 강이다. 한강의 기적은 세계인이 부러워하는 한민족의 쾌거다. 우리 민족은 한강을 발판으로 세계로 뻗어나가고 있다. 〈한강 칸타타〉에 머물지 않고 전 세계인이 들을 수 있는 그런 음악이면 좋겠다. 요한 스트라우스 2세의 〈아름답고 푸른 도나우강〉이 클래식으로 사랑받는 것을 보라. 세계인들이 한류(韓流)라는 문화적 콘텐츠에 열광하는 이때 〈아름답고 푸른 한강〉을 작곡하여 세계에 출품할 만하다. 음악이야말로 만국공통어가 아니던가.

📖 박웅현. (2011).《책은 도끼다》. 북하우스.
_____. (2013).《여덟 단어》. 북하우스.
박종호. (2022).《조선일보》.〈러시아의 침략에 분개한 쇼팽, 조국을 향한 격정을 음악에 담다〉. 3월 23일.

'나는 걷는다. 고로 존재한다'
실크로드 1만 2천km 도보 완주

한때 저자는 약골이라고 놀림감이 되곤 했다. 환절기에는 감기에 가장 먼저 걸렸고 일상의 리듬이 조금만 틀려져도 몸살로 이어지곤 했다. 그러던 저자가 걷기와 달리기를 규칙적으로 하면서 체력이 많이 향상되었고 겨울철에도 감기를 모르고 지낸다. 걷는 이야기를 해보기로 하자. 저자는 매일 집과 학교를 걸어서 다닌다. 걷는 것이 습관이 되면서 비가 오나 눈이 오나 걷지 않으면 생체 리듬이 깨진 것 같다. 매일 일정한 거리를 걷게 되면서 건강도 몰라보게 좋아졌다. 사피엔스에게는 반듯하게 서서 걷는 직립보행이야말로 최고의 건강 관리법이 아닐까 싶다.

연구에 따르면 하루 30분 이상의 걷기 운동은 혈액순환 증가, 심혈관 질환 예방, 호흡기 기능 증진, 스트레스 완화, 면역기능 증진, 허리와 다리 근력 증대, 내장 운동을 증가시켜 체내 노폐물 배출을 돕는 등 신체를 건강하게 해준다. 두 발을 가지고 태어난 인간은 생리적으로 걷도록 최적화된 구조라고 생각한다. 저자는 현대인의 대사증후군의 직접적인 원인이 걷지 않고 자동차 등 문명 이기(利器)의 도움을 받아 앉아 있는 시간이 많아지면서 생긴 증상이라고 생각한다. 물이 한곳에 오래 머물면 썩게 되고 흐르는 물은 그 과정에서 정화되는 것이 자연의 이치다. 인간도 마찬가지일 것이다. 움직이지 않고 한곳에 오래 머물다 보면 문제가 생기기 마련이다. 본래 두 발로 걷도록 되어 있는 인간이 걷지 않게 되면서 생기는 현상에 다름 아니다. 걷는 것이야말로 인간을 인간답게 하는 근원이 아닐까 싶다.

2022년 1월 21일 입적한 베트남 출신의 세계적 명상 수도승 틱 낫한(Thích Nhất Hạnh, 1926~2022) 스님은 걷기 명상으로도 유명하다. 그는 티벳의 정신적 지도자 달라이 라마와 함께 세계에서 가장 지명도가 높은 불교 승려이다. 프랑스 보르도 지역에 〈플럼 빌리지(plum village)〉를 세운 틱낫한은 바쁜 현대인들에게 '우리의 종착지는 무덤인데, 왜 그리로 가는 길을 서두르는가?'라고 묻는다(백성호, 2022). 앞만 보고 달려가듯 바쁘게 살아가는 현대인들이 자동차 시동을 끄고 깊이 곱씹어볼 말인 듯싶다.

여기 동서 문명의 교류와 이주의 역사길인 실크로드를 두 발로 걸었던 사람이 있다. 베르나르 올리비에(Bernard Olivier, 1938~). 그는 전직 기자 출신이다. 그는 가난으로 고등학교를 중퇴하고 독학으로 대학에 진학하기 전까지 다양한 직업을 전전했다. 항만 노동자, 식당 종업원, 외판원, 토목 인부, 체육 교사, 웨이터 등 다양한 사회적, 직업적 경험을 했다. 대학은 저널리즘 그랑제콜을 졸업하고 《르피가로》, 《파리마치》와 같은 유력 신문과 잡지사에서 일하다 은퇴하였다. 60대의 그는 새로운 삶의 의미를 찾기 위해 실크로드 도보 여행에 도전하

실크로드

게 된다. 터키 이스탄불에서 중국 시안(옛 이름은 장안)까지 12,000km
를 오로지 걸어서 말이다.

그의 도보 여행기는 단순히 걷는 것에 대한 기록이 아니다. 마치
기자가 취재 수첩에 기록을 하듯 걷는 과정에서 접하게 되는 역사, 인
간의 모습, 자연 풍광, 다양한 문화 등을 꼼꼼하게 기록하였다. 그가
걸으면서 터득한 경험과 통찰은 비행 청소년을 바른길로 인도하자는
목적을 담은 〈쇠이유(Seuil)〉라는 청소년 교화 협회 설립으로 이어졌
다. 〈쇠이유〉는 우리말로 '문턱'이라는 뜻이다. 정부 교정 당국과 협력
하여 열여섯에서 열여덟 살 사이의 청소년을 소년원에 가두는 대신
자원봉사자인 낯선 어른과 함께 걷기를 통해 비행 청소년의 사회 복
귀를 유도하는 프로그램이다. 그의 4년 간의 실크로드 도보 여행기록
인 《나는 걷는다》의 인세는 협회 운영비로 충당된다.

이 프로그램에 참가하는 청소년은 둘씩 짝을 이루어 동행자(학부모,
판사, 교육자 등)와 함께 넉 달간 말이 통하지 않는 외국을 여행한다.
두 사람은 배낭을 메고 유럽의 산책로나 작은 도로를 따라서
2,500km를 걷는다. 의무 사항은 단 한 가지다. 녹음된 형태의 음악을

가져가서는 안 된다. 텐트를 치고 장을 보고 요리를 한다. 그리고 걷는다. 협회는 '대장정'을 끝낸 청소년들이 '비행'과 '정상' 사이에 놓인 문턱을 넘어오도록 돕는다(올리비에, 2003: 447).

걷는 것이 비행 청소년과 무슨 관계라도 있는 것일까? 이때 걷는 것은 건강 관리를 위해 매일 조금씩 걷는 것과는 차원이 다른 것이다. 저자는 신문에서 '중졸 아빠, 게임중독 중졸 형제를 직접 가르쳐 서울대로'라는 제목의 기사를 읽고 걷기가 일탈 청소년에게 얼마나 효과적인가를 알게 되었다. 게임중독에 빠져 고등학교를 중퇴한 2명의 아들을 둔 아버지가 아이들을 데리고 매일 8시간씩 소양강을 따라 25㎞를 걸었다. 걸으면서 아버지는 춘천에 얽힌 역사 이야기를 해줬는데, 아이들은 듣기는커녕 눈길 한번 안 주었다. 그렇게 몇 달을 지속하였다. 걷기는 놀라운 결과로 나타났다. 아이들은 게임을 조금씩 줄였고 나중에 공부를 위한 체력까지 미리 기르는 일석이조의 효과가 있었다. 이 자녀들의 말이 재밌다. "걷는 시간 빼고는 다 게임을 할 수 있을 줄 알았는데, 여덟 시간씩 걷고 나면 너무 피곤해서 게임을 오래 못 했다. 그렇게 게임하는 시간을 조금씩 줄이기 시작했다"라고 했다.

'도보 순례자' 올리비에는 두 가지의 걷는 원칙을 지켰다. 어떤 일이 있어도 '걸어서' 갈 것, 달팽이처럼 서두르지 말고 '느리게' 갈 것. 그는 이 원칙을 지키면서 결국엔 실크로드 도보 여행을 4년 만에 완수했다. 1,099일 동안 하루 평균 11km. 몸이 아파 지나가는 자동차를 타고 이동했을 때는 다음 날 다시 원위치에서 걸어서 갈 정도로 철저히 걷는 여행을 했다. 대장정의 대기록이다. 실크로드를 횡단한 사람들 대부분이 낙타의 도움을 받았다는 점을 상기하면 경이롭다 할 것이다. 그가 남긴 대장정의 기록물은 인문학의 가치로서 높이 평가받을 만하다. "인문학의 차별적인 목적은 경험의 공개성과 경험을 통해 접하는 세상의 통합성을 반복적으로 주장함으로써 놀랍고 신기한 체험을 가능하게 하는 것이다"(스펠마이어, 2008: 45)라는 주장과 정확히 일치한다. 저자가 사숙(私淑)한 최진석 교수의 "인간이 그리는 무늬의 정체를 탐구하는 학문이다"라는 인문학의 정의와도 결을 나란히 한다(최진석, 2013). 올리비에는 인간이 그리는 무늬와 동선을 좇아 걷고 또 걸었다. 또한 그는 장 자크 루소의 《에밀》에 나오는 "도착하기만을 원한다면 달려가면 된다. 그러나 여행을 하고 싶을 때는 걸어서 가야 한다"라는 말을 실천했다.

그가 발로 쓴 실크로드 여행기에는 이런 대목이 나온다. "땅을 걷는 것은 나를 이 세계와 화해하게 해 주었다. 삶은 뒤가 아니라 앞에 있다." 이 두 문장이야말로 비행 청소년이 걷기를 통해 어떻게 치유되고 자신과 화해하고 미래의 삶을 향해 나아가는지에 대한 질문에 답을 제공한 것이 아닐까 싶다. 누구에게나 삶은 평탄한 포장도로가 아니다. 〈쇠이유〉를 넘기 힘든 시기가 찾아오면 서두르지 않고 천천히 오래오래 걸어보면 어떨까. 걸으면서 '나란 존재는 누구인가?' '나에게 중요한 것은 무엇인가?' '나를 괴롭게 하는 것은 무엇인가?' '어떻게 살 것인가?'와 같은 자아 정체감과 존재의 의미를 체득하는 순간 삶의 의미는 또 달라질 것이다. "지금 이 순간에 숨 쉬고 있는 삶을 향해 걸음을 옮겨라"고 말했던 틱 낫한 스님의 말이 깊이 와 닿는 이유이다.

올리비에는 700여 년 전 마르코 폴로(1254~1324) 이후 두 번째로 실크로드를 도보로 여행한 주인공이라고 한다. 마르코 폴로가 서양에 동양의 존재를 알려 동서양 교류의 터를 닦고 씨앗을 뿌렸다면, 수백 년 후 그곳에 도보로 다시 찾은 올리비에는 그 터에서 자라난 교류의 열매들을 생생한 체험담으로 알려주었다.

걷기의 거장 올리비에가 오래 걷는 것에서 터득한 세 가지 단계를 공유하지 않으면 가장 중요한 비법을 놓치고 말 것이다. 첫째는 부담을 줄이는 단계다. 이 기간은 보름에서 한 달이 걸린다고 한다. 부담이란 물질적, 정신적인 것을 포함한다. 불필요한 물건은 포기한다. 걷기 시작한 며칠간, 머리를 꽉 채우던 걱정거리와 어려운 문제에서도 해방된다. 영혼은 평온해지고, 출발 전에 가지고 있었던 음울한 생각과 거리를 두게 된다. 두 번째는 꿈과 발견의 단계이다. 몸은 단련되고 자신의 소리에 귀를 기울이게 된다. "내 인생에서 중요한 게 무엇일까?"와 같은 질문을 던지게 된다. 의무에서 벗어나고 소유는 존재 앞에서 지워진다. 사람들은 다른 사람들을 향해 간다고 생각하지만, 사실은 자기 자신에 도착한다는 것이다. 걷기에 숨어 있는 놀라운 비밀이다. 세 번째는 반쯤은 슬픈 길이다. 길 끝이 보이면 두 가지 감정이 교차한다. 꿈이 끝났다는 데서 오는 섭섭함과 사랑하는 사람들을 다시 볼 수 있다는 데서 오는 행복감…. 걷는 사람은 인생이라는 천연 금괴를 탐광(探鑛)하는 사람이 된다. 종착점에 도착하기 전의 마지막 며칠 동안은 길 위에 있는 것이 아니라 길 이후에 있게 된다(올리비에, 2003: 229-230).

걷기에서 비롯되는 세 단계를 알게 되면서 올리비에가 비행청소년을 위한 〈쇠이유〉를 왜 창립하고 그들에게 걷기를 요구하는지를 더 깊이 이해하게 된다. 오래 걸어본 사람만이 걷기의 효험을 알 수 있다. 어디 비행청소년뿐이겠는가. 현대인의 오만가지 문제는 직립보행하게 되어 있는 인간이 걷지 않아서 생기는 것이다. 우리나라도 곳곳에 산책길이나 둘레길이 만들어졌다. 제주도 둘레길이나 산티아고 순례길이 아니더라도 주변의 산책길부터 걸으면서 길 이후의 우리들 삶의 모습을 그려보는 것도 좋을 듯싶다.

스펠마이어, 커트. (2008). 《인문학의 즐거움》. 정연희 옮김. Human & Books.

올리비에, 베르나르. (2003). 《나는 걷는다》. 임수현·고정아 옮김. 효형출판.

최진석. (2013). 《인간이 그리는 무늬》. 소나무.

틱 낫한. (2017). 《너는 이미 기적이다》. 이현주 옮김. 불광출판사.

백성호. (2022). 《중앙일보》. 〈틱 낫한 스님의 유언〉. 2월 10일.

변희원. (2020). 《조선일보》. 〈中卒 아빠, 게임중독 中卒 형제를 직접 가르쳐 서울대로〉. 6월 27일.

〈걷기의 놀라운 효과 7가지〉. 대한민국 정책 브리핑.

제2부

사람으로부터

인간과 물고기
인류 문화는 서로 연결되어 있다.

철없던 시절을 회상하면서 물고기와 인간과의 관계를 이야기해보자. 6, 70년대 학교를 다닌 연배들은 쉽게 이해할 것이다. 전통적인 농촌의 대가족에서 자란 저자는 학교 가는 것이 무섭고 두려웠다. 학습부진아에 부적응아로 낙인찍혀 학교에서 매일 벌을 받는 것은 일상이 되었다. 화장실 청소는 물론 양초를 문질러 복도에 반짝반짝 윤을 내는 것은 늘 저자의 차지였다. 저자로 인해 급우들이 단체 기합을 받는 날에는 쥐구멍에라도 들어가고 싶은 마음이었다. 수업시간에는 행여 선생님의 눈과 마주치면 혼날까 싶어 아예 눈을 내리깔고 있었다. 당시는 베이비붐 세대에 태어난 아이들이 초등학교에 입학하게 되면서 학교는 2, 3부 수업까지 진행해야 했고, 교사 또한 학생 한 명 한 명에게 관심을 가질 만한 여유도 없었을 것이다.

학교에 가는 것이 도살장에 끌려가는 소처럼 느껴졌다. 4, 5학년 때는 이웃 후배와 땡땡이를 치기도 했다. 등하교 때는 학생들이 함께 모여 줄을 맞춰 가곤 했는데 아이들이 많다 보니 뒷줄에서 몇 명이 빠져도 관심을 두지 않았다. 마을 사람들의 눈을 피해 깊은 산속이나 멀리 떨어진 시냇가로 갔다. 여름에는 물고기를 잡았다. 학교에 가지 않고 딴 짓하는 불안한 마음을 물고기 잡는 것으로 달랬다. 깊은 물속으로 자맥질을 하면서 손으로 잡아 올리는 그 손맛은 짜릿했다. 꺽지, 메기, 모래무지, 붕어 등 어종도 다양했다. 거의 어신(魚神)의 경지에 올랐다. 손에 자석이 달린 듯 물고기가 달라붙었다.

공부의 기본기가 없다보니 학교는 흥미도 재미도 없었다. 얼이 빠져 방황하던 중 5학년 자연 시간에 우연한 사건이 일어났다. 물고기의 구조에 대해 공부하는 시간이었다. 선생님은 물고기의 구조를 보여주면서 기능에 대해 설명하고 질문도 하셨다. 저자가 대답할 순서가 왔다. 홍당무가 되어 얼굴을 들지도 못한 채 대답했다. 지금도 기억이 또렷하다. 선생님이 원하는 답은 물고기의 부레였는데 저자는 반쯤 열린 입으로 속삭이듯 부레라고 말했다. 그날 선생님으로부터 처음 칭찬을 들었다. 그것은 인생을 바꾼 칭찬이었고 저자의 얼을 제자리로 돌려놓은 사건이었다. 학교에서 집으로 어떻게 돌아갔는지도 생각이 나지 않는다. 그 칭찬이 저자의 발에 날개를 달아주어 걷지 않고 날아갔던 것 같다.

《칭찬은 고래도 춤추게 한다》라는 책이 베스트셀러가 된 적이 있었다. 칭찬의 마법 같은 효능을 은유하는 말이다. 저자는 이 말을 믿는다. 칭찬도 나름이겠지만 진심 어린 칭찬을 받은 아이는 정말 춤을 춘다. 저자 또한 칭찬받기 위해 공부하기 시작했다. 물고기 때문에 칭찬을 받아 공부를 하게 되었으니 오늘의 저자를 만든 것은 물고기의 공이 크다. 그래서 물고기는 저자를 성장시키고 학교에 정을 붙이고 공부를 왜 해야 하는지 알려준 고마운 존재다.

$IX\Theta Y\Sigma$(익투스). 이 단어의 의미를 듣는 순간 심장이 멎는 줄 알았다. 어렸을 적 저자의 존재감을 확인시켜 주었던 물고기에게 이런 뜻이 있는 줄 몰랐다. 두문자(頭文字)로 만들어진 $IX\Theta Y\Sigma$는 헬라어로 물고기를 뜻한다. 익투스는 원래 글자를 나열하면 $I\eta\sigma o\tilde{\upsilon}\varsigma$(예수), $X\rho\iota\sigma\tau\acute{o}\varsigma$(그리스도), $\Theta\varepsilon o\tilde{\upsilon}$(하나님의), $\Upsilon\iota\acute{o}\varsigma$(아들), $\Sigma\omega\tau\acute{\eta}\rho$ (구원자)이다. 기독교의 상징이 된 물고기에는 "예수 그리스도, 하나님의 아들, 구원자"가 함축되어 있다. 익투스는 기독교인의 신앙 고백에 핵심적인 표현을 모두 담고 있는 신어(神語)다. 익투스는 로마의 핍박을 받고 있던 초대교회 성도들의 신앙 고백을 나타내는 상징이다. 영화 〈쿼바디스〉에도 익투스가 등장한다. 인류가 만들어낸 최고의 두문자 조합이 아닐까 싶다.

물고기는 예수가 기적을 행할 때 등장한다. 오병이어와 153마리 물고기. 책상에 모나미 볼펜 하나쯤은 있을 것이다. 볼펜의 하얀 면을 자세히 보면 'Monami 153'이라고 표기되어 있다. 1960년대 모나미의 송삼석(1928~2022) 사장은 기독교인이었고, 모나미는 '나의 친구는 예수'라는 뜻이다. 필기구에 물고기 153 브랜드를 새겨 복음을 전파하였다. 모나미는 단순한 문구 산업이 아닌 복음을 전파하는 도구가 되었다. 예수는 베드로와 일행에게 물고기를 잡는 어부가 아니라 사람을 낚는 어부가 되어 세상 곳곳에 복음을 전하라고 말했다. 자맥질로 물고기를 잡던 나도 학생을 가르치는 교육자가 되었으니 사람 낚는 어부가 아니겠는가?

물고기는 기독교의 상징으로 끝나지 않는다. 불교 사찰 처마에 걸린 풍경(風磬)에도 붕어처럼 생긴 물고기가 달려있다. 사찰의 액세서리가 아니다. 풍경에 물고기가 달린 것은 눈꺼풀이 없는 물고기가 밤낮 눈을 뜨고 있는 것처럼 "항상 깨어 있으라"는 의미다. 수행자의 본보기는 물고기처럼 깨어있는 것이다. 깊은 산속 산사에서 바람 소리에 맞춰 울리는 그윽한 풍경 소리는 수행자들에게 경각심을 준다.

스님의 목탁도 물고기 모양이다. 목탁의 모양은 물고기 눈과 몸통, 꼬리를 닮았다. 물고기는 자거나 죽어서도 눈을 감지 않는다. 물고기처럼 항상 깨어 수양에 정진하라는 의미다. 목탁의 유래에는 여러 설이 있다. 한 가지만 들어보자. 어떤 스님이 스승의 가르침을 어기고 나쁜 행동을 일삼다 죽어 물고기로 다시 태어났는데 그 물고기 등에 나무가 자라 풍랑이 칠 때마다 흔들리는 바람에 고통을 겪었다. 스승이 바다를 건너다 이 광경을 보고 수륙재[水陸齋 불교의식 중 물과 육지에서 홀로 떠도는 귀신들과 아귀(餓鬼)에게 공양하는 재]를 베풀어 물고기의 몸에서 벗어나도록 했다. 제자는 은혜에 감사하며 자기 등에 난 나무를 베어 물고기 모양으로 만들어 두드리면 수행자들이 이를 기억하고 수행에 매진하게 될 것이라고 말했다.

물고기는 종교의 상징에 국한되지 않는다. 세속에서도 물고기는 귀한 대접을 받았다. 물고기는 백제 무령왕릉의 두침(頭枕), 신라 금관총의 금제 허리띠, 고구려의 고분벽화에도 등장한다. 죽은 이를 지키고 있다. 전통 가옥에서 사용하는 장롱, 서랍, 뒤주, 곳간, 문 등에는 붕어 모양의 자물쇠를 사용한다. 하필 왜 물고기 모양일까? 물고기는 밤이나 낮이나 눈을 뜨고 있다. 밤낮 눈을 뜨고 있는 물고기 모양의 자물쇠가 도둑을 막는다고 생각했다.

물고기에 대한 전설과 신화도 많다. 신석기시대 바빌로니아인들은 메소포타미아 지역의 티그리스와 유프라테스 두 강의 형상이 두 마리의 물고기(雙魚) 모양으로 생겨 이를 신격화했다. 하늘의 별자리도 쌍어다. 물고기를 인간을 보호하는 신령한 존재로 믿고 신전 앞대문 머리에 쌍어를 그렸다. 이 전통이 유목민족 스키타이인에게 전파되고 인도 힌두교와 불교에 영향을 미쳤다. 쌍어 신앙은 인도에서 네팔, 티베트, 몽골로 퍼졌고, 동으로 남중국을 거쳐 황해를 건너서 한국에 전래되었다. 로마의 기독교 박해 때 카타콤에 그린 신어 역시 유대인들이 바빌로니아에 노예로 잡혀가 있는 동안 신어사상을 접하게 된 영향에서 비롯되었다.

우리나라는 김해 가락국 수로 왕에게 시집 온 인도 아유타국 출신 허황옥 공주가 쌍어 신앙을 전파한 것으로 알려졌다. 흥미로운 사실은 '가락'이란 뜻이 인도 고대어로 '물고기'라는 것이다. 역사와 문화는 이렇게 연결되어 있다고 생각하니 경이롭기까지 하다. 가락국과 허황옥의 발자취를 밝혀낸 것은 고고학자 김병모 교수의 공이 절대적이다. 김병모 교수는 저서 《허황옥 루트-인도에서 가야까지》에서 그 발자취를 상세히 설명하고 있다. 요지는 이렇다. 인도 아유타국 아요디아에서 살던 허황옥의 조상은 이민족의 침략으로 중국 사천성 안악(보주)으로 이주했다. 요즘으로 말하면 난민 내지는 보트피플이었다. 허황옥은 그곳에서 태어나 자랐다. 그러다가 보주에 정변이 일어나 배를 타고 김해 가락국으로 이주하게 되었다. 김수로 왕과 허황옥 사이에 태어난 자녀들이 김해 김씨와 김해 허씨의 종조다.

김병모 교수가 추정한 쌍어 전파 경로

오늘날에도 경상남도에 소재한 사찰에는 쌍어문이 남아있다. 김해의 은하사, 계원암, 합천의 영암사에 쌍어문이 그림이나 조각으로 있고, 새로 창건한 김해의 동림사, 김해 장유종선원에도 새로운 쌍어문이 조성되었다.

정리해보자. 기독교에서 물고기(익투스)는 기독 신앙의 핵심 주제를 포함하고 있다. 예수 그리스도, 하나님의 아들, 구원자. 이 다섯 단어의 두문자가 물고기가 되었다. 예수가 물고기로 기적을 확인시켜 주었듯이 두문자가 기적적으로 물고기가 되었다. 불교에서는 물고기의 생태 현상, 즉 자나 깨나 깨어있는 모습을 수행 정진의 롤모델로 삼자는 의미로 받아들여진다. 우리나라 전통사회의 민간 차원에서는 불교 사상과 의식의 영향을 많이 받아 실생활에 적용하고 있었다. 놀라운 사실은 고대 인도에서 가락국으로 시집을 온 공주에 관한 내용이다. 사람이 이주하면서 쌍어 문화도 함께 왔고 우리나라 문화가 되었다. 정현승의 시 〈방문객〉에서 "사람이 온다는 것은 어마어마한 일이다.

그는 과거와 현재와 그리고 그의 미래와 함께 오기 때문이다. 한 사람의 일생이 오기 때문이다"라는 시 구절이 들어맞는다.

호모 사피엔스의 문화는 서로 연결되어 있다. 지역, 종파, 정파를 초월한다. 연결 고리의 중심에 물고기가 있다. 인류가 서로 연결된 문화적 동질성을 지니고 있다는 것만 이해해도 분열, 갈등, 대립은 줄어들 것이다. 인류의 동선과 흔적을 좇아가는 인문학적 탐구가 왜 중요하고 왜 필요한가를 새삼 확인한다. 인문학은 인류의 과거와 현재를 연결시켜 미래로 나아가게 하는 원동력이다.

📖 김병모. (2018). 《허황옥 루트－인도에서 가야까지》. (재)고려문화재연구원.

박태욱. (2006). 《중앙일보》. 〈물고기가 기가 막혀〉. 9월 7일.

이상환. (2016). 《기독일보》. 〈물고기가 기독교의 상징이 된 이유가 뭘까?〉. 7월 26일.

《불교신문》. (2021). 〈목탁〉. 3월 4일.

〈익투스〉. (2021). 다큐멘터리.

단풍(丹楓)
떨켜층은 경륜이다.

우리나라 가을은 단풍의 계절이다. 만산홍엽(滿山紅葉). 내장산 서래봉에 올라가 보라. 단풍에 호응하며 하늘도 빨강, 노랑, 주홍색으로 물든다. 황홀하다는 표현으로는 부족할 것이다. 김영랑 시인도 "오매 단풍 들겠네"로 에둘러 표현하고 만다. 남도 특유의 사투리 감탄어다. 알베르 카뮈는 "가을에는 모든 나뭇잎이 꽃이 되는 제2의 봄이다"라고 하였다.

단풍의 시작을 알리는 기준은 무엇일까? 전체 나뭇잎의 20% 정도가 울긋불긋 물들 때를 단풍이 시작되었다고 말한다. 단풍의 절정기는 나무나 숲속의 80% 정도가 물들 때이다. 꽃은 따뜻한 남쪽에서 올라오고 단풍은 추운 북쪽에서 시작돼 하루 20km씩 남하한다. 설악산과 같은 높은 산에서는 보통 하루 50m씩 아래로 내려온다고 한다. 모든 것은 기상조건에 따라 달라진다.

단풍은 '아름답다'는 느낌 이전에 '애잔하고 슬프다'라는 생각이 들게 한다. 단풍(丹楓)은 '붉다'는 의미의 한자어를 쓰지만, 언어만으로는 단풍이 내포하는 신비와 다양성을 표현하는 데 한계가 있다. 기온이 0℃ 부근으로 떨어지는 가을, 나무 이파리는 엽록소의 생산을 중지하면서 형형색색으로 변한다. 단풍은 가지와 이파리 사이를 가로막는 '떨켜층'이 체관으로부터 수분 공급을 막아 이파리를 아사(餓死)시킨 결과물이다. 자기가 낳은 자식을 스스로 내친다. 이산(離散)의 아픔이 곧 단풍이다. 단풍의 색깔은 다름 아닌 부모 나무의 피눈물이다.

수분을 흡수하지 못한 이파리가 가지에 붙어 색깔을 뽐낸다. 사실 단풍은 가늘게 숨 쉬며 떨고 있다. 사람의 눈에는 아름다운 자태지만 이파리는 매일 매시간 버티고 있다. 이파리 단풍은 떨어져 부모 나무 몸체를 둘러싸며 수온(樹溫)을 올려주고 거름이 되어 영양분을 제공한다. 겨울을 나고 생존을 지속하기 위한 생명의 질서다. 몸체는 나무의 근본이다. 근본을 살리고자 단풍 이파리는 기꺼이 낙하한다.

이파리가 떨어지면 가지에는 상처가 난다. 가지는 이파리와 이별할 때 생눈물을 흘린다. 그 눈물이 상처를 낫게 하는 마데카솔이고 후시딘이다. 상처 부위에는 생살이 돋고 '떨켜층'을 형성한다. 두툼해진 떨켜층은 방한복이다. 추운 겨울에 얼지 않고 무사히 견뎌낼 수 있는 나무들의 지혜다. 신비롭고 경이로운 회복 탄력성이다.

사람에게도 떨켜층이 있다. 눈에 보이는 떨켜층은 주름살이고 굳은살이다. 보이지 않는 떨켜층은 연륜이요, 경륜이다. 철이 없었을 때 부모님의 손에 박힌 굳은살을 친구들에게 감추고 싶었다. 부모님의 이마와 손에 깊이 박힌 주름살과 굳은살은 자식에 대한 사랑이고 희생이며 삶의 나이테고 연륜이다.

만추(晩秋)의 단풍은 더 붉고 더 노랗고 더 주홍색이다. 낙하할 시간이 얼마 남지 않았다. 내일은 그들의 숨소리가 더 가늘어지고 거세진 바람 앞에서 마지막 잎새가 될 것이다. 우리 인간은 죽을 수밖에 없는 유한한 생명을 사랑해야 하는 숙명으로 태어났다. 이제 단풍을 놓아주어야 할 때가 되었다. 놓아주기 싫은 것을 놓아줘야 할 때는 메리 올리버(Mary Oliver, 1935~2019)의 시 〈블랙워터 숲에서〉가 위안이 된다(올리버, 2021: 250-251).

이 세상에서 살아가려면
세 가지를 할 수 있어야만 하지.
유한한 생명을 사랑하기,
자신의 삶이 그것들에 달려 있음을 알고
그걸 끌어안기,
그리고 놓아줄 때가 되면
놓아주기

To live in this world
you must be able to do three things:
to love what is mortal;
to hold it against your bones knowing your own life
depends on it;
and, when the time comes to let it go,
to let it go.

📖 올리버, 메리. (2021). 《기러기》. 민승남 옮김. 마음산책.

죽음에 대하여
마지막에 피는 가장 아름다운 꽃

누구나 자신의 삶에 커다란 영향을 준 책이 있기 마련이다. 저자의 경우에는 헬렌 니어링(1904~1995)의 《아름다운 삶, 사랑 그리고 마무리》를 꼽는 데 주저하지 않는다. 1977년 이석태 변호사가 우리말로 번역하였고 출간 이후 판수를 거듭하면서 독자들의 관심을 끌었다. 이 책은 기록물로서 어떻게 하면 조화로운 삶을 살 것인가에 대한 저자의 고민에 대안을 제시한 명저라고 생각한다. 여기에서 '조화로운 삶'이란 사랑과 삶과 죽음이 하나 되는 삶이다. 특히 이 책은 죽음에 대한 정의를 잘 묘사하고 있다.

삶에서 가장 커다란 수수께끼는 삶 그 자체가 아니라 죽음이다. 죽음은 삶의 절정이자 마지막에 피는 가장 아름다운 꽃이다. 죽음에서 전체로서의 삶은 응축된다. (…) 삶은 죽음을 향한 순례이다. 탄생의 순간부터 죽음은 당신을 향한 출발을 시작했다. (…) 죽음은 전 세계에 걸쳐 수백만 가지 방법으로 순간순간마다 일어나고 있다. 존재는 죽음으로 자신을 새롭게 한다. 죽음은 가장 커다란 수수께끼다. 삶은 다만 죽음을 향한 순례이기 때문에 죽음은 삶보다 더 신비로운 것이다(니어링, 2009: 216 재인용).

위의 인용문은 니어링이 인도의 철학자 라즈니쉬의 말을 인용한 것이다. 저자는 죽음에 대해 이렇게 간결하고 이해하기 쉽게 정의 내린 글을 접하지 못했다. 문장의 힘이란 이렇게 대단한 것인가! 저자는 이 문장을 수없이 읽으면서 그동안 막연하게나마 죽음 자체를 두렵게 느끼는 것에서 죽는다는 사실을 기꺼이 받아들이고 죽음을 향한 순례를 멋지게 해보고 싶은 마음이 들었다. '죽음이란 삶의 절정이자 마지막에 피는 가장 아름다운 꽃이다.' 저자는 이 죽음에 대한 정의를 보는 순간 가을 단풍을 연상했다. 늦가을 만산홍엽의 단풍을 보라. 오색으로 물든 단풍은 그들 삶이 최고의 절정에 달했으며 가장 아름다운 꽃이라는 것을 보여준다. 인간의 죽음은 만추의 계절에 절정에 달한 단풍과 닮았다.

메리 올리버의 시 〈죽음이 찾아오면〉도 죽음을 담대하게 맞이할 수 있는 용기를 북돋아 준다. 가을날 굶주린 곰처럼 찾아오는 죽음조차도 우리 생애에서 만나는 신비롭고 경이로운 대상이다.

죽음이
가을의 허기진 곰처럼 찾아오면 (…)
그리고 나는 각각의 생명을 하나의 꽃으로 여긴다.
들에 핀 야생화처럼
모두 같으면서 서로 다른 (…)
그리고 저마다의 육체를 용감한 사자로

지상의 소중한 어떤 것으로

생을 마칠 때 나는 말하고 싶다

내 생애 동안 나는 경이로움과 결혼한 신부였다고

세상을 두 팔에 안은 신랑이었다고…(올리버, 2021: 31-32).

저자 역시 부모의 마지막 가시는 모습이 아름다운 꽃이라고 생각한 적이 있다. 장례 절차에 따르면, (물론 전통사회에 비하면 오늘날 장례문화는 간소화되었지만) 사람이 죽은 뒤 입관을 하기 전에 염(殮)을 한다. 부모님의 염하는 장면을 보았다. 시신을 깨끗하게 목욕시키고 향약을 바른 다음 얼굴을 화장했다. 모친의 경우에는 얼굴에 연지와 곤지를 바르는 등 여성의 얼굴로서는 가장 아름다운 모습으로 바뀌었다. 핏빛이 없던 얼굴에 화장을 하고 나니 누워계신 모친이 금방이라도 벌떡 일어나실 것만 같아 돌아가신 분 같지가 않았다. 모친의 얼굴은 단풍보다 아름답게 느껴질 정도였다.

예일대에서 '죽음'에 대한 강좌로 유명한 셸리 케이건 교수는 죽음의 특성을 네 가지로 설명한다(케이건, 2018: 375-398). 첫째는 죽음의 필연성(inevitability)이다. 사람은 태어나면 반드시 죽을 수밖에 없다. 죽음 앞에서는 누구도 그 사실을 피할 수 없다. 인간이 태어나 살아가면서 다른 조건들을 다 배제할 때 가장 공정한 것은 바로 누구나 죽는다는 사실일 것이다. 조선 왕조 519년 동안 모두 27명의 왕이 즉위했다. 평균수명은 46세로 회갑을 넘긴 임금은 태조(74세), 2대 정종(63세), 15대 광해(67세), 21대 영조(83세), 26대 고종(68세) 등 5명뿐이었다. 죽음 앞에서는 왕후장상도 피해 갈 수 없는 엄연한 사실이다(김미영 외, 2014: 28-31). 둘째는 죽음의 가변성(variability)이다. 한마디로 얼마나 살지 모른다는 것이다. 죽음은 필연적인 사실이지만 수명은 제각각이다. 똑같은 날에 태어난 쌍둥이도 수명은 다르다. 셋째는 죽음의 예측 불가능성(unpredictability)이다. 한 번은 죽지만 언제 죽을지 모른다. 누구든지 얼마나 시간이 많이 남아 있는지 모른다. 영화 〈인 타임〉에서는 사람이 언제 죽을지를 안다. 인간의 수명이 돈으로 환산되기 때문이다. 커피 1잔은 4분, 권총 1정은 3년, 스포츠카 1대는 59년이다. 주어진 시간을 모두 소진하고 13자리의 시계가 0이 되는 순간, 그 즉시 심장마비로 사망한다. 그러나 우리는 영화 시나리오처럼 사는 것이 아니다. 넷째는 죽음의 편재성(ubiquity)이다. 죽음은 언제 어디서나 일어난다. 사람은 언제 어디서든 죽을 수 있다는 사실이다. 밥을 먹다가 잠을 자다 운전을 하다가도 죽을 수 있다. 인간은 단지 죽는다는 필연적인 사실만을 생각할 수 있지만, 이처럼 죽음은 여러 가지 특성과 함께 하는 것이다. 고로 인간이 죽는다는 것은 필연성, 가변성, 예측 불가능성, 편재성이라는 죽음의 네 가지 특성을 반영하는 것이다.

모든 인간에게 적용되는 대전제는 인간은 죽을 수밖에 없는 운명을 가지고 태어난다는 것이다. 만인에게 가장 공평한 것은 죽음이라고 하지 않던가. 어느 날 스승이 제자를 불러 "지금부터 내가 묻는 말에 '예'라고 대답하면 너에게 매질을 할 것이다. '아니요'라고 말하거나 대답을 하지 않아도 마찬가지다." 이렇게 되면 제자는 스승이 때리는 매를 맞을 수밖에 없다. 스승의 가르침은 '살다 보면 피하려 해도 피할 수 없는 것이 있다. 그것이 다가오면 덤덤하게 받아들여야 한다'(김형철, 2015: 37). 바로 그것이 죽음이다.

이렇듯 인간이 결코 피할 수 없는 죽음을 인정하고 수용하면 죽음에 대해 좀 더 관대해지기 마련이다. 카프카의 말처럼 "삶이 소중한 이유는 언젠가 끝나기 때문이다." 물론 사람마다 죽음을 대하는 태도가 다를 수 있다. 사람은 죽을 것이라는 사실에 대해 크게 세 가지 유형, 즉 부정, 인정, 무시의 유형을 나타낸다(케이건, 2018: 399). 죽는다는 사실을 처음부터 인정하는 사람은 드물 것이라고 생각한다. 어쩌면 부정했다가도 인정하기도 하고 언젠가는 아예 무시할지도 모를 일이다. 비유하자면 죽음이라는 사실이 이성이고 죽음을 받아들이는 정서적인 반응을 감정이라고 한다면, 이성과 감성의 시계추가 좌우로 왔다 갔다 한다. 인간의 본성이 그렇다.

죽음을 인정하든 부정하든 또는 무시하든 인간은 죽을 수밖에 없다. 여기에서 '인간은 어떻게 죽음을 맞이할 것인가?'라는 질문에 봉착한다. 이른바 죽음에도 에티켓이 필요하다는 주장이다. 나열하면 이런 것들이다. "장례식에 어떤 이들이 오기를 바라나요? 추모식은 어떤 방식으로 하면 좋을까요? 당신을 추억하는 영상이 있기를 바라나요? 즐겨 듣던 노래가 흐르면 좋을까요? 당신은 어디에 있고 싶나요? 가족묘지? 아니면 납골당? 화장을 하고 싶나요? 그렇다면 어느 곳에 뿌려지기를 원하나요? 미리 정해 둔 장례업체나 전문가가 있나요? 남겨진 이들 중에 누가 제일 걱정되나요? 그렇다면 그를 위해 무엇을 준비해 놓아야 할까요? 당신이 후회하는 일은 무엇인가요? 어떤 게 가장 자랑스러운가요?" 등등(슐츠, 2019). 언젠가 사람은 죽음을 맞이하지만 에티켓을 지키려면 해야 할 일이 참 많다.

영국에서는 2008년 《생애말기치료전략 보고서》를 발간하면서 '좋은 죽음(good death)'에 대한 개념을 4가지로 정리했다. '익숙한 환경에서', '존엄과 존경을 유지한 채', '가족, 친구와 함께', '고통 없이 죽어가는 것'(김미리, 2013)이다. 삶의 질의 종착역은 죽음의 질에 달려 있다.

죽음의 에티켓을 몸소 실천한 스승이 계셨다. 스승이 쓴 책 이름은 《백조의 노래》다. 백조는 늙으면 무리를 떠나 지내다가 죽음을 예감하면, 외로이 조용하게 아름답게 슬프게 그러나 혼신의 힘을 다해 운다고 한다. 그래서인지 백조의 노래는 통상 자서전의 단골 제목이 되곤 한다. 저자 또한 스승의 《백조의 노래》를 받아 읽고 많이 울었다. 스승은 책에서 죽음의 에티켓을 일곱 가지로 정리하셨다. 집안 묘지 관리, 저작의 보완, 인간관계와 물건 정리, 자기 관리, 유언장 작성, 믿음의 진솔한 표명(김정환, 2011). 스승은 죽음을 앞두고 자신을 둘러싼 모든 영역에 걸쳐 거의 완벽한 에티켓을 실천에 옮기셨다.

법정 스님은 인간이 삶을 어떻게 마무리할 것인가에 대한 내용을 책으로 만들었다. 《아름다운 마무리》이다. 여기에서는 일부를 인용하여 다섯 가지로 정리한다. 아름다운 마무리의 첫째는 내려놓음이다. 내려놓지 못하면 또 다른 윤회와 반복의 여지를 남긴다. 둘째는 비움이다. 채움만을 위해 달려온 생각을 버리고 비움에 다가간다. 비움은 충만으로 자신을 채우게 된다. 셋째는 용서이고 이해이고 자비이다. 넷째는 살아온 날들에 대해 찬사를 보내는 것, 타인의 상처를 치유하고 잃어버렸던 나를 찾는 것, 그리고 수많은 의존과 타성적인 관계에서 벗어나 홀로 서는 것이다. 다섯째, 언제든 떠날 채비를 갖춘다. 그 어디 어느 것에도 얽매이지 않고 순례자나 여행자의 모습으로 산다(법정, 2009: 22-26).

살아있는 모든 것은 때가 되면 그 생을 마감하기 마련이다. 이것은 누구도 어길 수 없는 생명의 질서이며 삶의 신비이다. 만약 삶에 죽음이 없다면 그 삶은 그 의미를 잃게 될 것이다. 죽음이 삶을 받쳐 주기 때문에 그 삶이 빛날 수 있다(법정, 2009: 162). 삶과 죽음은 서로를 비춰주는 거울이다. 모든 생명체는 죽음으로 이어지지만, 죽음이 있기 때문에 그 생명체의 의미는 특별한 것이다. 생명체로 태어난 것 못지않게 어떻게 죽을 것인가에 방점을 찍어야 하는 이유이다. 인간이 어떻게 살고 어떻게 죽을 것인가에 대한 실마리를 인디언 속담에서 찾을 수 있다. "당신이 태어났을 때는 혼자 울었고 세상은 기뻐했다. 당신이 죽을 때 세상은 울고 당신은 기뻐하는 인생을 살라." 언젠가 저자 역시 기꺼이 기쁜 마음으로 백조가 될 것이다. 나만의 가장 아름다운 꽃을 피울 것이다.

📖 김미영 외. (2014). 《노년의 풍경》. 글항아리.

김정환. (2011). 《백조의 노래》. 월인.

김형철. (2015). 《철학의 힘》. 위즈덤하우스.

니어링, 헬렌. (2009). 《아름다운 삶, 사랑 그리고 마무리》. 이석태 옮김. 보리.

법 정. (2009). 《아름다운 마무리》. 문학의 숲.

슐츠, 놀란트. (2019). 《죽음의 에티켓》. 노선정 옮김. 스노우폭스북스.

실즈, 데이비드. (2014). 《우리는 언젠가 죽는다》. 김명남 옮김. 문학동네.

올리버, 메리. (2021). 《기러기》. 민승남 옮김. 마음산책.

케이건, 셸리. (2018). 《죽음이란 무엇인가》. 박세연 옮김. 엘도라도.

EBS 〈데스〉 제작팀. (2014). 《죽음》. 책담.

김미리. (2013). 《조선일보》. 〈5년 전 '좋은 죽음' 개념 만든 영국, 마지막 10년 삶의 질 세계 1위〉. 11월 4일.

〈인 타임〉. (2011). 영화.

오뉴월 피서법
계곡으로 갈까 아니면 에어컨을 켤까

기후변화가 계절의 절기를 변덕스럽게 만들고 있지만, 기본 원리는 여전히 유효하다. 절기마다 차이가 생겨 일찍 오기도 하고 늦게 물러가기도 하지만 큰 틀에서의 절기는 제자리를 지키고 있다. 절기가 며칠 차이나더라도 찾아오면 그나마 위안이 되고 안정감을 찾는 것은 저자만이 아닐 것이다. 매년 기상 당국은 올여름에는 얼마나 이례적인 기후가 찾아올까 예보를 내놓기 바쁘다. 실제 섭씨 40도 안팎을 넘나드는 열돔현상의 온도를 마주하고 나니 기후변화가 강 건너 불구경할 일이 아니라 당장 발 앞에 떨어진 우리의 문제가 되었다. 탄소세를 소득세처럼 내야 할 날도 머지않았지 싶다.

요즘같이 기후변화 운운하기 훨씬 이전에도 오뉴월(양력 6월 중순~8월 중순쯤)의 날씨는 폭염으로 살기 힘들었나 보다. 속담은 오뉴월 무더위를 실감나게 한다. "오뉴월 더위에 염소 뿔이 물러 빠진다." 단단한 염소 뿔이 더위에 물렁물렁해져 빠질 정도의 기온이다. 속담 한마디로 여름 더위의 고통과 독한 맛을 고스란히 전달한다. 메타포가 촌

철살인급이다. "오뉴월 손님은 호랑이보다 무섭다." 아버지가 친구를 좋아해 여름에도 친구들을 집으로 초대한 경우가 많았다. 부엌에서 진땀을 흘리며 밥이며 찬을 준비하시던 어머니의 인내를 생각하면 지금도 대단하다는 생각을 한다. "오뉴월 볕은 솔개만 지나도 낫다." 솔개하고 땡볕하고 무슨 상관인가. 그늘을 찾는 오뉴월에는 하늘에 솔개가 스쳐 지나면서 만드는 잠깐의 그늘조차 고맙다는 것이다. 선조들의 자연현상에 대한 표현력에 혀를 내두른다.

여담이지만 한여름이면 어머니는 아들들에게 모시옷을 해서 입혔다. 모시옷은 요즘 기능성 쿨웨어에 해당한다. 어머니는 거친 모시로 만든 노리끼리한 옷은 당신이 입으시고 곱고 새하얀 옷은 아들들에게 입혔다. 한여름이 찾아오면 언제 준비하셨는지 장롱 깊숙이 보관한 모시옷을 꺼내 입혀보고 흐뭇해하셨다. 저자는 돌아가신 어머니가 보고 싶을 때면 장롱에서 모시옷을 꺼내 입어보고 다시 벗어 넣어둔다. 모시옷은 단순히 옷이 아니라 어머니와 저자와의 관계를 이어주고 소중한 추억을 되새김하는 뜻깊은 옷이 되었다. 모시옷이 저자에게 오기까지의 제조 과정을 잘 알고 있다. 삼을 재배하고 베어 삶아 벗기는 과정에서부터 양잿물에 담가 중화를 시켜 바늘로 가늘게 쪼개고 베틀에 장착하여 헤아릴 수 없는 씨줄과 날줄 작업을 해야 한다. 그 과정을 생각하면 모시옷을 입을 수 없다. 모시옷을 모시고 있다는 말이 맞을 듯싶다.

오뉴월 피서 이야기를 한다는 것이 서론이 길어졌다. 누구나 자신만의 피서법을 가지고 있을 것이다. 저자의 경우는 에어컨이 작동하지 않는 환경에서는 의자에 앉아 얼음 팩을 목과 어깨에 댄다든지 얼음물을 대야에 담고 발을 담근다. 그늘진 나무 아래나 정자에서 바둑을 두면서 몰아지경에 빠지는 것도 피서법이다. 한참 때는 북한산 정상으로 바둑판을 옮겨 산신령마냥 피서를 한 적도 있다. 최근에는 이열치열의 피서법을 실천하고 있다. 해뜨기 전에 달리기를 하면서 충분히 땀을 쏟은 후 찬물로 샤워를 하고 나면 몇 시간은 그 개운함을 지속할 수 있다. 운동과 피서를 겸하는 일석이조이다.

조선의 대표적인 실학자 다산 정약용은 '소서팔사(消暑八事)'의 피서법을 소개하였다. 더위를 이기는 법 8가지다. '솔밭에서 활쏘기, 홰나무 아래에서 그네 타기, 대자리 깔고 바둑 두기, 연못에서 연꽃 구경하기, 숲 속에서 매미소리 듣기, 비 오는 날 한시 짓기, 달밤에 발 씻기' 등이다. 대학자의 피서법은 자연의 순리와 환경에 순응하면서 자신만의 고상한 취향을 마음껏 발산하고 있다. 다산은 달밤에 발을 씻는 피서법을 소개하고 있지만, 굳이 달밤이 아니더라도 탁족(濯足), 즉 계곡에 흐르는 맑고 시원한 물에 발을 담그고 씻는 피서법은 예나 지금이나 일반적인 것으로 보인다. 휴가(休暇)에서 휴(休)는 사람인(人)과 나무목(木)의 합성어라는 점을 고려하면 사람이 휴가 장소로 나무가 우거진 산림과 계곡을 찾는 것은 인지상정인 듯싶다.

동양과 서양의 피서법은 방식과 스케일이 다르다. 왕이 되었든 황제가 되었든 무지렁이 백성이 되었든 무더위를 피할 수는 없을 것이다. 초가집이든 기와집이든 궁궐이든 황궁이든 장소 불문이다. 우리나라와 중국 왕조의 피서법은 스케일과 결이 달랐다. 우리나라 왕들은 소박하고 사치스럽지 않은 피서를 한 것 같다. 가까운 산이나 계곡을 찾아 피서를 하거나 궁궐에서 얼음으로 차갑게 한 수박을 먹거나 찬물로 밥을 말아 먹었다고 한다. 호학군주 정조는 지족(知足), 즉 '만족할 줄 앎'을 실천했다. 현재 자리에서 참고 견디다 보면 시원해진다는 것이다. 유별스럽게 연산군은 대형 놋쇠 쟁반에 얼음을 가득 담아 동서남북에 놓아두고 마치 에어컨처럼 사용했다고 한다(유석재, 2021). 하기야 그 시절에 얼음이 얼마나 귀한 물품이었을까 싶다. 중국의 황제는 여러 곳에 별궁을 지어놓고 상황이나 필요에 따라 옮겨 다녔다. 추울 때는 따뜻한 곳으로 옮기고, 더우면 시원한 곳으로 옮기면 그만이었다. 황제는 전염병이 유행해도 다른 지역의 별궁으로 피신했다.

저자는 얼음 하면 조선 후기의 대표적인 화가 단원(檀園) 김홍도를 떠올린다. 단원은 임금의 어진을 그린, 즉 어용화사로서의 공로를 인정받아 목장관리, 지방 우편 국장, 현감 등의 벼슬에 제수되었는데 이 중 하나가 빙고(氷庫), 즉 얼음 창고의 책임자였다. 단원은 전문화원으로서 뿐만이 아니라 임명직 관리로서 다양한 경험을 쌓았다. 단원이 민중의 삶의 현장에서 다양한 경험을 쌓은 것은 그를 조선 최고의 대중 친화적인 화가로 만드는 밑거름이 되었을 것이다. 기록에 따르면 단원은 겨울철 한강에서 얼음을 운반하여 창고에 보관하는 작업을 감독하면서 천식에 걸렸는데 평생 고질병이 되어 고생했다고 한다(이충렬, 2019). 동빙고는 종묘 제사를 위해, 서빙고는 신하와 어려운 백성을 위해, 그리고 내빙고는 왕실을 위한 전용 얼음 창고였다. 우리나라 영화 〈바람과 함께 사라지다〉는 조선의 정조 시기에 얼음 독점권을 차지하려는 권력자에 대항하는 영화다. 영화는 얼음이 금보다 귀한 권력의 상징이라는 것을 코믹하게 보여준다.

유럽에서 로마 황제들은 피서지로 바닷가를 찾았다. 해변 휴양지나

해수욕장은 서양에서 생긴 개념이다. 해변 휴양지는 산업혁명 후 경제적으로 여유가 생긴 중산층의 인기를 끌었다고 한다. 서양의 바캉스(vacance)는 단순히 더위만 피하는 것이 아니라 일상에서의 탈출을 의미한다. 바캉스의 어원인 라틴어 바카티오(vacatio)의 뜻은 '무엇으로부터 자유로워지는 것'이다. 바카티오가 베케이션(vacation)으로 이어졌다. 방학도 베케이션이다. 그러고 보니 우리나라의 전통 피서법은 서양의 바캉스가 의미하는 '자유를 찾는 것'보다 '더위를 피하는 것'에 더 가깝다고 할 것이다. 피서, 글자 그대로 더위를 피해 달아나는 것이다(고두현, 2021). 서양의 피서법은 역동적이고 실용적이며 동양의 피서법은 정적이고 철학적이라고 한다면 지나친 이분법일까.

우리나라 오뉴월은 일 년 중 가장 뜨거운 계절이다. 기후변화는 더운 여름을 더 뜨겁게 만들고 있다. 기후변화는 지구 생태계에 심각한 위협이 되고 있다. 문제 해결은 문제의 원인을 제공한 지구인의 몫으로 남겨졌다. 〈2050년 탄소중립〉도 대안 중 하나이다. 현대인들이 더우면 냉방기를 켜는 것은 자연스러운 행동이다. 그것을 탓할 일이 아니다. 사람은 이미 에어컨 바람에 익숙해졌다. 도시인들이 에어컨 대신에 탁족을 하기 위해 계곡을 찾아 산으로 간다는 것은 어불성설이다. 지구의 온도가 뜨겁다는 것은 인간으로 말하면 고열환자에 해당한다. 고열이 나면 신체 기능이 비상체제로 가동된다. 영유아는 경기를 일으키고 신체 기능을 마비시킨다. 어머니 지구는 심하게 아프다는 표현을 열을 발산하는 것으로 대신한다. 휙 지나가는 솔개의 날개조차 기다려진다는 무더운 오뉴월, 문명의 이기로 피서를 하지만 아픈 어머니 지구를 대하는 마음이 편치 않은 것은 나만의 일이 아닐 듯싶다.

📖 이충렬. (2019). 《천년의 화가, 김홍도》. 김영사.

고두현. (2021). 《한국경제》. 〈동양은 계곡, 서양은 바다 … 피서명소 왜 다를까?〉. 7월 23일.

유재석. (2021). 《조선일보》. 〈왕의 피서법 … 성종은 '찬물에 밥', 연산 군은 '얼음 에어컨'〉. 8월 5일.

〈소서팔사〉. 다산연구소.

〈바람과 함께 사라지다〉. (2012). 영화.

투키디데스 함정

미·중 패권 대결

해가 뜨면 지고 달이 차면 기우는 법이다. 인류 역사에서도 국가의 흥망성쇠는 해와 달과 같은 이치를 나타낸다. 국가의 흥망성쇠를 결정짓는 한방은 전쟁일 것이다. 전쟁의 승패는 새로 뜨는 국가와 지는 국가를 결정한다. 제2차 세계대전의 결과는 인류 역사의 무대 주역을 교체시켰다. 미국과 소련이 각각 자유진영과 공산진영을 대표하는 국가로 부상하면서 세계 패권을 놓고 치열한 경쟁을 했다. 총성 없는 차가운 이념 전쟁, 즉 냉전이다.

이념 대결은 자유민주주의 진영의 완승으로 판명 났다. 미국은 1991년 소련의 해체 이래 유일무이한 세계 초강대국으로 군림했다. 역사는 독주를 마냥 놔두지 않는다. 소련 해체의 공백을 중국이 차지했다. 중국은 세계 경제와 무역에서 막강한 영향력을 행사하면서 미국과 함께 G2로 부상했다. 14억의 인구와 광활한 국토를 가진 중국은 세계의 공장으로 발돋움하였다. 중국의 공장이 멈추게 되면 세계의 공장도 멈출 정도다. 중국은 세계 경제의 블랙홀이 되었다.

‘투키디데스의 함정(Thucydides Trap)’은 국제외교에서 흔히 사용하는 용어이다. 《펠로폰네소스 전쟁사》를 쓴 고대 아테네 장군 투키디데스(Thucydides)에서 따온 말이다. 투키디데스는 기존 맹주 스파르타가 신흥 강국 아테네에 불안감을 느끼게 되면서 양국은 지중해의 주도권을 놓고 전쟁을 벌이게 되었다고 주장했다. 투키디데스의 함정은 오늘날 국제관계를 설명하는 유력한 프레임이다. 신흥 무역 강국과 기존의 무역 강국 간에 무력 충돌이 발생할 수 있다는 뜻으로 쓰인다. 일례로 많은 정치학자는 패권국 미국과 패권을 꿈꾸는 신흥 강대국 중국이 일인자의 패권을 놓고 우열을 가리는 함정에 빠질 수밖에 없다고 우려한다. 실제 미국과 중국이 첨예한 충돌을 빚고 있는 사안은 많다. 홍콩, 대만, 신장의 주권 및 인권 문제, 동중국해와 남중국해의 해상 갈등, 무역 분쟁, 첨단기술의 주도권 다툼 등은 양국이 투키디데스 함정 속으로 빠져들 수 있는 사례들이 아닐까 싶다.

　투키디데스의 함정은 정치학자 그레이엄 앨리슨이 2017년 출간한 《예정된 전쟁》에서 미국과 중국이 투키디데스 함정에 빠져, 서로 원치 않는 전쟁으로 치닫고 있다고 분석하면서 사용되었다. 앨리슨은 지난 500년간 지구에서 발생한 투키디데스 함정은 16차례에 걸쳐 일어났고, 이 중 12차례는 전면전으로 이어진 것으로 봤다. 그러면서 경제적으로는 미국보다 몸집이 커진 중국과 헤게모니를 포기할 수 없는 미국 간에 17번째 전면전 가능성이 크다고 진단했다. 앨리슨은 중국이 세계 패권의 야망을 축소하거나 아니면 미국이 중국에 패권을 물려주고 뒤로 물러서지 않는 한 무역 전쟁, 사이버 공격, 해상 충돌 등은 곧바로 전면전으로 이어질 수 있다는 전망을 내놓았다(Atlantic,

투키디데스 함정의 주요 사례

구분	시기	지배 세력	신흥 세력	갈등 영역	결과
1	15세기 말	포르투갈	에스파냐	세계제국과 무역	전쟁 회피
2	16세기 전반	프랑스	합스부르크	서유럽의 영토권	전쟁
3	16, 17세기	합스부르크	오토만제국	중부유럽과 동유럽의 영토권과 지중해의 제해권	전쟁
4	17세기 전반	합스부르크	스웨덴	북유럽의 영토권 및 제해권	전쟁
5	17세기 중엽~말	네덜란드공화국	영국	세계제패, 제해권, 무역	전쟁
6	17세기 말~18세기 중엽	프랑스	대영제국	세계제국과 유럽의 영토권	전쟁
7	18세기 말과 19세기 초	영국	프랑스	유럽의 영토권 및 제해권	전쟁
8	19세기 중엽	프랑스와 영국	러시아	세계제국, 중앙아시아와 동부지중해에서의 영향력	전쟁
9	19세 중엽	프랑스	독일	유럽의 영토권	전쟁
10	19세기 중반과 20세기 초	중국과 러시아	일본	동아시아의 영토권 및 제해권	전쟁
11	20세기 초	영국	미국	세계경제 지배와 서반구에서의 해군력 우위	전쟁 회피
12	20세기 초	프랑스와 러시아의 지지를 받는 영국	독일	유럽의 영토권과 세계 제해권	전쟁
13	20세기 중엽	소련, 프랑스, 영국	독일	유럽의 영토권 및 제해권	전쟁
14	20세기 중엽	미국	일본	아시아-태평양 지역의 제해권과 영향력	전쟁
15	1940년대~1980년대	미국	소련	세계패권	전쟁 회피
16	1990년대~현재	영국과 프랑스	독일	유럽에서의 정치적 영향력	전쟁 회피

자료: 앨리슨, 그레이엄. (2019). 《예정된 전쟁》. 정혜윤 옮김. 세종서적. 363쪽 재인용.

2015). 중국은 미국 학자가 주장하는 투키디데스 함정의 개념을 어떻게 받아들일까? "미국이 주장하는 투키디데스 개념은 중국을 국제사회에서 밀어내고 미국 중심의 세력을 공고히 하려는 프로세스다"라고 주장하면서 불쾌하다는 반응이다(이재철, 2021).

중국사를 보면 중국인들이 투키디데스 함정을 서구 중심의 국제외교 용어라고 말하는지 그 이유를 이해할 수도 있을 것 같다. 원나라를 멸 망시킨 명나라는 개국 초기 적극적으로 해상 진출을 모색했다. 정화(鄭 和)의 대원정이 말해준다. 그러나 명은 국내 정치 상황으로 이후 해금 령(海禁令)을 내렸다. 해양 진출을 원천 봉쇄하였다. 중국은 광활한 땅 에서 나는 물자가 풍부하여 외국과 무역교류의 필요성을 느끼지 못했 다. 지대물박(地大物博)의 국가다. 그래서 19세기 유럽이 중국과 외교 관 계 수립을 요구했을 때 '우리에겐 부족한 것이 없는데 굳이 다른 국가 와 외교 관계를 맺을 필요가 있겠는가?'라고 반박하면서 자신만만했다. 마지못해 광동지역에 13행을 설치하여 형식적으로 서양과 제한적인 무 역교류를 할 정도였다. 18세기까지만 해도 중국이 세계에서 차지하는 경제적 영향력은 절대적이었으며, 요즘으로 말하자면 슈퍼파워였다. 오 늘날 중국은 그들의 대국굴기(大國崛起)를 과거 자신의 위상을 되찾아오 기 위한 전략으로 간주하는데, 투키디데스 함정이란 프레임을 씌워 오 늘날 국제관계를 설명하는 것은 가당치 않다고 생각할 수 있을 것이다.

한편 중국이 쇄국정책을 펴는 동안 유럽인들은 해양으로 눈을 돌려 대항해시대를 열고 해외 식민지 개척에 열을 올렸다. 유럽이 해외에 서 벌어들인 막대한 이윤은 산업혁명의 밑거름이 되었다. 세계의 부 는 유럽 국가로 옮겨갔다. 중상주의 무역으로 부를 쌓은 유럽은 부국 강병의 기틀을 마련했다. 19세기 역사상 가장 추악한 전쟁으로 비난 받는 아편전쟁(1차 1840~1842, 2차 1856~1860)은 우물 안 개구리 중국 의 문호를 강제로 개방시키는 결과를 초래했지만, 그 과정에서 중화 (中華)를 자처해 온 중국의 자존심은 여지없이 무너져 내렸다. 이후 중국은 제국주의의 희생양이 되어 조공국과 속국을 거느린 대국에서 피지배 국가의 나락으로 떨어졌다.

중국은 1980년대 이후 중국 외교정책의 근간이 된 도광양회(韜光養晦), 즉 '자신을 드러내지 않고 때를 기다리며 실력을 기른다'라는 기본원칙을 견지하며 절치부심했다. 이제 어느 정도 힘을 키웠다고 판단하고 일대일로(一帶一路) 어젠다로 세계 개입 전략을 설정하고 육로와 해로에서 영향력을 극대화하고 있다. '도광양회'에서 '대국굴기'로의 전환이다. 중국이 미국과 함께 G2로 부상하면서 세계는 다극체제의 양강 구도로 재편되고 있다. 미국을 중심으로 중국의 육상 및 해상 진출 정책을 억지하기 위한 합종연횡이 진행 중이다. 합종은 약한 국가가 힘을 합쳐 강한 국가에 대항하는 외교 전략인 반면, 연횡은 약한 국가가 강한 국가에 붙어 안전을 도모하는 외교 전략이다.

어제의 동지가 오늘의 적이 되고 어제의 적이 오늘의 동지가 되는 것이 국제외교 관계이다. 외교의 현실은 국가 간의 이해관계가 맞아떨어지면 손을 잡고 틀어지면 언제든 등을 돌릴 정도로 냉혹하다. 최근 미국, 영국, 호주가 '삼국 안보조약(AUKUS)'을 체결하는 과정에서 호주가 프랑스와의 핵잠수함 건조 계약을 취소하고 미국과 손잡은 것을 보라. 국제외교 관계는 국가 간에 이해관계가 맞아떨어졌을 때 성립한다는 방증을 보여주었다.

누구나 인정하듯이 중국의 부상으로 세계 역사는 대전환의 시대를 맞았다. 전환의 시대에는 신흥세력과 지배세력 간의 긴장과 대립 관계가 형성되어 패권을 놓고 일전을 겨루게 된다는 것이 투키디데스 함정 이론이다. 그렇다면 투키디데스 함정이 맞아떨어져 지배세력인 미국과 신흥세력인 중국 간에 예정된 전쟁(destined for war)이 일어날 수 있을까? 윈-윈의 가능성은 없는 것인가? 현재 미국과 중국은 팽팽한 힘겨루기 양상을 보이면서 정치, 주권, 인권, 외교, 경제, 무역 등에서 첨예한 갈등과 대립을 빚고 있다. 마치 브레이크가 고장난 자동차가 마주 보고 달리는 일촉즉발의 형국이다. 치킨 게임의 전형적인 모습이다. 타협점은 없는 것일까? 《사피엔스》의 저자 유발 하라리의 지적에 위안을 삼아야 할 것인가? "인간은 권력을 쟁취하는 데는 뛰어난 능력을 발휘하지만, 그 권력을 행복을 위해 사용하는 데는 둔감하다." 미국이나 중국이나 뻔히 함정이 있는 줄 알면서도 그곳을 향해 질주하는 것은, 앞만 보고 뜨거운 불 속으로 무작정 뛰어드는 불나방과 같다. 앨리슨에 따르면 투키디데스 함정에 걸려든 16번의 국제관계에서 4번은 평화롭게 해결되었다고 한다. 항상 함정에 빠지는 것은 아니다. 미국과 중국이 17번째 투키디데스 함정에 빠지지 않고 평화로운 타협점을 모색하길 바랄 뿐이다.

📖 앨리슨, 그레이엄. (2018). 《예정된 전쟁》. 정혜윤 옮김. 세종서적.
　　《아틀라스》. (2019). 〈'투키디데스의 함정'이 결국 미-중 전쟁 이끌까〉. 4월 14일.
　　이재철. (2021). 《매일경제》. 〈앨리슨 "中, 노골적 패권 지향" vs 자칭궈 "美, 일방적인 中 때리기"〉. 9월 15일.
　　정욱식. (2021). 《프레시안》. 〈미중, '투키디데스의 함정'에 빠질까?〉. 4월 22일.
　　Allison, Graham. (2015). *Atlantic*. The Thucydides Trap: Are the U.S. and China Headed for War?. Sep. 25.

종교전쟁
무엇을 위한 전쟁인가?

표준국어대사전에 따르면 종교란 "신이나 초자연적인 절대자 또는 힘에 대한 믿음을 통하여 인간 생활의 고뇌를 해결하고 삶의 궁극적인 의미를 추구하는 체계로서 그 대상, 교리, 행사의 차이에 따라 여러 가지가 있는데, 애니미즘, 토테미즘, 물신 숭배 따위의 초기적 신앙 형태를 비롯하여 샤머니즘이나 다신교, 불교, 기독교, 이슬람교 따위의 세계 종교에 이르기까지 비제도적인 것과 제도적인 것이 있다"라고 정의 내리고 있다. 이처럼 종교는 나약하고 불완전한 인간이 붙잡고 의지하는 신비하고 불가해한 정신적 구심점의 역할을 한다.

인류의 시작과 함께해 온 종교가 개인 간, 부족 간, 국가 간에 갈등과 대립을 빚고 전쟁으로 치닫는 경우를 본다. 이른바 종교전쟁이다. 종교전쟁은 현재 진행형이다. 인류 역사에서 일어난 전쟁의 상당 부분이 종교적 이유에서 비롯된다. 특정 종교가 세속의 정치 또는 경제 권력과 손을 잡고 어느 종교를 선이나 악으로 지목하는 순간, 영혼의 구제를 궁극적인 목적으로 하는 종교가 사생결단의 격정적인 감정으로 치닫게 되고 나와 다른 타자를 타도와 배제의 대상으로 삼게 된다.

1517년 마르틴 루터의 종교개혁은 유럽의 종교 지형을 바꿔놓았지만, 가톨릭과 프로테스탄트(신교도) 간 종교전쟁의 시발점이 되었다. 루터조차 생각하지 못한 결과였다. 종교개혁 이전의 유럽에서는 가톨릭이라는 단일종교가 유럽과 유럽인을 하나로 묶어주는 구심점이었다면, 종교개혁 이후에는 종교 선택의 자유를 놓고 첨예한 갈등과 대립을 빚었다. 유럽에서 가톨릭과 프로테스탄트 사이에 벌어진 전쟁은 2세기에 걸쳐 진행되었다. 16세기 이후 유럽에서 일어난 전쟁은 정치가 종교를 사유화 혹은 도구화하거나 반대로 종교가 정치를 이용하는 과정에서 일어난 사례가 한둘이 아니다. 몇 가지 주요 사례를 살펴보자.

유럽 국가 중 대표적인 가톨릭 국가를 꼽자면 단연 스페인이다. 스페인은 가톨릭의 열렬한 옹호국으로 스페인이 지배하는 모든 영토 내 사람들에게 가톨릭을 강요했다. 1492년 콜럼버스가 스페인 왕실의 후원을 받아 신대륙 발견을 위해 출항하게 된 중요한 동기 중 하나도 복음을 전파하기 위해서였다. 그는 하느님이 선택한 종이라는 자부심이 팽배했다(플레넬, 2005). 지나친 강요는 저항을 불러일으킨다. 1568년 스페인의 영토였던 네덜란드의 신교도가 반란을 일으켜 저항한 결과, 1581년에 독립을 선언하고 네덜란드 공화국을 세웠다.

프랑스에서는 1562년 왕권 쟁탈을 둘러싼 정치적 대립이 종교적 갈등과 맞물려 위그노 전쟁(1562~1593)이 일어났다. 종교적 내란이다. 위그노는 프랑스에서 신교도를 폄하하여 부르는 명칭이다. 앙리 4세는 1598년 '낭트 칙령'을 반포하여 신교도에게 신앙의 자유를 허용하여 내란을 종식시켰다. 당시 정치적, 종교적 상황으로 볼 때 앙리 4세는 매우 이례적인 군왕이었고, 용기 있는 정치인이라고 평가하고 싶다. 그는 농민들이 주일마다 닭고기를 먹을 수 있도록 풍족하게 살게 해주는 신이라면 가톨릭이든 프로테스탄트이든 상관하지 않겠다는 신념의 소유자였다. 낭트칙령은 앙리의 손자인 루이 14세에 의해 철회되었다. 1685년의 퐁텐블로 칙령이다. 종교적 관용이 얼마나 정치적 목적이나 상황에 따라 바뀌는지 알 수 있다.

신성로마제국(복합체로 구성된 영토로서 그중 가장 큰 영토를 차지한 왕국은 독일이었고, 그 외 보헤미아왕국, 부르군트왕국, 이탈리아왕국 등이 있었다)에서는 30년 전쟁(1618~1648)이 일어났다. 독일은 루터의 종교개혁 발상지로 종교개혁을 앞서 수용하면서 구성원 간에 언제 터질지 모르는 종교전쟁의 불씨를 품었던 것이다. 1555년 신성로마제국 황제 카를 5세는 아우크스부르크에서 제국회의를 소집하여 '제후의 신앙에 따라 제후가 다스리는 지역의 신앙이 결정된다'라고 선언했다. 이 선언으로 루터파는 신앙의 자유를 얻었다.

30년 전쟁은 아우크스부르크 선언이 선언문대로 지켜지지 않은 결과로 시작된 전쟁이었는데 전쟁이 지속되면서 가톨릭 연합 대 반가톨릭 연합의 국제 전쟁의 양상을 띠게 되었다. 신성로마제국과 스페인을 주축으로 하는 가톨릭 연합과 보헤미아, 덴마크, 스웨덴, 프랑스, 네덜란드, 튀르크 등 반가톨릭 연합국이 충돌했다. 독일에서 벌어진 종교전쟁이 유럽의 여러 나라가 개입하면서 국제 전쟁이 된 이유는 이렇다. 신도교가 불리하면 덴마크, 네덜란드, 노르웨이, 스웨덴 등의 신교도 국가들이 신교도를 지원하며 가톨릭 측을 공격하였고, 가톨릭 측이 불리하면 스페인과 오스트리아 등 가톨릭 국가들이 신교도를 공격하는 일이 반복적으로 일어났기 때문이다. 여기서 눈여겨볼 대목은 스페인 못지않은 열렬한 가톨릭 국가인 프랑스가 왜 반가톨릭편에 가담했는가이다. 이유는 단순하다. 당시 프랑스는 스페인과 오스트리아와 사이가 좋지 않았기 때문이다. 종교가 얼마나 정치적, 세속적으로 이용되었는가에 대한 방증이기도 하다.

전쟁터가 된 독일은 정치적으로 분열되고 경제적으로 낙후되는 결과를 초래했다. 전쟁은 신교도의 승리로 끝났다. 1648년 베스트팔렌 조약에 따라 독일에서는 루터파 외에 캘빈파를 인정하고, 스위스와 네덜란드의 독립을 승인하였다. 유럽에서 30년 전쟁은 신교도와 구교도 간의 갈등의 골을 확인케 하였지만, 결과적으로는 다른 교파에 대한 종교적 관용을 인정하는 돌파구를 마련했다. 나의 종교적 신념이나 교리가 소중하면 타자의 종교적 신념이나 교리 역시 소중하다는 각성이 일어났다. 나의 신념이나 관점을 중심으로 상대방을 이해하는 것이 아니라, 상대방의 입장과 상황을 중심으로 상대방을 이해하려는 즉, 오늘날 다문화이론에서 말하는 진정한 의미에서 '타자의 이해'가 이루어졌다. 이 전쟁의 결과 유럽의 정치적 세력 판도에도 변화가 일어났다. 유럽에서 초강대국의 위세를 떨치고 가톨릭 옹호국으로서 유럽 제국에 종교적, 정치적, 경제적 영향을 끼쳤던 스페인이 쇠퇴의 길로 접어들었고, 로마 교황청도 영향력이 떨어졌다.

종교의 뿌리가 같은 가톨릭과 프로테스탄트 간의 전쟁이 종교 내전이라면, 기독교와 이슬람교와의 전쟁은 국가 간의 종교전쟁으로 비유할 수 있을 것이다. 그 대표적인 전쟁이 십자군 전쟁(11세기 말~13세기 말)이다. 십자군 전쟁은 무려 2세기에 걸쳐 진행되었다. 십자군 전쟁의 초기 목적은 기독교 발상지인 예루살렘을 이슬람으로부터 탈환하기 위해서였다. 십자군 전쟁은 종교적 목적이 변질되어 실패하였고 교회와 교황의 권위를 실추시켰다.

한때 이슬람교는 이베리아 반도, 즉 포르투갈과 스페인의 대부분 지역을 점령하면서 국력을 키웠다. 스페인은 711년부터 1492년까지 레콩키스타라는 국토회복운동을 전개하여 이슬람 세력을 몰아냈다. 레콩키스타의 성공은 스페인이 유럽에서 가톨릭 옹호국으로서 뿐 아니라 초강대국으로 부상하는 계기가 되었다. 내치의 성공은 외치에 대한 자신감으로 이어진다. 스페인 왕실이 콜럼버스의 대서양 횡단 프로젝트를 후원한 것 역시 내치의 성공에서 비롯되었다.

1683년 오스트리아 비엔나 전투야말로 유럽에서 기독교 세력과 이슬람교 세력 다툼의 분기점이 되었다. 1529년 오스만튀르크는 기독교의 중심이었던 오스트리아 수도 비엔나(애칭은 '황금사과')를 점령하기 위해 포위 공격을 했다가 실패했는데, 150여 년 만에 다시 비엔나를 공격한 것이다. 1683년 7월 14일 오스만 튀르크의 무스타파 파샤는 30만 대군을 이끌고 오스트리아의 수도 비엔나에 도착했다. 무스타파는 장기전을 펼 계획으로 성채를 포위했다. 오스만튀르크군은 비엔나를 포위해 군대와 시민들을 굶겨죽일 계획이었다. 오스만튀르크군은 1453년 콘스탄티노플을 함락시켰을 때처럼 포격으로 성채를 집중 공격하는 한편, 성벽 아래에 갱도를 파 들어가기도 했다.

신성로마제국의 황제이면서 오스트리아 대공인 레오폴드 1세는 로마 교황청과 가톨릭 국가에 구원을 요청했다. 가톨릭 국가 진영에서도 콘스탄티노플에 이어 비엔나마저 이슬람에 함락되면 유럽 전체가 이슬람에 짓밟힐 것을 우려했다. 이슬람이 황금사과를 먹게 되면 로마가 무너지고 성스러운 교회가 무너지는 도미노를 걱정했다. 로마 교황청이 전쟁 자금을 대겠다고 나섰다. 이슬람에 대항하는 범가톨릭 연합군이 결성되었다. 오스만튀르크군은 가톨릭 연합 지원군이 도착하기 전에 비엔나를 함락하기 위해 총공세를 퍼부었지만, 뜻대로 되지 않았다. 이 역사적인 전투의 결과는 오스만튀르크의 패배로 끝났고, 가톨릭 연합군은 이슬람으로부터 유럽을 지켜냈다.

오스만튀르크는 터키로 이름을 바꿔 1923년 공화국을 수립한 이후 유럽 편입 정책을 추진해왔다. 유럽은 유럽연합(EU)과 같은 연합체 성격을 띠면서 정치, 경제, 사회적 연대를 강화해나고 있다. 터키 역시 EU 가입을 꾸준히 추진하고 있지만, 아직도 회원국이 아니다. 오스트리아가 결사 반대하기 때문이다. EU 회원국이 되기 위해서는 회원국 전원의 동의를 얻어야 한다. 오스트리아는 터키가 유럽이 아니라는 이유를 제기하고 있지만, 16, 17세기 오스만튀르크가 오스트리아 수도 비엔나를 두 차례 포위 공격한 사건 때문일 것이다. 오스트리아는 수세기의 세월이 지나도록 오스만튀르크가 저지른 침략을 잊지 못하고 있는 것이다. 사무친 원한은 대대손손 전해지기 마련이다. 이런 것을 구원(舊怨)이라고 하던가.

재미있는 일화가 있다. 오스만튀르크군은 비엔나 전투에서 성벽 아래 갱도를 파고 화약을 폭파시켰는데, 어느 제빵사가 지하실에 밀가루를 가지러 갔다가 폭파음을 듣고 수비군에 알려 오스만의 갱도 건설을 좌절시켰다고 한다. 제빵사는 오스만군을 축출한 영광을 후세에 전하기 위해 오스만튀르크의 상징인 초승달(crescent) 모양의 빵을 만들었다. 이 빵이 크루와상(croissant)의 유래라고 한다. 프랑스로 시집간 합스부르크 가문의 마리 앙투아네트도 비엔나에서 먹던 빵이 생각나 프랑스로 가져오게 해 크루와상이 파리에서 유명해졌다고 한다.

인류 역사는 종교와 뗄 수 없는 불가분의 관계를 맺고 있다. 불완전하고 유한한 생명체인 인간으로서는 종교의 힘에 의지해 일상생활의 번뇌와 고민을 해결하고 삶의 궁극적인 의미를 추구한다. 종교는 인간이 만든 최고의 정신문화요, 상징체계라고 할 수 있을 것이다. 문제는 종교가 세속적, 정치적 볼모가 되어 선과 악의 대결 구도로 치닫게 되면 극단적인 차별과 배제로 이어진다는 것이다. 어떤 종교는 선이 되고, 어떤 종교는 악이 되고 만다. 종교가 선과 악의 대결을 위한 무대를 제공한다. 나는 선이고 너는 악이라는 식의 이분법적인 종교야말로 갈등과 대립의 온상이 되고 만다. 인류 역사에서 다양한 원인으로 일어난 종교전쟁의 양상이 이를 방증한다. 무엇을 위한 종교이고, 누구를 위한 종교인가라고 묻고 싶다. 새뮤얼 헌팅턴이 인류 문명 충돌의 발단을 종교 간의 갈등과 대립으로 진단하는 것도 무리가 아닐 것이다. 인류는 종교가 지닌 근원적인 정체성, 즉 사랑과 관용 그리고 배려와 존중이라는 덕목을 실천할 때 비로소 인류의 미래를 담보할 수 있을 것이다.

📖 강인철. (2003). 《전쟁과 종교》. 한신대학교출판부.
　　염철현. (2021). 《현대인의 인문학》. 고려대출판문화원.
　　프리델, 에곤. (2015). 《르네상스와 종교개혁》. 변상출 옮김. 한국문화사.
　　플레넬, 에드위. (2005). 《정복자의 시선》. 김병욱 옮김. 마음산책.
　　한국종교문화연구소. (2016). 《우리에게 종교란 무엇인가》. 들녘.
　　헌팅턴, 새뮤얼. (1997). 《문명의 충돌》. 이희재 옮김. 김영사.
　　〈비엔나 전투 1683〉. (2013). 영화.

민주주의는 철옹성이 아니다
미국 대통령 선거의 교훈

민주주의는 인류 역사에서 검증된 최고의 정치 체제라고 한다. 이른바 대의민주주의는 국민의 대표를 통해 정치 행위의 정당성을 담보한다. 민주국가에서 대의(代議)라는 의미는 법률적으로 과반수를 의미한다. 과반수를 차지한 대통령, 지방자치단체장, 교육감, 국회의원이 전체 국민 또는 지역주민을 대표한다. 과반수 룰은 민주주의 운영을 위해 사회 구성원들이 약속한 정치 공학적 용어다.

대한민국에서 평화적인 정권교체나 정권 이양은 정상적인 정치 프로세스로 자리 잡았다. 불과 40여 년 전만 해도 군부 쿠데타 또는 불법 선거로 정권을 탈취하거나 정권을 유지하려는 초헌법적인 편법과 억지가 판을 쳤던 때도 있었다. 우리나라 민주주의 역사는 증명한다. 민주주의는 피를 먹고 자란다. 우리 역시 민주 제단에 숱한 피를 바치고 되찾은 항쟁의 민주주의다. 역사는 일천하지만 대한민국의 민주주의는 우리 국민의 자긍심이다. 정치판이 3류 소설만도 못하다고 하지만 미국의 2020년 선거 결과와 정권 이양 과정을 보면 한국 정치에서 정권교체만은 선진국이다.

2020년 이후 코로나 역병의 창궐로 세계가 공포와 불안에 떨고 있지만, 진즉 변이 바이러스가 미국 민주주의를 감염시켰다. 전 세계에 인권과 민주주의의 소프트파워를 수출하는 미국에서 대통령 선거와 정권교체를 놓고 보여준 폭력과 야만성은 세계 민주주의 역사에 오명을 남긴 대사건이었다. 국회 의사당에서 의원들끼리 폭력을 휘두르고 점거 농성을 하는 모습은 보았지만, 백주에 시민들이 의사당을 불법 점거하고 난동을 부리는 행태는 기억에 없다. 대부분 폭도는 도날드 트럼프 대통령(재임 2017~2021)을 지지하는 공화당 소속 당원이거나 현직 공화당 의원도 참가한 것으로 확인되었다. 미국 민주주의에 사망 선고를 내리는 날이었다.

어떤 정치체제도 완전할 수 없을 것이다. 인간 자체가 불완전한데 어떤 제도인들 완전하겠는가. 그런 점에서 인도의 총리를 지낸 자와할랄 네루(재임 1947~1964)의 통찰력은 돋보인다. "민주주의는 좋다. 다른 제도는 더 나쁘기 때문이다." 과거 그 어느 때보다 시민의 교육 수준이 높고 의식이 깨어있다고 하는 21세기에도 민주국가의 대통령이 권력을 남용하거나 사유화하면 왕이나 황제와 같은 존재가 된다. 헌법에서 임기가 보장된 선출직 대통령의 무소불위의 행동을 저지하기도 어렵다. 삼권분립이 헌법에 정해져 있더라도 현실적으로 대통령의 독주, 독재, 독선에 브레이크를 걸기 어려운 구조다. 미국의 민주주의는 트럼프라는 정치적 아웃사이더를 통해 혹독한 학습을 했다. 미국만이 아니라 민주주의 자체가 나약한 실체라는 것을 확인했다.

미국 민주주의가 검증의 도마 위에 오르는 데에는 트럼프 탓만은 아니라고 본다. 트럼프가 그만의 정치적 행위를 하도록 만든 모든 미국인이 그 원인을 제공한 것이다. 정치인은 유권자의 표를 자양분으로 한다. 셀프 이임식에서 트럼프는 이렇게 말했다. "어떤 형태로든 다시 돌아올 것이다." 7천 4백만 표를 획득하고도 패배한 정치인이 느끼는 유혹이다. 트럼프 같은 성격의 소유자가 패배를 쉽게 인정하기에는 너무 많은 표일 것이다. 당나라 태종 이세민이 후임 왕세자에게 남긴 어록이다. "국왕은 깊은 바다 위에 떠 있는 배다. 깊은 바다는 백성이고 백성이 바닷물을 출렁이면 떠 있는 배는 가라앉는다." 예나 지금이나, 민주국가든 왕조시대든 변함없이 적용되는 진리가 아닐까 싶다.

트럼프는 대통령직에서 물러났지만 그가 대통령 임기 4년에 걸쳐 배양한 트럼피즘(Trumpism)이라는 바이러스 숙주를 남겼다. 이 숙주가 얼마나 많은 사람을 감염시킬지 모른다. 이 숙주는 사람이 모인 곳에서 비말을 통해 전염시키는 것이 아니다. SNS 등 인간이 만든 네트워크를 타고 전 세계로 빠르게 확산된다. 생물학적 코로나 바이러스와 이념적 트럼피즘 바이러스가 미국 민주주의를 시험대에 올려놓았다. 트럼피즘의 숙주는 분노, 증오, 분열, 갈등, 극단주의, 불법, 폭력, 폐쇄성, 혼란이라는 여러 이름으로 변이를 일으킨다. 변이 속도가 빠르고 독성이 강해 퇴치하기란 쉽지 않다. 트럼피즘의 숙주는 2022년 2월 러시아가 우크라이나를 침략했을 때도 그 강력한 독성을 드러냈다. 트럼프는 전쟁을 일으킨 침략자 푸틴 대통령에게 "이건 천재적이야. 이게 얼마나 똑똑한 거냐. 요령있는 친구야"라고 말했다고 한다. 트럼프는 푸틴 대통령이 전날 우크라이나 동부 친러 반군이 장악한 지역 두 곳, 도네츠크와 루간스크의 독립을 승인하고 해당 지역에 '평화 유지'를 명분으로 러시아군을 진입시킨 것을 두고 한 말이었다(박현영, 2022).

통합과 치유를 최우선의 국정 과제로 설정한 바이든 행정부에게 기대는 하지만 이 바이러스를 퇴치하는 것은 쉽지 않을 것이다. 트럼프의 최대 치적은 250년 역사의 미국 민주주의가 앓고 있었던 증상들을 세상에 들춰낸 것이다. 어둠 속에서 때를 기다리던 미국 민주주의의 좀비들을 전 지구적으로 알린 것이다.

미국은 모자이크와 태피스트리의 이민 국가이다. 다원성과 다양성이 국가 발전의 근원이고 통합의 구심점이다. 이런 국가에서 미국 우선주의(America First)와 같은 일방통행적이고 폐쇄적인 이념적 틀이 국정철학이 되는 순간 그것은 이념의 올가미가 되어버린다. 역사의 소중한 교훈이다. 지도자의 확증 편향과 권력의 사유화가 초래하는 비극은 한순간에 국가의 정체성과 도덕적 정당성을 송두리째 짓밟는다. 민주 시민이라면 국민을 이념으로 편 가르고 민감한 이슈를 꺼내 증오와 분노를 부추기는 지도자에게 표를 주지 말아야 한다. 나치 정권도 독일 국민의 선택으로 집권했음을 잊지 말아야 할 것이다. 하기야 미국 민주주의의 위기를 논하면서도 진즉 걱정되는 것은 우리나라 민주주의다. 세계 어느 나라 정치인이든 가장 나쁜 행동은 국민을 갈라치기 하고 편 가르기를 하는 것이다. 갈라치기와 편 가르기의 결과는 이념, 지역, 정파, 계층 간의 갈등과 대립으로 귀결되고 사회통합은 물 건너가고 만다. 한편으론 정치인이 선거철이 되면 자기에게 유리한 선거 구도를 만들기 위해 정략적으로 편 가르기를 하는 것은 이

해되지만, 그 정도가 임계량을 넘는 순간 사회에 끼치는 해악은 이루 말할 수 없는 것이다.

민주주의는 나약하고 깨지기 쉬운 유리 같다. 민주국가의 시민들이 눈을 부릅뜨고 지키고 보호하지 않으면 민주주의 성채(城砦)는 무너지고 부서져 버린다. 민주주의는 철옹성이 아니다. 곳곳이 허물어지고 뚫린 민주주의 성채를 대대적으로 수리할 때이다. 민주주의에 대한 돌봄(Caring for Democracy)이 필요하다. 2021년 독일의 메르켈 총리는 '통독 30주년 기념 연설'에서 이렇게 말했다. "민주주의는 그냥 주어지는 것이 아니다. 우리는 그것과 함께 살고 그것을 보호하기 위해 매일 노력해야 한다." 텃밭에 심어 놓은 식물을 매일 들여다보고 물을 주고 잡초를 뽑아주는 것처럼 민주주의도 관리와 보호가 필요하다.

2021년 1월 바이든 대통령은 취임 연설에서 1863년 링컨 대통령이 노예해방선언에 서명한 뒤 남긴 어록을 인용했다. "내 이름이 역사에 남는다면 노예해방선언 때문일 것이다. 내 모든 영혼이 이 선언문에 담겨있다." 바이든 대통령도 "지금은 치유의 시간이며 미국인과 국가를 통합하는 데 자신의 모든 영혼을 바치겠다"라고 다짐했다. 바이든 행정부가 통합과 치유의 백신 접종에 성공하기 바란다. 세계 민주주의를 위한 백신이기도 하다.

22세 흑인 청년 계관 시인 아멘다 고먼(Amanda Gorman)은 바이든 대통령 취임을 축하하는 축시 〈우리가 오를 언덕〉에서 이렇게 낭독했다. "빛은 항상 존재한다. 우리가 그 빛을 보려는 용기, 그 빛이 되려고 하는 용기만 있다면…"

For there is always light,

if only we're brave enough to see it,

if only we're brave enough to be it.

젊은 시인은 시적 은유를 통해 민주주의의 위기에 대한 처방전을 내놓았다. 기성세대, 특히 정치인들은 부끄러워해야 한다. 그들은 민주주의의 성채를 지키는 것보다 더 많은 권력을 차지하는 데에 관심이 있다. 빛은 문제를 푸는 열쇠이며 해결책이다. 빛이 항상 존재하듯 문제에 대한 해결책 또한 항상 있기 마련이다. 그러기 위해서는 빛을 직시하듯 문제를 정면에서 맞닥뜨려 해결하려는 담대한 용기가 필요하다. 이때 용기란 대중을 유혹하는 포퓰리즘이나 만용이 아니다. 거짓과 위선으로 선동 정치를 일삼는 트럼피즘은 더더구나 아니다. 대자연의 질서 앞에서 인간의 불완전함과 부족함을 인정하는 겸허함과 지혜를 갈구할 수 있는 용기, 민주주의에 대한 확고한 철학과 신념을 가지고 국민을 하나로 통합하여 대의로 나아가게 하는 용기를 말한다.

민주주의의 성채를 지키려는 지도자는 "나를 당신의 도구로 써주소서. 미움이 있는 곳에 사랑을 다툼이 있는 곳에 용서를 분열이 있는 곳에 일치를 (중략) 우리는 줌으로써 받고 용서함으로써 용서받고…"라는 '성 프란체스코의 평화를 위한 기도문'을 호주머니에 넣고 다닐 필요가 있다. 기도문에 등장하는 평화, 사랑, 용서, 일치, 진리, 희망, 기쁨, 위로, 희생 등의 단어는 민주주의의 성채를 굳건하게 만드는 요소이면서 민주시민이 인간의 존엄성을 지키기 위해 필요한 가치들이

아니겠는가. 빛이 되려 하고 그 빛을 보려는 용기를 가진 지도자가 절
실하다.

📖 한승주. (2021). 《한국에 외교가 있는가》. 올림.
　　박현영. (2022). 《중앙일보》. 〈우크라 침공 푸틴에 … "천재, 매우 요령
　　　　있다" 이런 말한 트럼프〉. 2월 23일.

미국 민주주의의 위기
미국만의 문제인가?

미국 대통령 선거는 4년마다 실시되고 대통령은 1회 연임이 가능하다. 프랭클린 D. 루스벨트(재임 1933~1945) 이후 3회 연임을 금지했다. 루스벨트가 무려 4회 연속 대통령에 당선되는 바람에 수정헌법 제22조에서 대통령 임기를 '4년 중임제'로 규정하기에 이르렀다. 이 헌법 조항에 따라 현직 대통령은 4년을 하고, '차기 대선' 혹은 '차차기 대선'에 나설 수 있다. '차기 대선' 도전을 하지 않고 건너뛰어서 '차차기 대선' 도전도 가능하다. 임기 4년, 1회 중임으로 총 8년 재임이 가능한 미국 대통령제에서 만약 현직 대통령이 재선하지 못하고 '단임'으로 끝나는 것은 곧 '굴욕'이라는 등식이 성립할 정도로 대통령에게나 국민에게나 큰 충격을 주는 사건이라고 한다. 단임으로 끝난 대통령에게는 '단임'이라는 낙인이 평생을 따라다니며 심한 경우에는 우울증에 걸린다는 보고도 있다(정미경, 2020). 역사적으로 연임에 성공하지 못한 대통령은 포드, 카터, 아버지 부시, 트럼프 정도다.

2020년 11월 3일 실시된 미국 대통령 선거는 역대급으로 논란이 많았다. 이 선거는 미국 민주주의를 위기로 몰아넣었고 '민주주의'라는 시스템이 한순간에 무너질 수 있다는 위기감을 느끼게 했다. 더구나 미국 민주주의의 위기를 보면서 그동안 미국은 자유민주주의 국가를 대표하여 전 세계에 민주주의가 추구하는 보편적 가치로서 자유와 인권을 전파, 보급하는 데 첨병의 역할을 자임해왔다는 점에서 커다란 충격이 아닐 수 없었다.

미국 민주주의를 위기에 빠트린 근본적인 원인은 무엇인가? 저자는 민주주의의 전통을 부정한 것에서 그 원인을 찾았다. 민주주의의 전통이란 무엇인가? 최우선으로 꼽을 수 있는 것은 바로 승복(承服)의 문화다. 승복연설은 패자가 패배를 인정하고 승자에게 축하를 보내고 분열된 국민의 마음을 한 곳으로 모으는 중요한 의식이다. 패자의 승복문화 전통이 이어져 오다가 공화당 소속 트럼프 대통령과 민주당의 바이든 후보 대선 후에 단절되었고, 이 전통의 단절은 곧 미국 민주주의를 위태롭게 만들었다.

2000년 12월 조지 W. 부시(재임 2001~2009) 공화당 후보와의 대결에서 패배한 민주당의 앨 고어 후보가 패배를 인정하는 모습이 눈에 선하다. 고어는 "이제는 하나로 뭉칩시다!"라는 말로 선거 후의 분열과 갈등을 털어내고자 했다. 현직 부통령이었던 고어 후보의 입장에서는 선거 개표 결과에 대해 억울하게 생각할 점들이 많았던 선거였다. 그는 선거 결과를 놓고 지루한 법정 싸움을 그만두고 깨끗하게 승복했다.

2008년 11월 공화당 대선 후보였던 존 매케인(1936~2018) 후보는 민주당 버락 오바마 후보에게 패배했을 때 이렇게 말했다. "친구들,

긴 여행이 끝났다. 미국인의 뜻은 확고했다. 조금 전 오바마 당선자에게 전화를 걸어 우리 둘 다 사랑하는 이 나라의 차기 대통령으로 선출된 것을 축하했다. 오바마를 축하해줄 뿐 아니라 그가 필요한 화합을 찾을 수 있도록, 우리의 아들딸과 손자 손녀들에게 우리가 물려받은 나라보다 더 나은 나라를 물려줄 수 있도록 오바마에게 우리의 선의와 노력을 보내자. 오늘밤 여러분이 실망하는 건 당연하다. 하지만 내일은 그걸 넘어서야 한다"(박영한, 2020). 이만하면 모범적인 승복연설이다. 2008년 미국 대통령 선거는 백인 후보와 흑인 후보와의 대결로 그 어느 때보다도 많은 관심을 받았다. 선거 유세 중에 매케인 지지자가 "오바마는 믿을 수 없는 아랍인"이라고 비난했을 때, "아닙니다. 그분은 훌륭한 가장이자 시민이고, 우리는 다만 정책적 입장이 다를 뿐입니다"라고 대답했다. 고품격의 정치이고 모범적인 선거방식이다. 상대방에 대한 인신공격을 지양하고 정책으로 승부하는 것이다. 정치인으로서 매케인의 품격과 인간 매케인의 인품이 고스란히 드러났다.

선거 종료 후 패배자가 국민 앞에서 패배를 깨끗이 인정하는 승복연설은 대선 과정에서 분열된 민심의 상처를 치유하는 데 도움이 된다. 선거 과정에서는 한 표라도 더 얻기 위해 상대방의 흠집을 들춰내고 말도 되지 않은 행동을 하지만 선거 후에는 언제 그랬느냐는 듯해야 한다. 그게 성숙한 민주국가이고 민주시민이다. 과열된 지지자들을 일상으로 돌려보낼 대의는 패배자가 패배를 깨끗하게 인정하는 것이다. 지지했던 후보가 패배를 인정하고 승복을 하는 마당에 지지자들은 더는 싸울 대의가 없고 평상을 되찾게 된다. 그래서 민주국가에서 패자가 결과에 대해 승복하는 것은 국가 지도자의 중요한 덕목이고 정치인이 가져야 할 기본 양심이다. 그것도 타이밍을 잘 맞춰야 효과가 있다. 미국 민주주의의 위기를 초래한 첫 단추는 이 승복 문화의 오작동에서 비롯되었다고 생각한다.

오히려 민주주의의 후발 주자이고 그 역사가 짧은 우리나라 대통령 선거에서 패배자의 승복 문화가 자리 잡고 있다. 'K-민주주의'라고 부르면 섣부른가 싶다. 2022년 3월 9일 치러진 20대 대통령 선거에서 민주당 이재명 후보와 국민의힘 윤석열 후보가 치열한 대접전을 벌였지만, 결과적으로 윤 후보가 초박빙으로 당선되었다. 불과 0.73% 차이로 역대 대통령 직선제에서 가장 득표 차이가 적었다. 이 후보는 국민 앞에 패배를 인정하면서 모든 것은 자신의 부족함 때문이라고 발표했다. 그러면서 당선인에게 분열과 갈등을 치유하고 통합으로 나아가자고 당부했다. 초박빙의 상황에서 쉽지 않은 용기이며 결단이라고 생각한다. 이 후보는 갈등을 부추기는 배제의 언어가 아니라 통합을 추구하는 소통의 언어를 구사했다. 아름다운 패배자의 본보기를 보여주었다. 승리자 역시 패배자에게 위로를 말을 전하는 것을 잊지 않았다. 가는 말이 고와야 오는 말도 고운 법이고, 내뱉은 말은 다시 자신에게 돌아오기 마련이다.

이제 대선에서 패배자가 승복연설을 하는 것은 우리나라 선거문화와 정치문화로 정착되었다. 15대 대선에서 김대중 후보와 이회장 후보, 16대 대선에서 노무현 후보와 이회창 후보, 17대 대선에서 이명박 후보와 정동영 후보, 18대 대선에서 박근혜 후보와 문재인 후보, 그리고 19대 대선에서 문재인 후보와 홍준표 후보가 서로 경쟁했지만, 패배자는 한결같이 깨끗하게 승복했다. 현직 문재인 대통령도 윤석열 당선인에게 축하 전화와 함께 축하 난을 보냈다. 서로에 대한 이런 배려는 선거로 진영이 갈리었던 지지자들의 마음을 치유하고 분열과 갈등을 풀고 통합의 길로 나아가는 모멘텀이 된다. 또 중요한 것은 패배자가 어떤 언어를 사용하여 승복연설을 하느냐도 중요하다. 트럼프처럼 승복하기는커녕 분열과 선동과 파괴의 언어를 구사하면 지지자들도 그 언어에 맞는 행동을 하기 마련이다.

예를 들어 보자. 1860년 대선에서 에이브러햄 링컨과 대결하여 패했던 스티븐 더글라스 후보의 이야기다. 대선에서 노예제 폐지를 내건 에이브러햄 링컨이 승리하자, 민주당의 스티븐 더글러스 후보는 "모든 당파적 이해를 내려놓자"라며 승복을 선언했다. 그런데 그는 남부에 가서는 딴 이야기를 했다. 남부 지지층을 향해 "링컨 대통령(재임 1861~1865)의 취임이라는 모욕을 받아들이지 말자"라고 했다. 이 분열과 불복의 메시지는 남북전쟁이라는 내전의 원인이 되었다. 더글라스는 워싱턴에서는 패배에 승복하는 연설을 했지만, 노예제를 찬성하는 남부로 돌아가서는 분열의 심지에 불을 붙였다. 정치인의 한마디는 수백만의 생명을 앗아가는 무서운 전염병이 될 수 있다.

2016년 도날드 트럼프(재임 2017~2021)가 미국 대통령에 당선되었을 때만 해도 미국 사회는 그를 기성 정치의 '이단아'로 받아들이고 그의 기행과 궤변과 독선을 이해하는 분위기였다. 당시 그의 좌충우돌식 언어와 행동은 분열과 파당 정치에 염증이 난 국민에게는 용기 있고 솔직한 표현으로 받아들이기도 했다. 트럼프 행정부가 국정운영의 핵심가치로 삼았던 '미국 우선주의(America First)'에 대해서도 민주당은 겉으로 표현을 하지 않아서 그렇지 내심 바라던 점도 있었다. 특히 중국과의 무역 전쟁에서는 상대의 치부를 들춰내고 치고 빠지는 트럼프식의 정치술과 부동산 비즈니스에서 갈고닦은 노련한 상술이 통하기도 했다.

대통령 4년 임기를 마친 트럼프는 미국 민주주의의 악성 종양으로 등장했다. 예고된 중병이나 마찬가지였다. 그가 집권한 지난 4년을 돌아보면 미국 사회는 과거의 미국이 아니었다. 비정상이 마치 정상인 것처럼 보였다. 이념, 정파, 당파, 연령, 지역, 인종, 종교가 편이 갈리고 진영에 따라 갈기갈기 찢겼다. 광활한 국토가 증오와 분노로 채워진 공간으로 돌변했다. 종양이 온몸으로 전이되어 다른 장기를 망치듯, 미국 사회 곳곳에 침투하여 전이되었다. 미국은 민주주의와 인권의 수출국이다. 지금은 반대로 수입국에서 미국의 민주주의를 걱정한다.

혹자는 미국 사회를 '소송사회(litigious society)'로 규정한다. 툭하면 소송으로 문제를 해결하는 법만능주의 문화를 빗댄 표현이다. 오죽하면 변호사와 친구 하지 말라고 하겠는가. 변호사가 수임료가 적어지면 친구를 유혹해 소송을 걸게 하기 때문이다. 트럼프는 바이든 후보와의 대선을 치르면서 경합 주로 꼽히는 펜실베이니아, 조지아, 애리조나 주 등에서 자신에게 불리하게 돌아갔을 때 무더기로 소송을 제기했다. 예정된 수순이지만 설마설마했다. 아무리 비상식적인 트럼프지만 마지막 순간에는 승복의 전통을 지킬 줄 알았다. 그는 마지막 순간까지 대통령의 권력을 동원하여 상황을 자신에게 유리하게 만들려고 수단과 방법을 가리지 않았다.

미국은 주권(州權)을 존중하는 연방국가이다. 연방 대통령은 합중국을 대표한다. 미합중국은 50개 주(州)마다 각각의 고유한 문화적 전통과 특수성을 존중하면서 유지된다. 대선에 따른 투표도 주법에 명시되어 있다. 주민(州民)은 주법에 따라 투표한다. 투표는 민심이고 민심은 정치에 반영된다. 그게 민주주의다. 트럼프는 연방대법원을 믿었던 것 같다. 트럼프 대통령 임기 중에 대법원 판사들의 성향은 보수 쪽으로 기울었다. 트럼프는 진보의 아이콘으로 불리던 루스 B. 긴즈버그 대법관(재임 1993~2020)의 서거 후 그 자리에 보수성향의 에이미 코니 베럿 판사를 임명했다. 보수가 우위를 점하는 연방대법원을 믿고 대선 결과 불복 시나리오를 짰다는 말이 설득력을 갖는 이유다. 민주주의의 최대의 적인 권력을 사유화하려는 시도를 한 것이다.

국가에서 민주주의를 작동시키는 기본 원리는 삼권 분립이다. 입법, 사법, 행정이 견제와 균형(check and balance)을 이뤄야 건강하고 지속 가능한 민주주의가 유지된다. 미국 민주주의 위기의 단초는 견제와 균형의 역학구도가 예전만큼 작동하지 않는 데서 찾을 수 있다. 입법부는 철저히 파당적이다. 싸울 땐 싸우더라도 국익에 관한 한 머리를 맞대고 진지한 논쟁을 통해 합리적인 의사결정을 하던 전통이 퇴색하고 있다. 사법부 역시 정치가 덮고 있다. 진영논리에 따라 재판의 최종 판결을 예상할 수 있다. 행정부는 말할 것도 없다. 대통령은 국가를 대표하고 상징하며 통합의 구심점이다. 트럼프는 대통령 임기 내내 분열을 치유하고 화합을 위해 밤낮을 뛰어다녀도 시원찮을 판에 분열을 부추기고 선동을 일삼았다.

2020년 11월 전 세계가 자유, 인권, 민주주의를 수출하는 국가인 미국의 대선 과정과 결과를 지켜보았다. 한쪽에선 투개표의 불법과 부정을 주장하고, 다른 쪽에선 현직 대통령을 집무실에서 끄집어내겠다고 위협했다. 정치 후진국에서나 나올 법한 말이 쏟아지는 곳이 바로 미국의 모습이다. 급기야는 트럼프 지지자들이 대통령 당선을 확정 짓는 연방의회를 점령하는 초유의 사태까지 발생했다. 바바라 터크먼은 저서 《독선과 아집의 역사》에서 존 애덤스 대통령(재임 1797~1801)의 말을 인용하여 질문을 던지고 답을 제시한다. "왜 다른 모든 과학은 진보하고 있는데도 정치만은 옛날 그대로일까?" "권력에 눈먼 통치자가 독선과 아집에 빠져 나라를 망치기 때문이다." 지도자의 독선과 아집은 만성질환이다. 트럼프야말로 전형적인 독선과 아집의 만성질환자다. 분열과 파괴의 바이러스가 트럼프와 그를 추종하는 미국인들을 전염시켰다. 미국인들의 마음에 똬리를 틀고 있는 바이러스는 2024년 미국 대선과 그 이후에도 다시 창궐할 가능성이 크다고 생각하면 우울하다. 지도자의 독선과 아집의 문제는 미국만의 문제도 아닌 전 세계의 문제다.

그래서 미국 민주주의 위기는 문명사적 위기다. 유발 하라리는 "인간은 권력을 획득하는 데는 능하지만, 그 권력을 행복으로 전환하는 데는 능하지 않다"라고 지적했다. 권력은 권력자의 사유물이 아니다. 권력은 국민으로부터 나오고 그 권력은 국민의 행복을 위해 행사되어야 한다. 최근 미국인 중에는 이민을 생각하는 사람들이 많다고 한다. 미국 민주주의의 위기는 이 나라만의 문제가 아니다. 위기는 어느 나라에나 잠복되어 있다. 인간의 이기심과 분노와 증오를 부추기는 지도자를 뽑지 않아야 하는 이유이다.

터크먼, 바바라. (2019). 《독선과 아집의 역사》. 조민·조석현 옮김. 자작나무.

하라리, 유발. (2015). 《사피엔스》. 조현욱 옮김. 김영사.

박영환. (2020). 《경향신문》. 〈매케인의 승복 연설〉. 11월 9일.

박원호. (2018). 《중앙일보》. 〈정치인은 어떤 이름을 남기는가〉. 9월 14일.

정미경. (2020). 《동아일보》. 〈연임에 실패한 美대통령들의 굴욕사〉. 10월 21일.

《미국 헌법》. 〈수정 제22조〉.

역사의 진실은 묻을 수 없다
명성황후 시해 추정 편지

"역사란 역사가와 사실 사이의 상호작용의 부단한 과정이며 현재와 과거와의 끊임없는 대화이기도 하다."(카, 1992: 28) 그렇다면 어떻게 현재와 과거는 끊임없이 대화를 할 것인가? 현재의 역사가가 과거의 역사적 사실과 대화할 수 있는 방법은 당대 사람들이 쓴 기록에 의존하는 것이다. 그래서 역사란 기록의 산물이다. 그런 점에서 1997년 유네스코 세계기록유산으로 등재된《조선왕조실록》은 기록의 진수라할 수 있다. 《조선왕조실록》은 반드시 해당 왕의 사후에 편찬되었으며, 임금이라도 《실록》을 열람할 수 없었다. 기록의 공정성과 객관성을 생명으로 여겼기 때문이다. 우리 선조들처럼 역사 정신에 투철한 민족도 드물 것이다.

　최근 1895년 10월 8일 조선의 명성황후(1851~1895) 시해에 직접 가담했던 일본 외교관 호리구치 구마이치(堀口九万一, 1865~1945)가 고향 친구 다케이시 사다마스(武石貞松)에게 보낸 편지가 발견되었다. 발견된 편지는 1894년 11일 17일과 1895년 10월 18일 사이에 작성된

총 8통인데, 이 중 시해 다음 날인 1895년 10월 9일 작성된 여섯 번째 편지에 당시 현장 상황이 상세하게 기록되어 있는 것으로 밝혀졌다. 일본《아사히신문》은 호리구치가 편지에서 "우리가 왕비를 죽였다"라며 황후 시해 사건에 대해 상세히 적었다고 보도했다(조기원, 2021). 또 편지에서 "나는 진입을 담당했다. 담을 넘어 (중략) 간신히 오쿠고텐(奧御殿 저택 뒤쪽의 침전과 여성 공간을 가리키는 일본어)에 이르러 왕비를 시해했다. 생각보다 간단해 오히려 놀랐다."(이영희·박형수, 2021) 이 편지는 명성황후 시해 사건과 관련하여 일본 정부의 관여를 확인해줄 수 있는 매우 중요한 단서가 될 것으로 보인다. 그동안 일본 정부는 명성황후 시해 사건은 흥선대원군의 뜻에 따라 일본인이 도운 것이며, 실행단은 낭인 등 민간이었다고 주장해왔다.

왕조 국가의 왕비(시해 당시는 왕비였으며 1897년 황후로 추존함)를 시해한 행위는 엄청난 사건이다. 정상적인 국가였다면 전쟁도 불사했을 것이다. 그러나 19세기 말 조선의 형편은 사건의 진상을 제대로 조사할 수도 '일본의 짓이다'라고 따져 물을 수도 없는 몰락한 왕조의 냄새를 풍겼다. 시해당한 왕비의 장례식도 바로 치르지 못하고 그로부터 2년이 지난 1897년 11월 21~22일에 거행되었을 정도다(헐버트, 2019). 을미년(1895) 10월에 일어난 이 시해 사건은 일본 정부와 일본 군부의 사전 계획과 비호 아래 주한 일본 전권공사 미우라 고로(三浦梧樓)의 지휘로 일본 군대, 공사관 및 영사관 직원, 순사, '장사'라 자칭하는 민간인들이 경복궁을 습격해 명성황후를 시해하고 시신을 불태우고 훼손한 사건이다. 전형적인 국가 주도 범죄다. 당시 주한영사 우치다 사다쓰치가 기록으로 남긴 증언이다.

그 유해는 왕궁 안의 우물에 던져졌는데, 그렇게 하면 즉시 범죄의 흔적이 발견될 것으로 염려가 되어 다시 유해를 꺼내 왕궁 안의 소나무 숲에서 석유를 붓고 태웠다. 그래도 여전히 걱정이 돼서 이 번에는 연못 속에 던졌지만 가라앉지 않아서 다시 그 다음날인가 연못에서 건져내어 소나무 숲에 묻었다(김문자, 2011: 306).

왕비 시해 사건은 청·일전쟁 이후 일본의 동아시아 침략 정책과 관련된다. 청·일전쟁(1894~1895)은 일본이 오랫동안 준비한 대륙침략 전쟁이었다. 한반도를 거점으로 중국을 비롯한 동아시아에서 패권을 차지하려는 야욕을 드러낸 전쟁이었다. 이 전쟁에서 승리한 일본은 청나라와 강화조약(시모노세키 조약)을 체결하여 막대한 배상금은 물론 요동반도와 대만 등을 할양받았다. 중국은 아편전쟁(1차 1840~1842, 2차 1856~1860)에서 유럽에 패배하고, 청·일전쟁에서 일본에 연달아 패배함에 따라 동아시아 패권국으로서 지위를 완전히 상실했다.

청·일전쟁으로 일본은 그동안 중국이 지배해 온 동아시아에서의 패권을 장악하게 된 계기가 되었다. 일본은 기고만장하여 중국을 조선에서 몰아내고 조선의 내정에 더 적극적으로 간섭할 기회를 잡았다고 생각했지만, 뜻밖에도 러시아, 독일, 프랑스가 일본의 급부상을 경계하기 시작했다. 유럽 삼국의 간섭이 시작되었다. 수세에 몰리게 된 일본은 조선 침략 전략에 차질을 빚게 되었다. 이때 조선은 친러배일 정책으로 전환하려고 하였다. 궁지에 몰린 일본은 친러배일 정책의 핵심 인물로 지목한 왕비 민씨를 제거하고자 하였다. 일본의 입장에서는 왕비 민씨가 일본의 최대 장애물이었다. 일본 수상 이토 히로부미(伊藤博文, 1841~1909)는 직업군인 미우라 고로를 주한 일본 공사로 임명하고 민씨 제거 임무를 부여하였다(서기원, 1997).

일본 정부와 미우라 공사가 왕비 시해 사건을 은폐한 뒤 친일 세력을 조종하여 왕비를 폐비해 서인으로 강등하도록 요구한 것을 보면 저들이 얼마나 흉악하고 잔인무도한지 알 수 있다. 그들은 왕비의 시신을 소각한 사실을 은폐하고 태연하게 이 세상에 존재하지 않는 왕비에게 죄명을 씌웠다. 왕비의 죄명은 조정의 기강을 문란하게 하고 왕실을 위험에 빠뜨리게 하였다는 것이다. 조선 조정에서는 이런 극악무도하고 파렴치한 흉계를 눈치채지 못하고 일본과 친일 세력이 의도한 대로 왕비 폐위를 허락하는 칙령을 발표하기도 했다. 조정에서는 왕비 시해 사건 후 한참 후에야 폐위 칙령을 철회하고 사건을 조사하도록 하였다(헐버트, 2019: 163-186). 당시 조선 조정의 사정이 이러했다.

인간은 기록하는 본능이 있다. 기록 본능은 인간을 다른 동물과 차별되게 하는 것으로 이 본능이야말로 오늘날 인류의 문명과 문화를 고도화시킨 일등공신이다. 기록은 인류 역사를 선사와 유사를 가르는 기준이다. 기록은 벽면, 죽간, 비단, 비석, 파피루스, 종이 등에 기록하는 아날로그 방식에서부터 첨단기술을 이용한 디지털 방식 등의 다양한 형태로 나타난다. 과거와 현재가 끊임없이 대화할 수 있는 것도 바로 이런 인간의 기록물이 있기에 가능한 일이다. 각각의 기록은 한 편의 이야기이다. 그 이야기는 다른 것들과 엮여 하나의 기록의 역사를 형성한다(크리스텐슨, 2016). 호리구치가 고향 친구에게 보낸 편지는 조선 왕비의 시해 사건을 밝히는 매우 중요한 기록이다. 이 기록을 두고 일본의 반응이 궁금하다. 이제까지 그랬듯이 시해 당시 외교관이었던 호리구치를 일개 민간인으로 유체 이탈시켜 변명할 것인가?

사실 일본의 역사 날조와 왜곡은 유명하다. 영어 격언에도 'One lie makes many'라는 말이 있다. 거짓말을 한 번 하기 시작하면 계속될 수밖에 없는 것이다. 1981년 고고학자 후지무라 신이치(藤村新一)는 유적 발굴 현장 근처에서 주워 온 돌을 4만 년 전의 석기로 둔갑시켜 일본 열도의 역사가 종전의 학설보다 훨씬 더 오래되었다고 주장했다. 일본 열도는 이 유물의 발굴로 열광했지만, 이내 유물을 날조했다는 것이 드러났다(채명석, 2001). 이러니 국제사회에서 일본 고고학회를 신뢰하지 못한다고 한다. 2000년 일본의 모 신문사가 유물 발굴 현장에 몰래카메라를 설치하여 후지무라가 유물을 땅에 파묻는 모습을 잡았다. 그는 유물을 묻어뒀다 다시 캐내는 방식으로 사람들을 속이면서 역사를 왜곡한 것이다(고은별, 2019). 인류 역사를 상대로 벌인 희대의 사기극이지만 이러한 풍토는 역사를 날조하거나 왜곡, 미화하는 일본의 문화와 관련성이 결코 무관하지 않을 것이다. 일본이 우리나라 역사를 왜곡하고 자신의 역사를 미화하는 것도 우연이 아니라고 생각한다. 전염병보다 더 무서운 병이 거짓말하는 것이다. 그래서 '거짓말도 전염병 바이러스처럼 퍼뜨린다'라고 말하는 것이다.

오늘날 일본은 과거 역사와의 진정한 대화를 거부하고 있다. 역사 정신의 철저한 결여다. 거짓의 단추를 잘못 끼우게 되면 결국 거짓과 위선의 역사가 되고 만다. 역사는 국가의 정체성이고 민족의 혼이다. 일본이 계속하여 과거 역사와의 대화를 거부한다면 일본이란 나라는 거짓과 허위로 채워진 유령 공간이 되고 말 것이다. 개인이나 국가 모두 잘못할 수 있다. 문제는 그 잘못을 잘못이 아니라고 우기거나 곡해

할 때다. 부끄러운 역사를 덮는 순간 더 큰 문제에 봉착하게 된다. 국가의 자존감을 세우려다 오히려 모든 것이 무너져버린다. 역사의 진실을 묻을 수는 없다. 120여 년 전 조선 왕비 시해 사건에 가담한 일본 정부 외교관의 기록이 말해 주지 않는가. 과거와 화해해야 미래가 있다. 화해의 손길을 내밀 때 용서도 있는 법이다. 역사란 돌을 땅에 묻고 캐내는 사기극의 들러리가 아니라 사실의 토대 위에 진실이란 돌을 하나하나 쌓아가는 것이다.

📖 김동진. (2019). 《헐버트의 꿈 조선은 피어나리》. 참좋은 친구.

김문자. (2011). 《명성황후 시해와 일본인》. 김승일 옮김. 태학사.

서기원. (1997). 《대하역사소설 광화문 권7》. 대교.

카, E. H. (1992). 《역사란 무엇인가》. 서정일 옮김. 열음사.

크리스텐슨, 스콧. (2016). 《세상을 바꾼 100가지 문서》. 김지혜 옮김. 라의눈.

헐버트, 호머. (2019). 《대한제국멸망사》. 신복룡 옮김. 집문당.

고은별. (2019). 《동아사이언스》. 〈고고학자들도 속아 넘어간 희대의 사기극〉. 8월 17일.

이영희·박형수. (2021). 《중앙일보》. 〈"조선 왕비 죽였다" 시해 가담 일본 외교관 추정 편지 발견〉. 11월 17일.

조기원. (2021). 《한겨레》. 〈"왕비 시해, 간단했다" 일 외교관 가담 적힌 편지 발견〉. 11월 17일.

채명석. (2001). 《시사저널》. 〈속속 드러나는 유적 날조 … "4만년 전 일본은 없다"〉. 10월 23일.

永井靖二. (2021). 《아사히신문》. 〈外交官「王妃殺した」と手紙に126年前の関妃暗殺事件で新資料〉. 11월 16일.

메디치 효과
아이디어와 아이디어가 만나는 교차점

15세기 이탈리아 피렌체의 메디치 가문은 다양한 분야의 지식인과 기술자 그리고 문화예술인을 후원했다. 당대를 대표하는 조각가, 과학자, 시인, 철학자, 화가, 건축가 등은 메디치 가문(1400~1748)의 후원을 받았다. 그들은 서로의 강점을 교류, 협력하면서 자신들의 벽을 허물었고, 르네상스를 꽃피웠다. 메디치 가문은 레오나르도 다빈치, 미켈란젤로, 라파엘로, 단테, 보카치오, 페트라르카, 조토, 알베르티, 브루넬레스코, 마사초, 도나텔로, 미켈로초, 우첼로, 베로키오, 보티첼리, 마키아벨리, 갈릴레이 등 무수한 예술가와 사상가, 학자 등을 발굴하고 후원했다. 르네상스라는 인류 문명의 황금기는 수많은 생각과 아이디어들이 한 곳에서 만나는 교차점(intersection)에서 만개했다('꽃의 도시' 피렌체에서 르네상스의 꽃이 핀 것은 우연일까? 작명도 중요하다).

교차점에서 혁신적인 아이디어가 폭발적으로 증가한다. 메디치 효과(The Medici Effect)는 다양한 분야의 사람이 모이면 아이디어가 만나는 교차점이 생기고, 이들 아이디어가 서로 결합해 예상치 못한 혁신이 폭발적으로 일어나는 현상이다. 메디치 효과는 메디치 가문에서 유래한다.

6세기 전 르네상스 시대는 인류 역사상 가장 창의적이고 혁신적인 시대였다. 그들의 창의성과 독창성으로 만들어낸 성취는 인류가 지향해야 할 가치 기준이 되었다. 성취의 상당 부분은 메디치 가문의 후원이 있었기에 가능했다. 메디치 효과는 융복합의 새로운 이름이다.

현대에도 메디치 효과는 여전히 눈길을 사로잡는다. 첫째, 통신과 생태계의 결합이다. 모바일폰의 통화 품질은 기지국에 달려있다. 기지국이 많을수록 통신은 원활하다. 통신의 기지국은 개미의 네트워크에서 아이디어를 얻었다. 개미 집단은 먹이나 목표물을 찾을 때 탐색 전문 개미를 보내 가장 빠른 길을 찾게 한다. 탐색 개미는 먹이가 있는 길을 찾으면 강한 페로몬을 풍겨 흔적을 표시한다. 다른 개미들은 그 흔적을 찾아 먼 길을 갔다 집으로 돌아온다. 기지국은 개미가 페로몬을 풍긴 자리다. 둘째, 건축과 생태계의 결합이다. 아프리카 흰개미의 개미탑은 한낮에는 바닥에서 시원하고 축축한 바람을 진흙의 방으로 들여보내고, 밤이 되면 시원한 공기를 꼭대기 밖으로 내보내면서 내부 온도를 자동으로 조절한다. 새로운 통풍구를 꾸준히 만들거나 오래된 구멍을 막으면서 내부 온도를 일정하게 조절한다. 이런 흰개미의 자연 냉방 원리를 이용하여 짐바브웨 이스트게이트 센터(Eastgate Center)와 호주 멜버른 시의회 청사를 지었다. 건물 옥상에 수십 개의 통풍 구멍을 뚫고, 지표 아래도 구멍을 내서 찬 공기를 건물로 끌어들였다. 내부 온도는 24도를 유지하면서 다른 건물 에너지 소비량의 10%밖에 사용하지 않는다. 셋째, 레바논에서 호주로 이주한 여성인

자네티는 이슬람교의 전통 의상인 부르카와 비키니를 결합한 '부르키니'를 만들었다. 부르키니는 얼굴과 손발을 제외한 전신을 가린 무슬림 여성용 수영복이다. 이슬람 문화와 기독교 문화의 교차점에서 혁신적인 아이디어가 나온 것이다.

메디치 효과는 아이디어와 아이디어가 만나는 교차점에서 일어난다. 대학 강의실, 연구소, 실험실, 창업동아리, 브레인스토밍, 심지어는 일상의 대화에서도 가능하다. 르네상스 시대는 오늘날처럼 촘촘하게 연결되지도 과학기술이 발달하지도 않았다. 르네상스인들은 열린 마음으로 서로의 아이디어를 연결시켰다. 그 연결의 힘이 중세의 어둡고 긴 터널을 뚫고 나오게 하는 원동력이 되었다. 현대 사회는 사회관계망서비스(SNS), 인터넷 등 정보 고속도로의 교차점이 많다. 잘 닦아 놓은 교차점에서 기술과 도구와 열린 마음이 결합하면 제2, 3의 르네상스를 맞이할 것이다.

📖 영, G. F. (2018). 《메디치 가문 이야기》. 이길상 옮김. 현대지성.
요한손, 프란스. (2005). 《메디치 효과》. 김종식 옮김. 세종서적.

외교란 무엇인가?
영·일동맹의 불편한 데자뷔

외교란 무엇인가? 국가의 이익을 도모하기 위한 국가의 공적인 통치 행위다. 외교는 국가의 통치이념과 국익을 추구하는 데 필요한 고도의 통치술이며 소프트파워라고 할 수 있다. 냉전시대의 외교가 이데올로기를 준거로 적과 동지로 구분하였다면, 오늘날에는 인류의 보편적 가치와 이익을 함께 하는 세력들 간에 합종연횡을 하는 '가치 동맹'으로 진화하고 있다. 여기서 가치란 민주주의와 인권 신장, 자유 보호, 보편적 권리 옹호, 법치 존중 등이다.

　최근 영국과 일본이 긴밀한 협력 관계를 구축하고 있다. 영국과 일본은 1902년 동맹관계(Anglo－Japanese Alliance)를 구축한 적이 있다. 해양강국으로 세계를 호령하던 영국은 러시아의 남하 정책을 견제하기 위해 아시아의 패권을 노리던 일본과 동맹을 맺었다. 이 동맹은 동양과 서양이 체결한 최초의 군사협정으로서 청에서의 양국의 이권과 상업적, 산업적, 정치적으로 조선에서의 일본의 특별한 이권을 인정하는 것이었다(김영흠, 1988: 26). 두 나라는 섬나라라는 것과 탐욕으로 무장한 제국주의라는 두 가지의 공통점을 가지고 있었다.

일본은 메이지 유신 이후 유럽의 과학기술을 수입하는 데 혈안이 되었다. 일본은 아편전쟁 이전부터 중국 일변도에서 벗어나 네덜란드, 포르투갈 등 유럽 국가들과 활발한 교역을 하였다. 중화를 자처하는 중국이 종이호랑이에 불과하다는 것을 알아챘다. 막부에서 천황 체제로 내정을 정비한 후 구미 각국에 대규모 사절단을 파견했다. 영국에서는 선박 제조와 운영 기술과 같은 조선해양기술을, 독일로부터는 군사기술과 법률 시스템을, 네덜란드에서는 의학을 배웠다.

일본은 1905년 러·일전쟁에서 승리하였지만 당시 일본의 승리를 예측한 국가는 많지 않았다. 승리의 요인에는 영국과 같은 든든한 뒷배가 있었기에 가능했다. 영국은 일본이 러·일전쟁에 필요한 전비를 마련하기 위해 발행한 국채를 구입하고 일본 해군의 전력 향상을 위한 기술을 전폭적으로 지원해 주었다.

일본이 러·일전쟁에서 승리한 후 한반도를 강제 합병하고 식민지화할 수 있었던 것도 영국의 승인 아래 이루어졌다. 일본은 한반도를 강제 합병하기 위해 대국과의 외교관계를 수립하고 선제적으로 외풍을 차단했다. 미국과 비밀리에 〈가쓰라-태프트 조약〉도 체결하였다. 일본은 국제적으로 만에 하나 있을지 모를 문제에 대해 철저히 대비해놓았다. 하기야 한 국가를 빼앗는 일인데 얼마나 철저하게 준비에 준비를 거듭했겠는가. 조선은 이런 사정을 모르고 미국 정부의 도움을 바랐다. 미국을 백마 탄 왕자쯤으로 믿었던 모양이다. 믿는 도끼에 발등이 찍혔다. 한반도의 식민지화 과정에서 영국 정부는 일본에 실질적인 재정 및 군수 지원을 아끼지 않았다. 오히려 미국보다 더 적극

자료: 《르 피티 파이지앵》. (1904). 〈거인과 난쟁이의 전쟁〉. 4월 3일

적으로 일본의 한반도 병탄을 지원했다.

　러·일전쟁 개전 초기 프랑스 신문《르 쁘띠 빠리지엥》에 실린 만평을 보면 왜소한 일본인과 덩치가 3배쯤 되는 러시아인이 링에서 맞붙고 있다. 링 바닥엔 동북아시아 지도가 그려져 있다. 러시아인은 만주와 한반도 북부, 일본 선수는 한반도 남부를 밟고 있다. 관중석 앞줄에는 덩치가 큰 영국인이, 다음 줄엔 프랑스와 독일인이 앉아 있다.

그 다음 줄에 미국인이 서 있다. 중국인은 경기장에 들어오지도 못하고 장막 뒤에서 훔쳐보고 있다(선우정, 2021 재인용). 제국주의자들은 이 세계에 정글의 법칙을 적용하였고, 그들의 탐욕과 오만은 광기 그 자체였다.

일본과 영국은 제1차 세계대전 이후 사이가 틀어졌다. 제1차 세계대전에서 연합국의 일원으로서 일본은 유럽 전선에 참전하는 것보다는 군수용품을 제공하고 아시아에서 전리품을 챙기는 역할에 충실했다. 전쟁 특수를 한껏 누렸다. 세 차례에 걸쳐 갱신하던 영·일동맹은 1923년 공식 폐기되었다. 러시아가 소련으로 바뀌면서 만주와 한반도로 남하할 가능성이 줄어들었을 뿐 아니라 미국과 일본이 충돌할 경우 영국이 일본 편을 들기 어려워졌기 때문이다.

잠시 다산 정약용에 대한 이야기를 해보자. 다산은 유배 중일 때 큰아들 학연이 아버지의 해배(解配)를 위해서 아버지를 모함한 사람들에게도 편지를 보내고 싶다는 말을 들었다. 아버지를 구명하기 위한 아들의 효심에서 비롯되었을 것이다. 그때 다산은 아들에게 보낸 편지에서 자신의 의견을 보낸다. "시비(是非)와 이해(利害)라는 두 가지의 큰 저울(大衡)이 있다. 시비는 옳고 그름의 저울이고, 이해는 이로움과 해로움의 저울이다. 시비와 이해를 조합하게 되면 네 가지의 등급이 생긴다. 옳은 것을 지켜 이로움을 얻는 것이 가장 으뜸이고, 그다음은 옳은 것을 지키다가 해로움을 입는 것이다. 그 다음은 그릇됨을 따라가서 이로움을 얻는 것이며, 가장 낮은 것은 그릇됨을 따르다가 해로움을 불러들이는 것이다."(이덕일, 2017: 296-297) 제국주의 국가들이라도 세계사적인 문제에 대해 어떤 입장을 취하느냐에 따라 다른 결과를 빚게 된다. 일본은 비(非)와 해(害)를 따르다 전범국과 패전국의 불명예를 쓰게 되었고, 영국은 시(是)와 이(利)를 따르게 되면서 민주국가의 위상을 회복했다. 시비이해(是非利害)의 저울은 개인의 처세만이 아니라 국가의 지도자 역시 눈여겨보아야 할 중요한 원리라고 생각한다.

최근 영국과 일본이 다시 손을 잡고 있다. 동맹관계는 아니지만 강력한 파트너십을 구축하고 있다. 이번에는 중국의 남하를 견제하기 위해 의기투합했다. 상대하는 국가가 러시아에서 중국으로 바뀌었다. 영국의 항모 전단과 일본의 해상자위대는 남중국해와 동중국해에서 합동 군사훈련을 했다. 중국몽(中國夢)과 대국굴기(大國崛起)의 존재감을 과시하는 중국을 겨냥하고 있다.

역사는 반복되는 경향이 있다. 동북아시아에서 한·미동맹이니 미·일동맹이니 하는 말은 익숙해도 영국과 일본 함대의 합동 훈련은 생소하다. 일본은 중국에 대항하기 위한 4자 안보협력체 쿼드(미국, 인도, 호주, 일본)에 영국을 포함시켜 퀸텟(Quintet 5자 안보협력체)으로 확대하자고 주장한다. 영국은 기밀 정보를 공유하는 Five Eyes(미국, 영국, 캐나다, 호주, 뉴질랜드)에 일본을 참가시켜 Six Eyes로 개편하자고 주장한다. 2021년 1월 영국은 미국이 탈퇴하고 일본이 주도하는 포괄적, 점진적 환태평양 경제동반자 협정(CPTPP)에 가입 의사를 밝혔다. 개인도 그렇지만 국가 간에도 사이가 좋으면 서로 챙겨주는 이치와 같다.

영원한 친구도 영원한 적도 없는 것이 국제질서이다. '깐부'가 되어 서로 이익을 나누는 것은 잠깐이다. 상황이 달라지면 언제 그랬냐는 듯 갈라선다. 정글보다 더 냉혹한 현실이다. EU에서 벗어나는 브렉시

트를 완성한 영국이 동북아시아의 질서에 적극적으로 끼어드는 것은 여러 면에서 어색한 장면이다. 영국을 움직이게 한 일본의 외교력을 주목한다. 미국이 유일의 초강대국으로서 세계 경찰의 역할을 할 때는 전 세계의 문턱을 넘나들면서 '감 놔라 배 놔라' 했다. 미국에 맞서는 중국의 등장으로 국제관계가 다자화되면서 세계질서도 재편될 것으로 보인다.

20세기 초 일본은 영·일동맹을 발판으로 한반도를 식민지화하고 중국과 아시아로 진출하였다. 일본은 국제질서의 세력 판도 변화를 읽어내는 데 동물적인 감각을 갖고 있다. 섬나라의 생존 본능일지도 모른다. 전통적으로 일본 외교는 대국을 뒷배로 삼아 그들이 추구하는 노선을 실천에 옮기고 국익을 도모하는 데 능숙하다. 그 과정에서 국민의 여론이나 국가의 자존심은 나중 문제다. 과거 영·일동맹을 떠올리면 영국과 일본의 밀착이 좋은 의도로만 보이지는 않는다. 영·일동맹의 불편한 데자뷔다.

📖 김영흠. (1988). 《미국의 아시아 외교 100년사》. 박무성·이형대 옮김. 신구문화사.

이덕일. (2017). 《정약용과 그 형제들 2》. 다산초당.

선우정. (2021). 《조선일보》. 〈외교로 망했던 나라의 외교 행태〉. 2월 24일.

차현진. (2022). 《조선일보》. 〈영원한 우정은 없다〉. 4월 13일.

바둑에 대해 말할 때
가로 세로 19줄이 만드는 예술

살아오면서 한눈팔지 않고 지금까지 꾸준히 해온 취미가 있다면 그것은 바둑이다. 우리 집안은 바둑을 즐겨두었다. 초등학교 시절을 회고해 보면 명절, 조부모님 제사 때 도회지에서 오신 숙부님들도 바둑을 잘 두셨다. 그때는 숙부님들에게 많게는 4점을 깔고 균형을 맞췄다. 당시 고수였던 숙부님들이 저자와 바둑을 두어주면 그렇게 신날 수가 없었다. 바둑 고수가 하수에게 베푸는 최고의 배려는 실력 차이에도 불구하고 맞상대를 해주는 것이다. 초중반 우세한 바둑을 종반에 망치는 날에는 닭똥 같은 눈물을 흘리며 울곤 했다. 억울하고 분하게 느껴졌다. 다 잡았던 큰 물고기를 놓친 기분이랄까. '잡았다가 놓친 물고기는 항상 크게 느껴진다'라는 격언이 맞는 말이었다. 사람 기분이란 게 그렇다. 숙부는 묘수를 찾아낸 것인데 저자는 어린 조카를 속여 이긴 술수라고 생각했다. 숙부를 넘어서려고 바둑책을 열심히 보았다. 한때는 전문기사가 되고 싶었다.

위로 두 형이 있는데 우리 삼형제는 바둑 실력이 용호상박의 호각

지세이다. 지금은 큰형이 뒤쳐지기는 하지만 그 연령대로 보면 아마 고수에 속할 것이다. 바둑에서 한 집은 실력 차고 반 집은 행운이라는 말이 있다. 이 격언을 믿는다. 치열하게 바둑을 두다 보면 한 집이 얼마나 큰 집인 줄 알게 된다. 승부의 세계에서 화국(和局)이란 말이 제일 좋다. 덤이 없는 바둑에서 쌍방이 비긴 것이다. 확률적으로 낮아 좀처럼 생기기 어려운 경우의 수지만 화국은 서로를 기분 좋게 하고 뭔가 행운이 뒤따를 것 같은 느낌을 준다. 서로가 만들어 낸 상서로운 기운이다.

저자는 바둑을 잡기(雜技)라고 하는 데 동의하지 않는다. 그것은 바둑의 깊은 세계를 잘 몰라서 하는 무지의 말이라고 일갈한다. 잡기가 아니라 종합 예술에 가깝다. 요즘엔 아시아드 대회에서 바둑이 스포츠 종목으로 채택되었다고 하지만, 스포츠로 단정짓기엔 뭔가 아쉬움이 많다. 바둑 기사는 가로세로 19줄이 만들어내는 경우의 수를 읽어 내고 반상에서 균형과 조화를 맞춰가는 반상의 마술가다. 그들이 발견해 낸 수는 평범한 사람의 눈에는 절대 보이지 않는다. 여기에 상대방이 어떻게 반응할 것인가에 대한 예측까지 하면서 수를 내고 착점한다고 생각하면 대단한 두뇌 구조가 아닐 수 없다. 주어진 시간에 판세를 읽어내고 지금 착점하려는 수가 상대의 수에 어떤 영향을 미치는지 그 결과값까지 예측해야 한다.

우리나라 역대 프로기사 가운데에서 서봉수 명인을 존경한다. 서 명인이 대국하는 프로는 놓치지 않고 시청한다. 그는 우리나라 프로기사들이 일본에서 유학하고 돌아와 국내에서 활약한 것과는 대조적으로 순수 국내파이다. 그래서인지 그에게는 순 된장 바둑이라는 애칭이 따라다닌다. 형식에 구애받지 않고 자유분방하게 전투적인 바둑을 구사한다고 해서 야전 사령관이라고도 부른다. 서 명인이 척박한 국내 바둑 환경에서 독학으로 공부한 것에 대한 비유일 것이다. 바둑 황제 조훈현이 일본 유학 후에 귀국하여 국내에서 오랫동안 왕좌에 앉아 있을 때 그 왕좌를 빼앗기 위해 가장 처절한 결투를 벌인 기사가 서봉수이다. 서봉수 명인이 없었다면 우리나라 바둑은 조훈현의 1인 천하가 되었을 것이다. 한 사람의 독식은 한국 바둑 생태계에도 긍정적이지 않다.

53년생 서봉수는 지금도 연구생들과 바둑공부를 한다. 모르거나 궁금한 것에 대해서는 격의 없이 묻고 공부한다. 공자의 불치하문(不恥下問)이다. 소탈하고 자신을 낮추며 끊임없이 배우고자 한 그의 자세는 바둑뿐 아니라 다른 공부를 하는 사람에게도 롤모델이 아닐 수 없다. 바둑에서 30세만 넘으면 기재가 한풀 꺾이고 노인 소리를 듣는 마당에 서봉수 명인이 현역으로 왕성하게 활동하는 모습은 많은 생각을 하게 한다.

지금이야 우리나라 바둑이 전 세계를 호령하고 있지만 3, 40년 전에는 일본이 대세였다. 바둑 꿈나무들이 일본으로 바둑을 배우러 유학을 갔다. 김인, 조치훈, 조훈현, 하찬석, 윤기현 등 초창기 바둑의 대중화에 기여한 다수의 기사(棋士)가 일본 유학파였다. 당시 바둑 영재들을 전문적으로 교육할 스승도 없었고 시설도 요원했다. 요즘엔 외국에서 우리나라로 조기유학을 오고 있다. 일본 출신의 바둑 영재들이 우리나라에서 공부한다. 일본의 여자 바둑 천재 스미레가 대표적이다. 바둑은 중국이 원조이다. 중국은 아예 국가대표를 발굴하여 체계적으로 훈련을 시킨다. 중국과 한국의 바둑 실력은 거의 차이가 없다고 하지만, 전체적인 선수층은 중국이 훨씬 두텁다. 우리나라 역시 국가대표를 선발하여 소수정예의 엘리트 훈련을 시키고 있다.

알파고와 같은 AI가 등장하면서 바둑에도 많은 변화가 일고 있다. 먼저 바둑의 정석에 변화가 생겼다. AI 정석이 등장했다. 과거 잘못 두었다고 스승에게 혼쭐났던 수를 AI는 높게 평가한다. 바둑에 대한 고정관념을 무너뜨리고 있다. 기사들은 대국 후 AI와 복기를 하고 AI와 함께 바둑을 둔다. 바둑이 인간 대 인간의 대국이 아니라 인간 대 기계의 대국으로 변천하고 있다. 하기야 딥러닝을 하는 AI를 이길 프로기사는 없다고 해도 과언이 아니다. 시간이 갈수록 AI는 강해진다. 몇 해 전 이세돌 기사가 알파고를 상대로 1승을 거둔 것이 인간의 유일한 승리가 아닐까 싶다. 지금은 아무리 강한 기사라도 AI 하고는 2점을 놓고 두어야 균형이 맞을 정도라고 한다. 흥미로운 관점 포인트는 TV 바둑 대국이다. 대국을 중계하면 진행을 하는 캐스트와 해설을 하는 전문기사가 등장하는데 전문기사의 역할이 제한적이 되었다는 점이다. 인간이 해설을 하고 수를 예측하는 것보다 AI 예측을 참고하여 자신의 생각을 비교하는 것이다. 과거 해설 담당 기사의 절대적인 영향력에 비하면 AI 시대의 해설은 어려운 일이기도 하다.

바둑이란 무엇인가? 서봉수는 "점을 이어가는 것이다"라고 말한다. 고수의 명쾌한 정의다. 반상에 놓인 바둑돌이 이어지지 않고 끊어지게 되면 문제가 생긴다. 인생도 초, 분, 시간 단위를 이어나가는 활동이다. 바둑의 이치와 같은 맥락이다. 또 있다. 일류기사나 평범한 아마추어 바둑애호가에게 똑같이 적용되는 바둑 규칙은 '두 점을 내지 않으면 죽는다'이다. 아무리 기발한 수를 잘 발견하는 고수라도 자신의 바둑이 두 점을 내지 못하면 죽는 돌이 된다. 사람도 두 집을 내야 한다. 한 집은 신체가 건강해야 한다. 다른 한 집은 정신에 문제가 없어야 한다. 한 집만 내게 되면 죽는 것이나 마찬가지이다. '바둑은 인생의 축소판이다'라는 비유가 허황되지 않다.

바둑의 묘미는 '패'에서 나온다. 패는 일종의 패자부활전이라고 생각한다. 다 죽었던 돌들이 패를 통해 기사회생하고 전세를 역전시킬 때가 있다. 바둑을 잘 둔다는 것은 패를 잘 만들고 잘 활용할 줄 아는 것이다. 흥미로운 사실은 패를 즐겨하다 패가망신하는 경우도 있다. 패를 만드는 것까지는 좋은데 팻감이 없다면 상대방에게 빌미를 제공할 뿐이다. 팻감을 확인하고 패를 만들었을 때 부활할 기회가 생긴다. 그렇지 않으면 부활은 없고 패자만 될 뿐이다. 그래서 바둑은 전체적인 균형감각과 판세를 읽을 줄 아는 분별력, 판단력, 예측력, 결정력이 필요한 종합 예술이다.

깨달은 바둑의 이치가 있다. 나도 실수하지만 상대도 실수를 한다는 점이다. 누가 더 결정적인 실수를 하지 않느냐가 승패를 좌우한다. 강태공이 무왕을 기다리듯이 시간이 흐르다 보면 어느 순간 상대가 실수가 하게 된다. 실수를 알아차리는 수준이면 고수다. 프로기사도 마찬가지로 실수를 한다. 종국 뒤에 복기(復棋)가 필요한 이유다. 똑같은 실수를 되풀이하지 않기 위해서는 복기를 통해 피드백을 하는 것이다. 우리 인생도 마찬가지다. 사람 역시 실수를 하기 마련이다. 실수하기에 사람인 것이다. 완전한 사람은 없으며 실수를 통해 성장한다. 대학원의 MBA 과정에서 '실패학'이 인기 있는 교육과정으로 떠오른 것은 경영자가 경영으로 초래된 실수를 복기하는 회복력을 키우는데 필요한 분야이기 때문일 것이다.

한편 바둑을 '유목-이동' 문명적인 게임으로, 장기나 서양 체스는 '정착-농경' 문명적인 게임으로 비유하기도 한다. 예를 들면 한복판에 그은 선을 기준으로 피아(彼我)가 분명한 장기판에서 말들은 움직이는 방식이 이미 정해져 포, 상, 마, 차, 졸의 역할이나 정체성이 바뀌지 않는다. 각 말들이 갈 수 있는 길과 갈 수 없는 길까지 미리 정해져 있다. 일정한 지역에 정주(定住)해서 살고 있는 정착-농경문명의 신분위계 질서를 닮았다. 반면 어떤 경계도 없는 바둑판에서 모든 돌은 똑같고 평등하지만 혼자만으로 생존할 수 없고 아무런 의미도 지니지 못한다. 돌이 의미를 가지려면 서로 연결되면서 서로가 서로를 살리는 상생(相生)을 해야 한다. 기존 돌들이 형성하고 있는 어떤 관계 옆에 새 돌이 놓이면서 다시 전혀 새로운 관계가 형성되기도 하고 놓이는 위치에 따라 그 역할도 시시각각 달라진다. 역사적 사례를 보면 바둑식 사고를 하는 몽골군이 체스식 사고를 하는 유럽 군대를 격파했다고 한다(김종래, 2004: 80-81). 매우 흥미로운 비유로 바둑의 원리와 철학에 대해 깊이 연구한 결과라고 생각한다.

저자에게 바둑은 단순한 취미 그 이상이다. 바둑을 통해 나를 이해하고 다른 사람을 이해한다. 바둑을 잘 두려면 역지사지를 잘해야 하는 이유다. 바둑은 교만하거나 욕심을 부리면 절대 이길 수 없다. 혼자 바둑을 두는 것이 아니다. 상대방의 수를 존중하고 왜 그 수를 두었는가를 먼저 파악하지 않으면 좋은 수를 찾아낼 수가 없다. 상대가 고사리손의 어린이거나 백발의 노인이라 할지라도 상대를 인정해야 한다. 가끔 반상을 어지럽히거나 거칠게 착점을 하는 상대가 있다. 상대방의 정신을 흔들어 혼란에 빠트리는 상대의 전략이다. 흥분하여 덩달아 따라 두면 반드시 지게 된다. 바둑이 고도의 정신 수양을 요구하는 이유이다. 자신의 중심이 흔들리면 지게 된다. 자기만의 바둑을 둘 수 있어야 한다. 각자의 사는 고유한 방식이 있는 것처럼 어떤 환경에서도 자신만의 바둑을 두어야 한다. 자신의 바둑을 두면 지더라도 후유증은 훨씬 덜하다.

지금까지 온오프라인에서 족히 만 번은 두었을 것이다. 한 가지 일에 만 시간을 투자하면 전문가로 성장한다는 만 시간의 법칙이 있다. 만 번이면 한 판에 1시간을 잡더라도 만 시간에 해당한다. 만 시간을 투자했다고 해서 전문기사로 성장하지 못한 것에 대해 억울하게 생각하지 않는다. 나름 고상한 취미 생활을 했고 정신 수양에도 유익하지 않은가.

저자만의 바둑 철학을 이야기할 때가 되었다. 바둑만큼 나비효과를 가장 잘 설명하는 경기도 없을 것이다. 초반의 한 수가 중후반에 어떤 날갯짓을 할지 모른다. 바둑이란 내가 놓은 한 수의 가치와 상대가 놓은 한 수의 가치를 따져 의사결정하는 능력이 중요하다. 바둑에 임하는 자세는 '누구에게나 질 수 있지만 쉽게 지진 않는다'이다. 나약하게 무너지지 않겠다는 단호함이다. 나약한 사람은 '진정한 신념과 목표가 없기 때문이다'라는 말을 믿는다. 질경이처럼 질기게 둔다. 바둑에 임하는 자세는 곧 저자의 삶의 방식으로 승화되었다. 이렇게 생각하고 나면 승패에 연연하지 않아도 되고 편안하게 즐기면서 나만의 바둑을 둘 수 있다. 물론 승률도 덩달아 올랐다. 종국 후에는 승패에 관계없이 "덕분에 많이 배웠습니다"라는 문자를 남긴다. 바둑만큼 저자의 내면 세계를 들여다보게 하고 성장시키는 것은 없다. 바둑을 통해 세상은 절대 혼자 살 수 없으며 상대를 인정하고 상대를 알 때 나역시 수를 낼 수 있다는 겸손함을 배운다. 바둑은 친구이고 멘토이다. 바둑에는 희로애락의 모든 감정이 담겨있다. 바둑 고수는 감정의 균형을 잘 맞추는 사람이다. 전문기사는 포기했지만 바둑의 원리에 대해 조금이나마 알게 되어 '만 시간'이 아깝지 않다.

📖 김종래. (2004). 《CEO징기스 칸》. 삼성경제연구소.
    조훈현. (2015). 《조훈현 고수의 생각법》. 인플루엔셜.

중요한 것은 '어떤 연결'이냐이다
레드우드의 생존법에서 얻은 교훈

미국은 그 국토가 얼마나 광활하고 생태적 다양성을 지녔는지 가늠하기 힘들 정도이다. 캘리포니아만 해도 한반도의 4배 넓이에 4천만 명의 인구가 살고 GDP는 세계 10위권에 든다. 대부분 캘리포니아의 관광코스는 골든게이트나 알카트래즈, 캐니언 등의 국립공원, 와이너리, 할리우드 등 눈에 보이는 관광명소를 떠올리지만 진짜 숨겨진 보물은 숲속에 감춰져 있다. 미국 전체 국립공원 59개 중 캘리포니아에만 9개가 있을 정도다. 태평양을 끼고 길게 뻗어있는 캘리포니아는 내륙과 해양의 특성이 조화를 이룬 지역으로 특히 레드우드(미국 삼나무)의 군락이 장관을 이룬다. 지금부터 레드우드 이야기를 해보려고 한다.

레드우드는 세계에서 가장 키가 큰 나무로 알려졌다. 큰 것은 100m가 넘는다. 건물로 따지면 35층 정도에 해당한다. 수령은 무려 2,500~3,000년 정도이다. 5천 년이 된 레드우드도 있다. 수령이 오래되면 밑동이 속에서부터 부식되는데 속이 빈 곳에 차도를 만들어 차가 다닐 정도이다. 이 레드우드를 '드라이브 스루 트리'라고 부른다.

워낙 거목(巨木)이다 보니 나무 물관이 전달하는 물의 높이가 제한되기 때문에 수분의 25~50%를 안개에서 얻는다. 태평양에서 생성되는 풍부한 안개가 레드우드의 생육에 안성맞춤의 환경을 제공하는 셈이다. 이 거목의 뿌리는 얼마나 될까? 불과 3~4m밖에 되지 않는다. 놀라운 일이다. 일반 상식과는 도무지 맞지 않다. 이 큰 나무가 지탱하는 데 필요한 뿌리의 깊이가 고작 이 정도라고 하면 믿기 어렵다. 레드우드가 자라는 지역의 지질은 나무뿌리가 뚫고 내려갈 수 없는 암반이기 때문에 아래로 뻗고 싶어도 그렇게 할 수가 없다.

거목 레드우드는 생존하기 어려운 환경을 어떻게 극복하면서 그 오랜 세월을 견뎌낼 수 있었을까? 3, 4m밖에 되지 않는 뿌리가 100m가 넘는 거목의 무게를 어떻게 지탱할 수 있을까? 생존 비법은 의외로 간단하다. 나무의 뿌리가 서로 단단하게 연결되어 거목을 지탱한다. 뿌리를 깊게 내리지는 않지만, 옆 나무의 뿌리와 서로 연결하여 서로를 지탱하는 것이다. 광활한 숲속의 나무들이 하나로 연결되어 있어 숲 자체가 하나의 나무인 셈이다. 척박한 환경에서 뿌리는 얕게 내리고 있지만 서로 연결된 뿌리는 엄청난 위력을 발휘한다. 서로 넘어지지 않게 붙잡아 주고, 가뭄 때에는 물과 양분을 서로 나누며 버틴다(김성훈, 2017). 생존 비법은 바로 연결, 교류, 공유, 연대에 있었다. 세종이 훈민정음을 반포하기 전에 만든 〈용비어천가〉에는 '뿌리 깊은 나무는 바람에 흔들리지 않는다'라고 했지만, 반드시 뿌리가 깊지 않아도 풍파에 끄떡없는 나무가 바로 레드우드이다. 레드우드 국립공원은 뿌리 연합체로서 대자연의 신비함과 경이로움을 상징한다.

레드우드 국립공원의 나무들은 키가 거의 비슷하다. 어떤 나무만이 일방적으로 물과 양분을 독차지하지 않는다. 그들은 환경의 제약을 잘 알고 있기에 이웃 나무와 뿌리 연합을 결성하여 수분을 나눠 갖고 외부 위험에도 공동 대처한다. 레드우드 숲에서 그들이 연합하지 않고 서로 경쟁하는 환경이었다면 레드우드 숲은 조성되지 못했을 것이다. 나무의 생존 방식은 인간 세상보다 더 잔인하다고 하지 않던가. 뿌리로는 물과 양분을 얻기 위해, 위로는 빛을 더 받기 위해 주위 식물들과 끊임없이 경쟁해야 한다. 경쟁에 지는 것은 곧 죽음을 의미한다. 패자부활이 없어 한 번의 실패도 되돌릴 수 없다(박필선, 2014). 인간 세계에서는 전쟁에서 지는 것을 병가지상사(兵家之常事)라고 말하는데, 나무 세계에서는 통하지 않는다.

레드우드가 이웃 나무들과 뿌리 연합을 이루면서 성취해낸 대자연의 경이로움을 확인하면서 인간 세계를 되돌아본다. 오늘날 호모 사피엔스가 생활하는 지구촌도 연결사회를 실현했다. 지구 반대편에서 벌어지는 사건사고를 안방이나 일터에서 실시간으로 본다. 전쟁에서 상대방이 쏜 미사일이 목표물을 향해 날아가는 모습을 영상으로 선명하게 볼 수 있다. 컴퓨터를 기반으로 한 인터넷과 SNS는 지구촌을 하나의 마을공동체로 만들었다. 현대인의 문제는 연결사회가 고도화될수록 개인 간, 지역 간, 국가 간, 블록 간에 치열한 경쟁을 한다는 것이다. 이념경쟁, 체제경쟁, 무역경쟁, 성적경쟁, 승진경쟁, 속도경쟁, 청약경쟁, 선거경쟁 등 수많은 수식어가 붙은 경쟁과 부딪히며 산다. 그래서 현대인들이 사는 사회를 '피로사회'라고 부른다.

레드우드는 연결을 통해 공존하는 지혜를 실천에 옮기고 있다. 레드우드의 연결은 생존에 절대적으로 필요한 물과 양분의 공유를 통해 공존한다. 이 공존 방식이 수령을 반만년까지 이어지게 한다. 실로 경이롭다. 반면 인간은 혁신적인 기술을 이용하여 연결사회를 실현했지만, 그만큼 행복한 삶을 살고 있는지 의문이다. 어쩌면 기술은 연결되었지만 마음이 연결된 것은 아니기 때문일 것이다. 인간 세계는 무늬만 연결사회다. 인간 세계의 연결이 욕구를 실현시키는 수단으로 전락한 것이 아닌가 하는 아쉬움이 있다.

연결을 악용하여 익명의 사람이나 기계가 하루에도 수없이 보이스피싱을 가장한 전화와 상업성 스팸 문자를 보낸다. 통계에 따르면 매일 지구촌에서 약 18억 명이 페이스북에 로그인한다. 인스타그램과 왓츠앱 사용자까지 더하면(중복을 제외하더라도) 한 달 총 사용자수는 30억 명 이상이고 트위터에도 매일 전 세계에서 1억 9천만 명이 접속한다(아서, 2022)고 하니 가히 '초연결시대'라는 용어가 나올 만하다.

찰스 아서(2022)는 초연결시대의 주역을 담당하고 있는 소셜미디어 업체를 석탄 발전소에 비유한다. 석탄을 주원료로 하는 화력발전소는 탄소를 배출하면서 전기를 생산하고, 사람들은 매연과 온난화에 시달린다. 업체는 득을 보고 부작용은 사용자에게 전가한다. 이와 같은 방식과 마찬가지로 소셜미디어는 사람들 간의 소통의 매개체가 되지만, 이 매개체를 통해 전파하는 바이러스는 사람들에게 불신과 분노를 전염시킨다. 지구온난화에 빗대 소셜온난화(social warming)라고 부른다. 인간성 회복을 통한 진정한 연결이 되지 않는 한 연결이 되면 될수록 더 많은 소통이 이뤄지고 세상이 더 나아질 것이라는 기대는 욕심인 것 같다. 인간의 고도화된 연결 상태에서 빚어지는 부작용에 대해 경계를 게을리하지 않아야 할 것이다.

레드우드가 척박한 환경을 이겨내고 그들만의 공존 방식으로 경이로운 숲 공동체를 만든 것처럼 우리 인간도 연결을 통한 생존 방식을 모색해 볼 필요가 있을 것 같다. 진정한 연결이 되기 위해 어떻게 해야 할 것인가? 만물의 영장이라는 호모 사피엔스가 살고 있는 연결사회가 더 행복하고 삶을 윤택하게 하는 데 레드우드 숲의 공존 방식을 배워 보면 어떨까.

📖 백성호. (2015). 《인문학에 묻다, 행복은 어디에》. 민음사.

아서, 찰스. (2022). 《소셜 온난화》. 이승연 옮김. 위즈덤 하우스.

김성훈. (2017). 《데일리 투머로우》. 〈나는 레드우드 같은 마음의 친구가 있는가〉. 7월 18일.

김승혜. (2019). 《시사플러스》. 〈레드우드 나무에서 배워라〉. 4월 29일.

박필선. (2014). 《조선일보》. 〈나무로 산다는 건 굉장히 위험한 생존 방식 … 인간 세상보다 더 잔인해〉. 3월 31일.

신영철. (2021). 《조선일보》. 〈세계에서 가장 키 큰 나무들이 있는 숲, 거대한 세월 속을 거닐다〉. 5월 29일.

유재우. (2017). 《동아 비즈니스 리뷰》. 〈한 조각의 햇빛이라도 더 … 식물의 치열한 경쟁이 던지는 교훈〉. 4월호.

빈틈이 있는 삶
삶에 저항하지 말라

나이에 따라 일처리 방식과 일의 결과를 수용하는 자세가 다르다는 것을 느낀다. 젊었을 때는 저자 자신이 빈틈이 없고 꼼꼼하게 일처리를 한다는 평가를 받고 싶었던 것 같다. 상사로부터 "저 친구는 아주 빈틈없이 일을 한다"라는 말을 직간접적으로 듣게 되면 신이 났다. 여기에서 '빈틈'이란 일을 하는 과정이나 결과를 보았을 때 허술하거나 부족한 점을 말한다. 빈틈을 우리말 '흠', '결점', '하자' 등으로 바꿔도 되지만 각각의 단어가 주는 결은 좀 다를 것이다. 사실 저자는 빈틈이 생기면 저자 스스로를 용납하지 않는 나름의 엄격한 잣대를 갖고 있었다. 세상의 평판에 관심이 많았고 그래서인지 가끔은 평판과 타협하기도 했다. 누구에게나 좋은 사람이 되고 능력 있는 사람이라는 평판을 받고 싶어 했다. '좋은 사람 콤플렉스'이다.

지금 저자 자신을 되돌아보면 일처리 방식과 일의 결과를 수용하는 자세가 많이 달라졌음을 느낀다. 이제는 일의 양이나 속도보다는 그 일에 의미나 가치를 부여하게 된다. 그럴만한 가치가 없거나 의미 없는 일이라면 하고 싶지도 않고 심하게는 쳐다보기도 싫다. 시간이 아깝다는 생각에 미치면 의사결정은 더 쉬워진다. 과거의 경험과 사례를 곱씹어보면서 시행착오를 줄이려고 하고 어느 정도 빈틈이 있어도 나 스스로를 용납하게 된다. 군대처럼 명령과 지시에 따라 일사불란하게 움직이는 것보다 저자 스스로 일의 속도와 양을 조절하면서 저자만의 방식으로 일하는 것이 더 좋다.

'페르시아의 흠'이라는 말이 있다. 세계에서 가장 우수한 카펫을 만드는 것으로 알려진 페르시아 카펫 장인들은 카펫에 일부러 작은 흠집을 낸다고 한다. 인간은 신이 아닌 이상 무결점이 없을 수 없다는 겸손함을 나타낸다. 아마존의 인디언 부족은 모두 구슬 목걸이를 차고 다니는데 구슬 중 하나가 깨진 채 있다. 상처 없는 구슬 가운데 상처 입은 구슬 하나를 끼워 넣어 목걸이를 완성한다. 그들은 그 깨진 구슬을 '영혼의 구슬'이라고 부른다. 우리나라 제주는 예전에 삼다도로 알려졌다. 가수 혜은이의 노래 '감수광'의 첫 구절에는 제주의 삼다인 바람, 돌, 여자를 소개한다. "바람 부는 제주에는 돌도 많지만 인정 많고 마음씨 고운 아가씨도 많지요." 제주도 돌담을 보면 중간중간에 구멍이 나 있다. 바람 많은 제주의 돌담은 구멍으로 바람이 통해 쉽게 무너지지 않는다. 일부러 흠을 내고 깨진 구슬을 달고 돌담에 구멍을 내는 것은 빈틈의 역설을 설명하는 데 적격이다. 그 빈틈으로 겸손함을 표시하고 영혼을 관리하고 이쪽과 저쪽을 소통해준다.

저자 역시도 젊었을 때보다 훨씬 더 저자만의 빈틈을 받아들일 마음의 여백이 생긴 것 같다. 나의 빈틈은 나만의 스타일이다. 빈틈을 인정하는 순간 비우고 내려놓는 것이 가능해졌다. 다른 사람의 시선과 평판에 신경을 썼던 젊은 시절과 비교하면 지금은 나를 많이 내려놓고 비웠다. 다른 사람들이 나를 어떻게 생각하고 어떻게 평가하는지에 대한 관심도 줄어들었다. 누구에게나 좋은 사람으로 기억되고 싶어 상대방이 부탁하면 'No'를 하지 못했지만, 지금은 자신에게 솔직하기로 했다. 자신의 한계를 인정하고 정신적, 신체적으로 과부하가 걸리지 않도록 한다. 부족하고 스타일 좀 구기면 어떤가. 심하게 말하면 하기에 벅찬 일을 부탁받고 끙끙거리면서 해내는 것은 자신에게 교만한 것이다. 자신의 교만을 좋은 사람이라거나 능력 있다는 평판과 맞바꾼 것이다. 나 자신을 소중하게 대하지 않고 나의 의지를 존중하지 않는 것은 자기기만이요, 자기 위선이다. 혈기 왕성한 젊은 날의 객기로 치부하기엔 나 자신을 존중하지 않고 무시하는 것과 같다. 내 안의 존귀함(dignity)을 스스로 포기한 것이다.

사람이 익숙한 의식 구조와 행동 양식을 어느 날 송두리째 바꿀 수 있는 것은 아닐 것이다. 무덤까지 가져가는 것도 있다. 저자도 요즘 과거와 현재의 나와 열심히 대화한다. 역사란 과거와 현재와의 대화라고 하지 않았던가. 개인의 생애사 역시 대화의 결과물이라고 할 수 있다. 대화를 하다 보면 과거의 나를 내려놓아야 할 것이 많다. 그대로 하고 싶어도 신체적, 정신적으로 과부하가 걸린다. 제일 먼저 내려놓아야 할 것은 세상의 평판에 초연하자는 것이다. 평판에 초연하면 누구에게나 좋은 사람이라는 생각을 포기하게 될 것이다. 그리고 무엇보다 나의 삶은 내가 주인이라는 것, 나의 생각, 나의 선택이 소중하다는 것을 알게 되었다. 나를 대신하여 살아 줄 사람은 없다. 남의 중병보다 내 손톱 밑의 가시가 더 아픈 것은 인간적인 빈틈이지 이기적이 아니라는 것도 이해가 된다. 빈틈이 있어도 그대로 놔두고 받아들이고 싶다.

법정 스님의 '삶에 저항하지 말라'는 제목의 수필을 두고두고 읽는다. 크리슈나무르티의 《명상집》에서 "인용했다고 한다. 저항하지 말라/ 그 어떤 것에도 장벽을 쌓아두지 말라/ 온갖 사소한 충동, 강제와 욕구로부터/ 그리고 그 자질구레한 모든 갈등과 위선으로부터/ 진정으로 온전히 자유로워지거라."(법정, 2009) 완벽하지도 않으면서 빈틈을 보이기 싫어하고, 좋은 사람이고 능력 있는 사람이라는 평판을 듣고자 나를 기만하는 것은 나의 삶에 저항하는 것이라는 생각에 이른다. 나 스스로 쳐놓은 세상의 평판과 욕구라는 거대한 장벽에 갇혀 장벽 밖의 세상을 보지 못했다. 그러니 삶이 팍팍하고 고달프지 않겠는가? 내 삶에 저항하면 할수록 진정한 자유로부터 멀어진다는 사실을 깨닫는 데 꽤 오랜 시간이 흘렀다. 그리고 그렇게 흘러가버린 시간은 되돌릴 수가 없다.

한편으로 삶에 저항한다는 것은 '삶이란 상실이고 상실이 곧 삶이다'라는 것에 대한 이해가 부족했다고 본다. 상실은 잃어버리는 것이다. 상실에는 큰 것도 있고 작은 것도 있다. 유형의 것도 있고 무형의 것도 있을 것이다. 부모와 자녀 그리고 친구도 잃고 물건도 잃는다. '많은 결혼식에 가서 춤을 추면 많은 장례식에 가서 울게 된다'(퀴블러-로스·케슬러, 2006)라는 유대 격언은 삶이 '기승전상실'이라는 것을 일깨워주기에 적합하다. '가진 것이 없으면 잃을 것도 없다'고 말하는 사람도 죽음이란 상실 앞에서는 달리 할 말이 없을 것이다.

독일어로 'entscheidung'은 '결정', '결단', '결의'를 의미하는데, 이

단어는 '이별'이나 '분리'를 의미하는 'scheidung'이라는 표현을 내포한다. 무엇인가를 '결정'한다는 것은 무엇인가에서 떠나거나 이별하는 행위를 뜻한다. 사람들이 의사결정을 어려워하는 이유는 떠날 생각이 없기 때문이다. 결정을 내린다는 것은 여러 개의 선택지에서 하나를 고르는 것이 아니라 뭔가를 내려놓아야 하는 행위이다. 아프리카 원숭이 사냥꾼들의 원숭이 포획 방법은 교훈적이다. 사냥꾼들은 직경 6cm 정도의 나무 구멍에 달걀 크기의 돌을 집어넣는다. 사냥꾼들은 의도적으로 소중한 물건을 감춰놓듯이 비밀스럽게 행동한다. 원숭이들은 멀찌감치 떨어져 사냥꾼을 관찰하고 있다가 호기심을 보인다. 원숭이들은 나무에 다가와 구멍 안으로 손을 집어넣는다. 돌을 잡은 손을 구멍 밖으로 빼내려하지만 돌을 움켜쥔 상태로 손을 빼기에는 구멍이 너무 작다. 돌을 포기하면 손을 쉽게 꺼낼 수 있지만, 원숭이는 손에 쥔 것을 쉽게 포기하지 못한다. 그때 사냥꾼은 원숭이 위에 자루를 뒤집어씌워 포획한다. 결정에는 포기 또는 상실이 뒤따르게 된다. 인간은 작은 구멍 안에서 움켜쥐고 있는 돌, 즉 과거를 포기하지 못한다(새퍼, 2022: 16-18). 결정의 순간에 무엇인가를 포기하거나 상실하지 않겠다고 마음먹은 것은 과거에 연연하거나 삶에 저항하는 것이다.

학창 시절 모르는 주관식 문제에 거짓 답을 채워 제출한 적이 있다. 문제에 맞는 답이 아닌 줄 알면서도 거짓 답안을 쓴다는 것이 낯 뜨겁고 부끄러웠지만 선생님께 조금의 인정 점수라도 받고자 하는 어리석은 기대를 가졌던 것이다. 지금부터의 인생은 그렇게 하고 싶지 않다. 나 자신에게 솔직하고 있는 그대로 수용할 것이다. 삶이 나에게

낸 문제를 모르면 그냥 백지로 제출할 것이다. 내 삶의 평가자는 나 자신이다. 더는 나를 기만하거나 학대하지 않을 것이다. 2022년 금년은 호랑이해다. 호랑이해에 태어났으니 육십갑자가 돌아온 것이다. 아무리 장수사회라고 해도 딱 한 번 맞이한다. 인생 2모작의 씨앗을 뿌리는 육십부터는 빈틈이 있는 나에게 먼저 좋은 사람이 되기로 하자. 무엇보다 삶에 저항하지 않으면서 진정한 자유를 누리고 싶다. 남의 빈틈에도 관대한 마음을 잃지 말자. 유한한 삶의 작은 구멍 안에서 움켜쥐고 있는 돌을 포기하자.

📖 법　정. (2009). 《아름다운 마무리》. 문학의 숲.

　　샤퍼, 보도. (2022). 《보도 샤퍼의 이기는 습관》. 박성원 옮김. 토네이도 미디어그룹.

　　소노 아야코. (2018). 《좋은 사람이길 포기하면 편안해지지》. 오경순 옮김. 책 읽는 고양이.

　　퀴블러-로스, 엘리자베스 · 케슬러, 데이비드. (2006). 《인생수업》. 류시화 옮김. 이레.

　　배연국. (2016). 《세계일보》. 〈페르시아의 흠〉. 8월 30일.

　　한현우. (2021). 《조선일보》. 〈금덩이를 두르고 헤엄칠 수 있을까〉. 12월 16일.

　　혜　민. (2013). 《조선일보》. 〈가장 위대한 사랑〉. 11월 15일.

가끔은 시인처럼 살자

'멍 때리기'를 자주 해야 한다.

사전에서는 시인을 '시를 전문적으로 짓는 사람'이라고 정의 내린다. 이 정의에 의하면 시는 특정인의 전유물이 되어버린다. 조선 시대 글 꽤나 읽었다고 하는 선비들을 보자. 그들은 일상적으로 시를 짓고 시로 노래했다. 그들을 전문적으로 시를 짓는 시인이라고 하지 않는다. 저자는 시인을 '마음속에서 자연스럽게 흐르는 감정을 적절한 언어나 상징으로 표현하는 사람'이라고 정의하고 싶다. 누구나 마음에는 감정이 흐르고 정서가 담겨 있다. 그 감정과 정서가 조탁(彫琢)을 거쳐 언어나 상징으로 표현되면 시가 되는 것이다. 광의적으로는 인간이 생산하거나 창조한 모든 예술은 시의 범주에 해당할 수 있을 것이다. 가수로 잘 알려진 밥 딜런은 음악 작사가로서 뛰어난 역량을 인정받아 노벨문학상을 수상했다.

자연은 시어(詩語)의 원천이고 최고의 시인이라는 것을 부정할 사람은 없을 것이다. 자연에서 비롯되는 소리와 색깔은 시어 뭉치다. 인간은 자연의 소리와 색깔을 인간만의 언어나 상징으로 변환시켜 표현한다. 아무리 인간의 기술이 진보하여도 인간은 시인인 '자연'의 시적 깊이를 이해하는 데만도 벅차다. 인간적 한계이다. 자연 앞에 겸허해야 하는 이유다.

인간은 시인으로 태어난다고 생각한다. 인간이 태어나자마자 표현하는 시어(詩語)는 갓난아기의 '응애' 소리다. 갓난아이가 모태에서 분리된 감정 덩어리를 표현한 최초의 언어이면서 함축어이다. 그 소리는 생명체가 살아있음을 알려주는 약속의 언어이면서 가장 인간적인 시어이다. 그 '응애' 소리는 성장하면서 폭발적으로 가지를 친다. 아이들을 자세히 관찰해 보라. 그들은 자연의 소리를 듣고 인간의 언어로 표현하는 능력이 뛰어나다. 그들은 소박하고 단순한 동심의 언어를 표현하지만 진실이 담겨있다. 어른들이 편견이나 집착으로 사실을 가공된 언어로 포장하여 표현한 것과는 다르다. 모든 어린이는 위대한 시인이 될 잠재성을 가지고 있다.

그러나 모든 인간이 시인으로 성장하지는 못한다. 살아가면서 시어로 표현할 감정을 다른 대체 욕구로 채워 넣기 때문이다. 특히 공교육은 시어들을 말살시키고 버리도록 강요한다. 시험 준비에 장애가 되기 때문이다. 아이들은 정답을 잘 고르는 시험기계가 되어간다. 뇌는 점점 굳어지고 시어가 들어갈 여백이 없다. 학교교육을 마치고 사회에 나가면 시어가 차지했던 자리에 명예욕, 소유욕, 출세욕, 성취욕 등등 세속적인 욕구들이 똬리를 튼다. 이 똬리는 인간을 인간답게 하는 감정의 물줄기를 틀어막는다. 감정 경화현상에 죽은 시인의 사회(Dead Poets Society)가 되어 버린다. 실제 영화 제목이기도 한 〈죽은 시인의 사회〉는 틀에 박혀 규율이 압도하는 학교생활을 하는 학생들에게 영감을 주는 교사에 대한 이야기이다. 오늘날 학교가 영감이 풍부한 아이들을 학교와 교실이라는 공간에서 규율과 질서에 효율적으로 복종시켜 죽은 시인을 대량 양산한다는 비판을 받는 이유를 심각하게 생각해볼 일이다.

장자크 루소(1712~1794)도 이와 비슷한 이야기를 했다. 그는 인간다운 삶을 살기 위해서는 '자연으로 돌아가라'라고 한다. 루소는 인간은 이성과 합리성을 잣대로 모든 일을 처리하고 있는 것처럼 보이지만, 사실은 자신도 모르는 사이에 자신이 원하는 삶보다는 사회가 원하는 삶을 살도록 길들여진다고 주장한다. 성취, 명예, 도덕 등은 사회의 요구에 맞추어 나의 욕구를 길들이는 도구들이다. 이것들은 삶을 풍요롭게 해주는 듯 보이지만, 우리의 삶을 억누르고 옥죄는 욕망덩어리다. 욕망은 또 다른 욕망을 낳는다. 불평등도 이 과정에서 생긴다. 루소에게 자연은 타락한 문명 이전의 선한 인간의 본성을 가리킨다. 인간의 마음에 감정이 자유롭게 흐르면서 시어가 풍부한 그런 상태이다. 사람다운 삶을 위한 대안으로 제시한 '자연으로 돌아가라'는 루소의 외침은 오늘날 더 절절하게 다가온다.

산스크리트어 경전에서 시인을 가리키는 말은 '크란티 다르시(Kranti Darshi)'인데 이 말의 의미는 '혁명의 눈을 가진 자'라고 한다. '혁명'이란 수식어에 눈이 번쩍 뜨인다. 여기에서 혁명은 감성 혁명 내지는 영성 혁명이다. '나의 눈'을 내려놓고 자신을 열 때 자연과 우주가 보이고 서로 소통할 수 있다(백성호, 2015: 233). 자연과 우주와 눈을 마주보고 소통할 때 시적 감정이 흘러나오는 것이다. 시인처럼 살고 싶다면 우선은 눈높이를 낮추고 볼 일이다.

동장군(冬將軍)을 이겨낸 나무에 새순이 돋아나는 이른 봄, 시인의 눈에는 고통으로 신음하는 나무의 모습이 눈에 보인다고 한다. 새순을 틔우는 나무가 해산의 진통을 겪는 모습이 눈에 들어오는 것이다. 이때 시인은 나무를 안아준다. 시인의 눈에 나무의 모습만 들어오겠는가. 다른 사람의 희로애락은 얼마나 눈에 잘 담기겠는가. 시인의 눈은 남다른 점이 있다. 사물과 감정을 관통하는 특별한 눈을 가졌다.

곽재구 시인은 〈나무〉에서 "(…) 인간이 아닌 나무가/ 인간인 내게/ 시를 읽어주고 싶을 때/ 나무는 고요히 춤을 춘다…"라고 의인화시킨다. 시인의 눈에는 춤을 추는 나무의 모습이 눈에 들어온다. 예수나 부처도 뛰어난 시인이다. 그들은 영감이 풍부한 시어로 설교와 설법을 했다. 그 시가 인간 영성의 공이치기를 건들게 되면 감화가 되고 은총으로 작용한다. 시인마다 그 눈을 어디에 둘 것인가는 다르다.

다산 정약용(1762~1836)의 시는 모름지기 백성의 아픔과 함께하고 현실의 비참을 직시했다. 그래서 그의 눈은 민초의 삶을 응시했고 민초의 삶의 모습을 읊은 시가 많다. 다산은 '시대를 아파하고 백성들의 고통에 분개하지 않는 시는 시가 아니며, 아름다운 것을 아름답다고 하고 미운 것을 밉다고 하며, 착한 것을 권장하고 악을 징계하는 뜻이 담겨 있지 않은 시는 시가 아니다'라는 시관(詩觀)을 가지고 있었다. 다산은 그 어느 사대부보다 많은 시를 지었는데 보통 사대부들의 시가 음풍농월(吟風弄月)을 담고 있지만, 그의 시에는 임금을 사랑하고 나라를 근심하는 생생한 현실이 담겨 있다. 또한 다산은 아들 학연에게 쓴 편지에서 두보(杜甫, 712~770)를 시의 스승으로 삼아라고 당부하면서, 시를 지을 때는 역사적 사실을 인용하는 일에 주안점을 두어라고 했다. 그러면서 음풍농월이나 하고 장기나 두고 술 먹는 이야기를 주제로 시를 짓는다면 시골의 서너 집 모여 사는 촌구석 선비의 시라고 일갈했다(이덕일, 2017: 179 – 181 재인용).

폴란드의 대표적 시인이자 극작가였던 타데우시 루제비치(1921~2014)도 "불행을 느끼기 전까지는 시는 당신 안에서 태어나지 않는다"라고 말했다. 다산의 시관과 흡사하다. 루제비치 역시 제2차 세계대전 때 점령군 독일에 저항한 레지스탕스로 활약하면서 민족의 불행과 시대의 아픔을 겪은 세대이다. 그는 〈시인이란 누구인가〉에서 "(…) 시인이란 떠나가는 사람이고/ 결코 떠나지 못하는 사람이다"라고 말했다. 시인도 유한한 사람이라 죽을 수밖에 없는 운명으로 태어나지만, 그의 육체는 소멸되어도 그가 남긴 시는 영원할 것이라는 의미일 것이다.

현대인들은 쫓기듯이 산다. 스트레스라고 부르는 압박이 끊이지 않는다. 자기 자신으로부터 받는 압박뿐 아니라 외부 세계에서 주어지는 압박도 있다. 그 압박을 피해 '멍 때리기'를 한다. 이 신조어는 유행이 되고 해외 뉴스가 될 정도이다. 멍 때리기는 아무런 생각을 하지 않는 일종의 도피 행동이다. 나무와 하늘을 계속 바라보는 '숲멍', 모닥불을 쳐다보는 '불멍', 흐르는 물을 쳐다보는 '물멍' 등, 사람들은 아무것도 하지 않고 머리를 비운 채 시간을 보낸다. 명상을 '멍상'으로 부르기도 한다. 진중하게 정진한다는 의미의 명상이라는 말 자체가 부담스럽다고 한다. 우리 사회는 멍 때리기를 금기시하는 사회라고 해도 과언이 아니다. 멍 때리기는 치열한 경쟁사회가 빚어낸 치유 행위다. 그렇게라도 하지 않으면 정신적으로 문제가 생길 수 있을 것이다.

고양이를 키워보면 알 수 있지만 이 세상에 최고의 멍 때리기 선수는 고양이가 아닐까 싶다. 만약 멍 때리기 대회가 있다면 단연 챔피언 감이다. 두 눈을 고정하고 한 곳을 응시하는 고양이를 보면 그 누구도

범접하지 못하는 독창적인 위엄을 갖추고 있다. 외출을 하고 한참 만에 귀가하여도 고양이는 그 자리에 그대로 앉아 같은 방향을 주시하고 있다. 득도(得道)를 위해 면벽수행하는 수행자의 모습으로 비쳐지기도 한다. 눈도 깜빡이지 않고 허공을 주시하는 반려묘에게 경외감이라는 단어를 사용한다면 무리일까?

인간은 본래 멍 때리기를 자주 해야 한다. 사실 멍 때리기는 지극히 인간적이다. 메마른 감정을 적셔주는 오아시스다. 멍 때리기는 루소가 말한 '자연으로 돌아가라'의 현대식 버전이다. 인간의 본성을 억누르는 이성과 합리라는 잣대를 내려놓고 본래 인간의 감정에 충실하고자 하는 인간다움을 위한 실천행위인 것이다. 그래서 제안한다. 우리 인간은 태어날 때부터 풍부한 시어를 가지고 태어난 시인이라는 것을 기억하고 가끔은 시인처럼 살면 좋겠다. 자주 멍 때리기도 하면서.

📖 곽재구. (2012). 《와온 바다》. 창비.

백성호. (2015). 《인문학에 묻다, 행복은 어디에》. 판미동.

이덕일. (2017). 《정약용과 그의 형제들 2》. 다산초당.

박형수. (2021). 《중앙일보》. 〈외신이 본 韓 멍 때리기 슬픈 이유 … "코로나·집값 폭등에"〉. 11월 28일.

이태호. (2020). 《중앙일보》. 〈멍하니 있으면 아이디어가 불쑥? 멍 때리기의 역설〉. 2월 4일.

한은형. (2022). 《조선일보》. 〈이게 '명상'이군요 … 세상의 모든 소리가 들립니다〉. 3월 2일.

딜런, 밥. (1963). 〈Blowin' In The Wind〉.

16세기를 이해하는 세 가지 키워드
① 역사는 꽃과 같다.

16세기는 지금부터 5세기 전의 일이다. 굳이 16세기 세계사를 꺼내 이야기를 시작하려는 것은 16세기야말로 인류의 정신사적 변혁과 국제관계의 향방이 바뀐 변곡점의 시기라고 판단해서다. 1517년 마르틴 루터(1483~1546)에 의해 본격화된 종교개혁은 엄청난 영적 전쟁이었다. 신학 전공의 대학교수였던 루터는 지상에서 하느님을 대신하는 로마 가톨릭의 절대적인 권위에 도전하였고, 이 신성한 영역에 대한 도전은 신앙인 개인은 물론 유럽 국가 간에 갈등과 대립을 초래하는 원인을 제공했지만, 결국 개인은 신앙의 자유를 획득하는 데 성공할 수 있었다. 또 1588년 세계 최강 스페인의 무적함대를 물리치고 해양 강국으로 부상한 영국의 등장은 유럽과 아시아, 유럽과 아메리카의 국제관계 역학 구도에 큰 파장을 불러일으켰다. 새로운 슈퍼파워의 등장을 예고했다. 유럽 제국주의는 가톨릭으로의 개종을 강요하기 위한 전쟁이 아니라 경제적 이익을 추구하는 무역전쟁과 식민지 구축으로 패러다임이 바뀌게 되었다. 동아시아에서는 1592년 일본이 조선을 침략하면서 한반도는 장기간 전쟁터로 변했고, 전쟁의 결과는 명을 대신하여 청이 세워지고 일본도 막부 체제로 정치 구도가 바뀌게 되었다.

원인이 없으면 결과도 없듯이 역사적 사건이 발생하기 위해서는 원인을 제공하는 복합적 사건들이 있기 마련이다. 역사는 인과관계를 반영한다. 멀쩡한 인공 건축물이 지진 등의 자연재해나 폭발물에 의해 무너지는 것을 제외하면 어느 날 갑자기 무너지는 것은 아닐 것이다. 오래전부터 무너지는 여러 증상이 있었지만 인간의 눈에는 보이지 않았을 뿐이다. 새로운 것, 그것이 혁명이든 정치적 산물이든 알고 보면 이미 예고된 것들에 의해서 만들어지는 것이고, 인간의 눈으로 보기에는 우연이 중첩되어 일어난 것처럼 보이지만, 실상은 필연을 가장한 우연일 가능성이 높다.

E. H. 카가 '역사란 과거와 현재와의 대화'라고 주창했듯이, 오늘의 역사는 우연의 결과로 보기보다 과거의 역사가 풍화작용을 거치고 진퇴를 거듭하면서 또 다른 역사로 이어진다. 그래서 역사에 가정이란 없다고 말하는가 보다.

서강대 최진석 명예교수의 인문학 정의는 간결하고 이해하기 쉽다. 인문학이란 인간이 시간의 흐름 속에 남겨 놓은 족적(흔적) 내지는 인간이 그려 놓은(동굴의 벽이 되었든 목판이 되었든) 무늬의 총합이다. 인문학자는 그 흔적과 무늬를 좇아가면서 그 의미를 발굴하고 우리 삶에 적용하는 사람이다. 16세기는 당대 사람들이 남겨 놓은 흔적과 무늬다. 저자는 16세기 사람들이 남겨 놓은 역사적 흔적과 무늬가 현대 인류의 방향을 제시하는 중요한 이정표라고 생각한다. 보는 사람과 연구자에 따라 역사를 인식하는 관점이 다를 수 있겠지만, 어느 한 시점의 역사에 방점을 두고 공부를 하는 것도 제법 의미가 있을 것이다.

겸재(謙齋) 정선이 75세에 그린 〈인왕제색도(仁王諸色圖)〉로도 유명한 인왕산은 글자 그대로 '어진 임금의 산'이라는 의미로 조선 세종 때 집현전 학사들이 붙인 이름이라고 한다. 암석으로 둘러싸인 산에 이름과 의미를 부여하니 산의 의미가 다르게 다가온다. 꽃의 이름을 알고 감상하는 것과 그렇지 않을 때의 의미가 다른 것처럼 말이다. 김춘수(1922~2004)는 〈꽃〉이라는 시에서 이렇게 의미를 읊었다.

> 내가 그의 이름을 불러주기 전에는
> 그는 다만
> 하나의 몸짓에 지나지 않았다.
> 내가 그의 이름을 불러주었을 때
> 그는 나에게로 와서
> 꽃이 되었다.
> (…) 우리들은 모두
> 무엇이 되고 싶다.
> 나는 너에게 너는 나에게
> 잊혀지지 않는 하나의 의미가 되고 싶다.

역사도 꽃과 같다. 내가 역사에 이름을 붙여주면 이름은 의미로 나타난다. 꽃에 이름을 불러주면 의미로 다가오듯 16세기를 대표하는 세 가지의 역사에 이름을 불러주고 그 의미를 좇아가보기로 하자.

16세기를 이해하는 세 가지 키워드
② 루터의 종교개혁, '인간은 신을 선택할 수 있는가?'

1517년 10월 31일, 루터는 비텐베르크대 궁정교회 정문에 라틴어로 쓴 「95개조 반박문」을 내걸었다. 이 반박문은 교황을 비롯한 성직자들의 '면죄부' 남발에 대한 토론을 요구하는 글이다. 루터는 7세기부터 통용되어 오던 세속적 처벌에 대한 '사면'이 교회와 성직자의 축재를 위해 남용되어 '면죄부'로 변질되었다고 지적하고, 하느님으로부터 죄사함을 받기 위해서는 '고백성사'와 같은 교회의 권위를 통한 참회가 아니라 진정한 영적 회개가 필요하다고 주장했다.

당시 교황은 성베드로 성당 건축비와 교회 재정확충을 위해 면죄부를 판매하고 있었다. 교황과 성직자들의 행위에 대해 반발한 루터는 교황은 어떤 죄도 사(赦)할 수 없으며, 신앙과 불신앙을 판단하는 기준은 성서뿐이며, '진정한 기독교인'이면 누구든지 교회의 모든 영적 활동에 참여할 수 있다고 주장했다.

루터의 반박문은 들불처럼 타올라 유럽 전역에 번졌으며, 루터 자신도 기대하지 않았던 범기독교의 개혁으로 이어지게 되었다. 당시 루터의 반박문이 많은 대중에게 전파되고 폭넓은 공감대를 형성하게 된 배경에는 구텐베르크가 발명한 인쇄술(1450년경)의 기여가 컸다. 인쇄물 덕분에 루터의 반박문은 독일어로 번역, 보급될 수 있었고 그의 저술들은 베스트셀러가 되었다. 또한 성직자만이 라틴어를 읽고 쓸 수 있었던 시대에 인쇄술이 보급되면서 일반 평민들도 문해 능력이 향상되어 웬만한 글을 읽고 쓸 수 있게 되었다. 루터의 종교개혁이 성공하는 데 기여한 일등공신은 인쇄물의 발명이라고 할 수 있다.

루터의 교황에 대한 반박문은 독일을 비롯한 유럽 제국들 간에 전쟁을 불사하는 심각한 갈등과 대립을 양산하였고, 결국 아우크스부르크 화의(1555년)를 통해 루터교가 인정받게 되었다. 절반의 신앙의 자유다. 당시 유럽은 신앙 속지주의를 채택했는데, 영지 내 주민의 종교를 결정할 권리가 봉건영주에게 있었다. 따라서 영내의 사람들은 영주가 믿는 종교를 따라야 했다. 아우크스부르크 화의에서는 "영주에게 종교도 속한다"는 표어 아래, 가톨릭과 루터파 중 하나를 택할 수 있는 자유를 영주에게 인정하고, 그 영지 내 주민들에게 그들 영주가 결정한 종교를 강요하였다. 영주의 종교를 신앙하지 않는 주민은 재산을 팔고 이주세를 내면 영지 밖으로의 이주가 보장되었다.

루터의 종교개혁이 시작되고 500년이 넘었다. 독일의 한 젊은 성직자가 교황의 리더십에 반기를 들면서 시작된 개혁 운동은 인류 정신사에 변곡점을 만들었다. 루터 이전에도 종교개혁을 위한 시도가 있었지만, 일부 지역에 국한되었다. 루터로부터 본격화된 종교개혁은 궁극적으로 '인간이 신을 선택할 수 있는가?'라는 문제로 귀결되며, 베스트팔렌 조약(1648년)에 따라 개인도 신을 선택할 권리가 있음을 천명

하게 된다. 개인이 신을 선택할 수 있는 자유를 가지는 데는 아우크스
부르크 화의 이후 약 100년을 더 필요로 했다.

주경철. (2017). 《주경철의 유럽인 이야기》. 휴머니스트

김재성. (2017). 《크리스천 투데이》. 〈루터의 95개조 반박문의 중심주제〉.
10월 31일

〈루터〉. (2003). 영화.

16세기를 이해하는 세 가지 키워드
③ 영국, 스페인 무적함대 격파: "나는 영국과 결혼했다."

16세기 말에 해당하는 1588년은 유럽은 물론 전 세계적으로 영국의 시대가 도래하였음을 알리는 해였다. 당시 이베리아반도의 스페인과 포르투갈은 대항해시대를 열면서 신대륙을 개척하고 동방 국가와의 무역을 통해 막대한 부를 축적하면서 유럽에서 최강대국의 지위를 누렸다. 특히 스페인은 교황의 전폭적인 지지를 받는 가운데 가톨릭의 수호자로 자처하면서 비가톨릭 국가의 개종을 위해서는 전쟁도 불사했다.

영국은 경제, 군사, 외교 등에서 스페인의 적수가 되지 못했다. 헨리 8세가 로마 교황청의 관리 감독에서 벗어나 영국 국교회(수장령)를 만들면서 전통적인 가톨릭 국가들과 척지게 되어 대외관계도 원만하지 못했다. 그러나 엘리자베스 1세 여왕(재위 1558~1603)은 국내적으로 가톨릭과 신교 간의 갈등을 잠재우고 정치적으로 안정을 되찾으면서 해군을 중점적으로 강화했다. 바다를 지배하는 국가가 세계를 지배한다는 신념을 구체적으로 준비해나갔다.

사실 무적함대로 상징되는 최강의 해군을 보유한 스페인은 마음만 먹으면 영국 정도는 쉽게 제압하고 가톨릭 국가로 개종시킬 수 있다는 자신감이 충천했다. 스페인은 새로운 로마제국이었다. 흥미로운 점은 영국의 엘리자베스 여왕과 스페인의 펠리페 2세(재위 1556~1598)는 형부와 처제 간이었다. 엘리자베스의 이복 언니 메리 여왕이 펠리페 2세의 아내였기 때문이다. 운이 따랐다면 펠리페 2세는 영국을 가톨릭 국가로 개종하고 영국의 왕이 되려는 야심만만한 야망을 실현할 수 있었을 것이다. 그러나 영국의 메리 여왕은 후계자를 남기지 못하고 세상을 떠나고 말았다.

당시 유럽 왕실의 결혼 풍습은 근친이 허용되면서, 펠리페 2세는 처제가 되는 엘리자베스 1세 여왕에게 청혼을 하기에 이른다. 그러나 엘리자베스 여왕은 펠리페 2세의 저의를 알아채고 "나는 영국과 결혼했다"라는 말로 단호하게 거절하자 자존심이 상할 대로 상한 펠리페 2세는 영국 여왕에게 앙심을 품었다. 영국-스페인 전쟁은 영국의 네덜란드 독립 전쟁 지원과 신대륙을 둘러싼 이권 싸움 등이 표면적인 이유이지만, 펠리페 2세의 엘리자베스 여왕에 대한 개인적인 보복도 한 가지 원인으로 꼽을 수 있다.

세계 최강 해군을 보유한 스페인과 신생 영국과의 전쟁(칼레해전)은 어떻게 되었을까? 스페인과 영국의 전쟁은 구교와 신교, 자신감과 신중함, 구식 무기와 신식 무기, 형부와 처제 간의 전쟁이라는 점에서 매우 흥미로울 뿐 아니라 해상 제패를 놓고 벌인 기념비적 사건임에 틀림없다. 이 전쟁은 스페인이 쉽게 이기리라는 예상을 뒤집고 영국의 승리로 끝이 났다. 골리앗과 다윗의 싸움으로 비유하는 사람도 있었다. 당시 해전에서는 바람의 방향이 승패에 결정적 영향을 끼쳤다. 바람은 영국에게 유리하게 불었고, 영국은 이를 '프로테스탄트 신풍(神風)'이라고 부르면서 구교에 대한 신교의 승리라고 호들갑을 떨었다.

역사의 기록은 승자가 선택한 용어를 사용한다. 칼레해전에서 스페인이 영국을 패배시켰다면 그 바람을 '가톨릭 신풍'이라고 불렀을까? 하나님은 개신교의 손을 들어주셨다. 영국은 승전의 기쁨을 라틴어로 메달에 새겼다. "Flavit Jehovah et Dissipati Sunt." "하나님이 숨을 내쉬자 그들이 뿔뿔이 흩어졌다."(매팅리, 2012: 559) 신풍의 위력은 지속되었다. 스페인 무적함대는 1596년과 1597년 영국을 재침략하려 했지만 모두 폭풍으로 실패하고 말았다. 칼레해전의 결과는 영국이 제해권(制海權)을 잡는 중요한 계기가 되었다. 엘리자베스 여왕은 이 해전의 승리를 기념하기 위해 세 번에 걸쳐 런던의 세인트폴 대성당까지 행진을 했다고 한다. 여왕은 의도적으로 로마의 개선식을 모방하여 전리품과 깃발을 앞세우고 성전까지 가두 행진을 했는데(램버트, 2021: 395-396), 이는 영국이 새로운 로마가 되겠다는 자신감을 국내외에 선포하는 의식이었을 것이다.

신풍은 우리나라 역사와도 관련된다. 13세기 말 고려와 몽골 연합군은 두 차례에 걸쳐 일본을 침략했지만 태풍으로 실패했는데, 일본에서는 이를 '가미카제(神風)'라고 불렀다. 역사적 사례를 다른 역사에 적용하는 것도 흥미롭다. 전쟁의 승리를 기점으로 영국은 해양세력으로 급부상하고, 이후 스페인과 포르투갈이 개척해 놓은 아시아, 아프리카, 아메리카에서 '해가 지지 않는' 광대한 식민지를 만들게 된다.

이 세상에는 영원한 승자도 패자도 없다. 더우면 추울 때가 있고,

추우면 더울 때가 있듯이 강자는 약자가 되고 약자가 어느 날 강자로 부상한다. 스페인과 영국 간의 관계만이 아니고 인류 역사를 보아도 그렇다. 영원히 세계를 지배할 줄 알았던 로마도 몽골도 유럽의 제국주의 국가들도 그랬다. 제2차 세계대전 이후 소련과 함께 세계질서의 형성에 엄청난 힘을 과시하고 소련 해체 이후 세계 유일의 초강대국으로 군림해 온 미국도 중국의 부상으로 슈퍼파워의 자리가 위태로워졌다. 국가를 부강하게 만드는 데는 유무형의 요소들이 있다. 그 요소들이란 풍부한 천연자원이나 군사력과 같은 하드파워일 수도 있고, 주변국과의 외교관계나 국민의 문화 수준과 같은 소프트파워일 수도 있다.

인류 역사의 흥망성쇠는 엄연한 역사적 사실이다. 국제관계에서는 영원한 승자도 영원한 패자도 없는 법이다. 개인이든 국가든 역사 앞에 진실되고 겸손해야 한다. 성공학과 함께 실패학이 중요한 이유다. 말콤 글래드웰의 대표작 《좋은 기업을 넘어 위대한 기업으로》에 따르면, 100년 이상이 된 기업의 특징은 시대 환경에 적극 부응하면서 자신의 장점을 지속적으로 업그레이드시키고 단점은 보완해나간다고 한다. 수성이 창업보다 어려운 법이다.

📖 램버트, 앤드루. (2021). 《해양 세력 연대기》. 박홍경 옮김. 까치.
  매팅리, 개릿. (2012). 《아르마다》. 콜린 박·지소철 옮김. 너머북스.

16세기를 이해하는 세 가지 키워드

④ 임진왜란, "역사는 반복된다."

16세기 말 일본 전국시대를 통일한 도요토미 히데요시(1537~1598)는 정명가도(征明假道), 즉 '명나라를 치고자 하니 조선의 길을 빌려 달라'는 명분을 내세우며 조선을 침략해 왔다. 1592년 임진왜란이다. 당시 일본은 전면적 개방정책을 추진하지는 않았지만 제한적으로나마 유럽의 포르투갈 등과 무역을 하고 있었고, 이 과정에서 유럽의 신문명을 적극적으로 수용, 발전시켰다. 임진왜란 당시 조선군의 예봉을 꺾었던 조총 역시 포르투갈 선교사들이 일본으로 가져왔던 신식 총기다.

신식 무기 조총으로 무장한 일본군이 조선반도를 유린하면서 왕조의 운명은 바람 앞에 등불 신세였다. 일본군은 부산에서 한양까지 북상하는 데 보름 안팎의 시간이 걸렸을 뿐이다. 파죽지세였다. 조선 왕 선조는 파천(피난)을 거듭하면서도 유능한 신하와 장수를 파면하는 등 무능하고 나약한 리더십으로 일관했다. 다행히도 해전에서는 이순신 장군을 비롯한 해군의 활약으로 삼남의 곡창지대를 지켜냈다. 만약 삼남(전라도, 경상도, 충청도)의 곡식들이 일본군의 수중에 들어갔다면 전쟁의 판도는 또 달라질 수밖에 없었을 것이다. 이순신 장군이 전쟁 발발 이듬해인 1593년 사헌부에 보낸 편지에도 삼남의 중요성이 담겨 있다. '若無湖南 是無國家(약무호남 시무국가)' '만약 호남이 없으면 국가도 없다.'

이순신 장군의 연전연승은 유비무환의 정신과 지형지세를 이용한 치밀한 군사전략의 결과였다. 이순신 장군의 문무겸전의 인문적 소양과 의식을 높이 평가하지 않을 수 없다. 그가 13척의 배로 세계 해전사에 길이 남을 대첩을 일궈낸 명량(鳴梁)해전은 '울돌목'이라는 지형과 특성을 십분 이용했기에 가능했다. 그는 군사전략을 세우면서 현지 주민들과 충분히 교감하고 그들의 의견을 경청하면서 전략을 수립했다. 장군은 경청의 달인이었다. 경청의 대상도 지위고하, 남녀불문이었고 그 자세 또한 지극히 겸손하였다. 겸손한 듣기(humble listening)는 '내가 가진 것과 상대의 좋은 아이디어를 연결하는 힘이며, 새로운 세상과 탁월한 아이디어에 자신을 접속시키는 패스워드가 되는 것이다.' 전쟁의 승패는 병력이나 무기만으로 결정되는 것이 아니다. 지휘관은 민심을 경청하고 그들의 마음을 얻어야 한다.

나라의 명운이 풍전등화에 놓여 있었을 때 조선이 믿는 것은 군신 관계를 유지해 온 명나라의 원군이었다. 당시 명나라는 국력이 하강기에 접어들었고 국내외적으로도 어수선하고 불안한 때였다. 국내적으로는 반란이 거듭되었고, 북으로는 만주의 여진족이 세력을 확장하며 명나라를 호시탐탐 노리고 있었다. 명나라 조정에서는 일본군이 함경도까지 진격하고 나서야 파병 원군을 보냈고 조선에게는 재조지은(再造之恩)의 나라가 되었다. 우여곡절을 극복하면서 조명연합군(朝

明聯合軍)은 평양성을 탈환하기에 이른다. 평양성은 임진강 북쪽의 핵심 군사요충지라는 점에서 전쟁의 판도를 바꿔놓았다. 평양성 탈환의 일등공신은 무엇보다 명나라의 우수한 대포였다. 조총과 백병전에 익숙한 일본군은 장거리에서 대포 공격을 하는 명군에게 약점을 보였다. 사기가 오른 명군은 송추 벽제관까지 일본군을 추격했지만, 일본군의 매복 전술에 말려들어 패하고 만다. 대포를 주력으로 하는 명군은 일본군을 추격하면서 무거운 대포를 이동시키는 데 시간이 많이 걸렸고, 대신 일본군은 신속하게 후퇴하여 매복 전술을 펼칠 수 있었다. 벽제관 전투 이후 전쟁은 소강상태가 된다. 쌍방이 교전을 통해 서로의 장단점을 알게 되었다.

이후 조선반도는 일본군과 명군의 주둔지가 되었다. 산야는 처참하게 짓밟혔고 백성의 피폐는 말로 표현할 수 없을 지경이었다. 일본군은 침략자로서 반도의 백성을 유린했고, 명군은 주둔지에서 주둔 비용을 지불해야 한다는 이유로 온갖 행패를 일삼았다. 침략당한 나라와 백성을 도와주러 온 원군도 침략자 못지않았다. '왜군은 얼레빗, 명군은 참빗'이라는 말이 회자될 정도였다. 왜군이 적군인지, 명나라 군대가 적군인지 구분할 수 없을 정도로 명군의 행패와 약탈이 그만큼 심했다는 뜻이다(류성룡, 2021: 194). 백성들은 가늘고 촘촘하여 한번 빗으면 남는 게 없는 참빗을 절묘하게 명군의 수탈과 민폐에 비유했던 것이다.

이후 명군은 적극적으로 전쟁을 수행하는 것이 아니라, 철군의 명분을 찾는 데 분주했다. 전쟁다운 전쟁은 삼남의 바다에서 치열하게 전개되었는데, 이순신 장군이 지휘하는 해군과 함대가 아니었다면 조선이란 나라는 지도에서 사라졌을지도 모른다.

전쟁의 결과는 동아시아의 세력 판도를 바꿨다. 침략자 일본은 도요토미 히데요시의 죽음으로 그의 부하 도쿠가와 이에야스가 정권을 잡고 막부 체제로 바뀌었다. 명나라는 가뜩이나 어려운 국내외 정세 속에서 파병 결정을 했는데, 이 결정은 명의 운명을 단축시키는 원인 중 하나가 되었다. 만주족의 누르하치가 명을 침략하여 멸망시키고 후금(이후 청)을 수립했다.

여기까지가 임진왜란에 얽힌 약사(略史)이다. 과거의 아픈 역사를 다시 들추는 것은 그 역사가 반복되지 않도록 경계하자는 것이다. 악보의 되돌이표처럼 역사도 반복되는 경향이 강하기 때문이다. 되돌아보면 임진왜란 발발 훨씬 전부터 조선은 철저히 국내외 환경을 무시하거나 무지했다. 일본의 침략 야욕을 간파하고 이를 대비할 시간이 있었음에도 불구하고 일본의 침략 의도와 힘을 무시했다. 조선 위정자들은 일본을 왜구로 폄하하고 그들이 힘을 키우면서 침략할 것이라는 여러 징후를 무시하고 간과했다. 당시 조정 신하들의 대화 기록을 보면 사실에 입각한 정보를 어떻게 수용하고 대비할 것인가에 초점을 두기보다 어떻게 무시하고 현상을 유지할 것인가에 관심이 많았다. 고의적 부작위이다. 억장이 무너진다. 나라와 백성을 대표하는 이런 왕이나 관료들에게 국가의 안위를 기대할 수 없다. 조선은 일본에 대해 문명과 문화에 관한 상대적 우월의식을 가지고 있었다. 하기야 조선사절단이 일본을 방문했을 때 일본인들이 조선의 지적 자산과 문화에 대해 보여준 모습에서 일본인을 삼류로 취급했을 것이다.

일본은 꾸준히 외국과 교류하면서 국내 세력들을 하나로 통합시켰다. 조선과 일본이 외국인에 대해 보인 태도는 근세에 양국의 운명을 바꿔놓았다. 일본은 표류하여 도착한 외국인들을 정중하게 대하면서 그들이 가진 지식과 기술을 전수하는 데 많은 노력을 기울였고, 더욱이 지방관리가 외국인을 심문하는 질문도 매뉴얼화되어 있을 정도였다. 반면에 조선은 표류해 온 외국인을 죄인 다루듯 심문하고 그들을 노예처럼 부렸다. 박연(네덜란드 이름은 '벨트브레')처럼 조선에 표류, 귀화하여 성공적으로 정착한 경우도 있지만, 하멜의 경우에는 10여 년을 노예처럼 일하다 조국 네덜란드로 탈출했다. 그가 작성한 하멜 표류기는 조선에서 노동을 했지만 지불받지 못했던 임금을 받기 위해 저술했다고 한다.

임진왜란의 관전 포인트 중 하나는 조선의 상국 명나라의 태도이다. 명나라는 벽제관 전투 패배 이후 일본군과 좀체 싸우려고 하지 않았다. 명은 조선과 일본 양국 사이를 줄타기하면서 철군의 명분을 쌓는 데만 바빴다. 명이 조선에 원군을 보낸 상황은 6.25 때 중국이 북한을 도우려 파병했던 상황과 절묘하게 비슷하다. 중국은 유엔군이 압록강에 진격하였을 때 본진을 파병하여 북한을 도왔고, 남쪽의 임진강까지 내려왔다. 이는 임진왜란 당시 일본군이 함경도까지 진격했을 때 명나라가 원군을 파병하고 이후 임진강의 벽제관까지 내려온 것과 유사한 상황이다(한명기, 2015).

임진왜란의 발발 원인에는 여러 의견과 진단이 있을 수 있지만, 무엇보다 서양인에 의해 이름 붙여진 '은자의 나라(The Hermit Nation)'답게 국제정세를 적극적으로 알려고 하지 않은 고의적 부작위와 일본, 명 등 이웃 국가들에 대한 정확한 정보의 부재, 그리고 무능하고 나약한 리더와 파벌싸움이 복합적, 다층적으로 작용하였다. 조선은 동방예 의지국으로서 국가적 자존감이나 문화적 우월감을 지속적으로 유지할 수 있는 첫 번째 요소가 강력한 국방력과 유비무환에 있음을 알았어 야 했다.

　오늘날 한국은, 미국과 G2 국가로서 위상과 존재감을 드러내고 싶 어 하는 중국, 그리고 일본의 군사 재무장 사이에서 운신의 폭이 좁 다. 특히 자주국방 등 주권국가로서 할 수 있는 옵션이 많지 않은 상 황이다. 역사의 속성은 반복이라고 했다. 이제는 그 반복이 고난과 역 경의 어두운 역사가 아니면 좋겠다. 우리는 16세기 동아시아의 격변 기에 임진왜란을 대비하지 못해 국토와 백성이 외부 세력으로부터 유 린당하는 질곡의 역사를 경험했다. 어디 임진왜란뿐이던가. 20세기만 해도 일제강점기, 해방 후 남북 분단과 6.25 등 우리 민족이 겪은 고 난과 역경은 셀 수 없을 정도다. 16세기 임진왜란은 오늘날 대한민국 이 강국 틈바구니에서 지속적으로 생존, 번영할 수 있는 매우 유용한 교훈을 제공한다.

　류성룡. (2021). 《징비록》. 오세진·신재훈·박희정 역해. 홍익출판 미디 어그룹.

　한명기. (2015). 《광해군》. 역사비평사.

제3부

사람에 의한

메르켈 리더십
협치의 리더

세계 정치사를 보면 정치인이 그것도 지역구를 대표하는 국회의원도 아닌 국가를 대표하는 대통령이나 총리가 재집권의 가능성이 높음에도 불구하고 자발적으로 물러나는 경우는 극히 드물다. 현실은 오히려 연임을 가로막는 헌법을 개정해서라도 집권을 계속하고 싶은 것이 정치이고 정치인이다. 러시아의 푸틴 대통령이나 중국의 시진핑 주석도 규정을 바꿔서라도 종신에 가까운 집권 기회를 열어놓고 있지 않은가. 정치판에서는 좀 더 오랫동안 정부를 이끌어갔으면 하는 리더들은 물러나고, 제발 그만뒀으면 하는 리더들은 좀체 물러나지 않는다.

그런 점에서 독일의 앙겔라 메르켈 총리의 결단은 '나 아니면 절대 안 된다'라는 유아독존의 아집과 교만이 판치는 정치에서 신선한 소식이 아닐 수 없다. 그녀는 2021년 9월 16년 만에 총리직을 내려놨다. 최근 메르켈 총리에 대한 여론 조사를 보면 무려 70% 이상의 응답자가 그녀를 긍정적으로 평가하고 있다. 민주국가에서 퇴임하는 지도자에 대해 이렇게 긍정적인 평가를 내린 경우는 찾아보기 드문 사례다.

앙겔라 메르켈 총리(재임 2005.11.22~2021.12.7)가 헬무트 콜 총리(재임 1982.10.1~1998.10.27)와 함께 최장수 총리라는 기록을 남긴 것보다 더 중요한 정치적 유산은 합의를 이끌어내는 의사결정 방식이라고 생각한다. 과묵하고 참을성 있는 메르켈은 이견을 듣고 조율하고 합의를 만들어 낼 줄 알았다. 그녀가 말수가 적고 인내심이 강한 건 비밀경찰의 감시가 심했던 동독에서의 경험 때문이라고 한다. 이런 경험이 '이견을 견디는 근육'을 키웠다는 것이다(강인선, 2021). 고난과 고통으로 담금질된 사람은 그렇지 않은 사람보다 더 성숙한 법이다.

그녀는 중요한 의사결정을 내릴 때 정치적 이해관계보다 사실관계를 먼저 따져 합리적으로 의사결정을 내렸다. 그녀의 합리적 의사결적 방식은 2008년 금융위기, 2011년 탈원전 전환, 2015년 시리아 난민 문제, 2020년 이후 코로나 19의 팬데믹에 이르기까지 굵직한 국내외 난제들을 해결하는 데 커다란 기여를 한 것으로 평가받는다. 이러한 의사결정 방식은 그녀가 대학에서 물리학 박사학위를 받고 정치인으로 활동하기 전 연구소에서 물리학자로 일했던 경험들이 작용하지 않았나 싶다. 과학자가 정치인으로 변신했지만 사고와 의식 구조는 자연과학적인 알고리즘에 잘 훈련되어 있었을 것이기 때문이다(마튼, 2021).

독일식 선거제도는 우리나라에서 선거제도를 고칠 때마다 가장 닮고 싶은 제도라고 한다. 독일식 선거제도란 무엇인가? 독일식 선거제도는 소선거구제와 비례대표제를 혼합한 방식으로 어느 한 정당이 단독으로 정부를 구성하기 어려운 구조다. 정당들은 협상을 통해 연립

정부(연정)를 구성하는 게 일반적이다. 의원수의 과반을 채우지 못한 정당들이 합종연횡으로 연정을 할 수밖에 없다.

좀 더 구체적으로 독일선거제도를 살펴보기로 하자. 독일선거제도는 한마디로 유권자의 표심을 사표(死票)로 만들지 않고 실제 의석으로 공정하게 반영하는 것이 핵심이다. 총선에서 유권자들은 두 표를 행사하는데, 지역 선거구 후보와 정당을 찍는다. 의원 정수는 지역구 299석, 비례 299석 등 총 598석이다. 지역구와 비례대표 의원 수가 동일한 것이 인상적이다.

지역구에서 다수 득표자가 당선되고, 정당의 득표율에 따라 각 당의 총 의석수가 배분되는 것은 우리나라 선거제도와 동일하다. 차이점이 있다면, 지역구 후보와 비례대표 후보는 중복이 가능하다는 점이다. 지역구에서 낙선하더라도 비례대표 후보로 연방의회에 진출할 수 있다. 개인의 득표력도 중요하지만, 소속정당의 득표력도 중요하게 여기는 선거문화 때문이다. 이렇게 함으로써 소속정당의 지지도가 열세인 지역에 출마한 후보자도 소속정당의 득표를 높이기 위해 열정적으로 선거운동을 할 수 있다고 한다. 독일선거제도의 또 다른 특성은 전체 의석은 598석이지만 만약 정당에 배정된 의석보다 정당의 지역구 당선자가 많을 경우에는 초과 당선자도 추가로 인정하는 초과의석제도, 즉 보정의석이 생기게 된다. 최대한 유권자의 인물 선택을 존중하기 위해서다. 독일선거에서 의원정수가 늘어나는 것은 문제점으로 지적되고 있지만, 유권자의 표심을 최대한 존중하겠다는 의지가 담겨 있다고 본다. 단서조항도 있다. 군소정당의 난립을 막기 위해 정당이 의석을 배분받으려면 최소한 5% 이상의 득표율을 보여야 한다.

보수우파 정당에 소속한 메르켈은 지난 16년 동안 정당 간의 연정을 통해 총리직을 수행했으며, 그런 가운데 좌파의 진보적인 정책도 수용하는 것을 주저치 않았다. 진영의 논리라든지 개인의 소신이나 신념보다는 국가 미래와 국론의 관점에서 의사결정을 내렸다. 대표적인 사례가 2011년 일본 후쿠시마 원전 사고 이후 독일이 원전을 단계적으로 폐지하고 탈원전 친환경 에너지 정책으로 방향을 전환하기로 결정한 것이다. 본래 메르켈 정부는 탈원전 정책을 반대했다. 탈원전의 훼방꾼이라는 비난을 들을 정도였다. 그 과정은 대강 이렇다. 2000년 게르하르트 슈뢰더 총리(재임 1998~2005)는 향후 20년간 원전 19개 전부를 단계적으로 폐쇄하겠다고 발표한 바 있다. 2005년 임기를 시작한 메르켈 총리는 이전 정부에서 발표한 원전 폐쇄 시한을 2020년까지 연기하기로 했다. 이전 정부의 탈원전 정책의 기조를 번복했다. 여기까지는 국민과의 약속을 손바닥 뒤집듯 하는 정치인과 똑같다.

그런 와중에 2011년 후쿠시마 원전 사고가 터지고 독일에서 탈원전이 다시 정치적 이슈로 부상하면서 메르켈 정부는 정치적으로 큰 타격을 입었다. 결국 메르켈 정부는 2022년까지 전체 원전 가동을 중단하기로 합의하게 되었다. 메르켈 정부의 곤이지지(困而知之) 형국이다. 개인이나 정부도 곤란한 형편을 당하고 나서야 깨닫고 정신을 차리게 된다. 정치에서 더 큰 문제는 곤란을 당하고도 정신을 차리지 못한 지도자나 정부가 허다하다는 것이다. 독일은 유럽에서도 탈원전 친환경에너지 정책을 강력하게 추진하고 있다는 점에서 의사결정과정에 따른 다양한 요인과 변수들을 공부할 필요가 있을 것이다. 국가의 미래에 중요한 영향을 미치는 의사결정을 하기 위해서는 국가가 처한 환경과 문화 그리고 국민의 요구와 미래의 필요성 등 수많은 요인을 고려해야 한다.

메르켈 총리의 국가통합 의지와 실천에 대해 소개할 행보가 많지만 이것은 꼭 쓰고 싶다. 그는 독일의 수치스러운 과거사를 상기시키면서 신나치주의 확산 등 민족주의에 대해 경계심을 늦추지 않았다. 그는 2013년 8월 20일 독일 남부 바이에른주 뮌헨시에서 약 16km 떨어진 곳에 있는 다하우 수용소를 찾아 묵념했다. 2010년에 상징적 국가원수인 호르스트 쾰러 대통령이 방문한 적은 있었지만, 역대 총리들이 이곳을 한 번도 찾은 적이 없었다는 것은 정치적 실세인 총리가 방문할 경우 유권자들의 반감을 불러일으킬지 모른다는 우려 때문이었다.

하지만 메르켈 총리는 유권자의 표와 그의 소신을 바꾸지 않았다. 1992년 여성청소년부 장관 시절에도 다하우 수용소에 헌화했고, 2008년 이스라엘 방문 시에는 유대인 학살추모관을 찾아가 사죄했다. 외국 대통령이 방문하면 수용소로 안내하여 과거사에 대해 사죄하곤 했다. 그는 "우리는 나치가 자행한 범죄와 제2차 세계대전의 희생, 그리고 대학살에 영원한 책임이 있다"라고 말했다(이상언, 2013). 독일 총리로서 피해자와 피해국에게 과거의 잘못을 깨끗하게 인정하고 철저히 낮은 자세로 용서를 구했다. 지도자는 쉽지 않은 일을 솔선수범하여 하는 것이다.

국가 지도자가 임기를 마무리할 때 그를 평가하는 항목 중 국가 경제에 대한 성적표가 가장 중요한 포인트다. 메르켈 총리의 재임 시 독일 경제는 어땠을까? 메르켈이 총리로 취임한 2005년 독일 경제는 동맥 경화증을 앓는 유럽의 환자에 비유되었다. 메르켈은 16년 동안 총리로 재임하면서 독일 경제를 유럽의 기관차로 다시 달리게 했다. 현재 실업률은 세계 최저 수준인 3%로 사실상 완전고용 상태다. 2020년 『세계행복보고서』에 따르면, 독일이 가장 행복한 국가로 나타났다. 더 놀라운 사실은 메르켈 총리가 그 공(功)을 슈뢰더 전임 총리에게 돌렸다는 것이다. 슈뢰더는 자기 소속정당이 아니라 경쟁 상대 정당 소속의 총리였다. 권력 쟁취를 위해 치열하게 경쟁을 하지만, 결과에 대해서는 상대방에게 공을 돌린다. 국가 경영에서 나타나는 성과는 자기 혼자만의 결과물이 아니다. 어떤 일이든 씨앗을 뿌리는 사람이 있고 열매를 따는 사람이 있는 법이다. 열매를 거두는 권력자가 씨앗을 뿌린 권력자를 잊지 않고 그 공을 돌리는 것은 얼마나 큰 미덕인가. 정치가 이념과 진영의 울타리를 벗어났을 때 비로소 국민이 보이고 품격이 있게 된다. 이 정도의 품격을 갖춘 정치라면 삼류라는 말은 듣지 않을 것이다.

흥미로운 점은 메르켈 총리의 정치적 후원자는 헬무트 콜 총리였는데, 콜과 메르켈은 나란히 16년 간 총리로서 임기를 마쳤다. 메르켈이 자발적으로 총리 출마를 포기한 것은 정치적 스승인 콜 총리보다 더 오래 총리를 하는 것이 부담되었는지도 모른다. 저자만의 생각일 수 있지만 메르켈의 인품이라면 그런 가정도 가능하다고 본다.

권력자가 공사(公私)를 구분하는 것도 중요한 덕목이다. 메르켈은 총리가 된 뒤로도 직접 시장을 보았다. 퇴근 후에는 가정에서 살림하는 평범한 시민으로 돌아가 공과 사의 경계를 분명히 하고 그 경계를 표가 나지 않게 하였다. 성숙한 사회에서 볼 수 있는 정치인의 품격이다. 할리우드 액션과 분식에 능수능란한 한국 정치인에 비하면 참 부러운 모습이다. 정치인 메르켈은 홍보용으로 한두 번 보여주기식의 쇼가 아니라 일상적으로 퇴근 후에 마트에 들려 시장을 보고 집에서 요리해서 식사를 한다. 권위를 내려놓으면 권위가 더 높아지기 마련이다. 영어로 권위는 오소리티(authority)라고 한다. 발음이 오소리(吾小利)와 닮았다. 오소리, 즉 내가 이익을 적게 취하게 되면 오소리티가 생기게 되는 것이다. 오소리와 오소리티는 비례한다.

10월 3일은 우리나라에서는 개천절이지만, 서독과 동독이 독일연방공화국으로 통일이 된 날이기도 하다. 2021년 10월 3일 〈통일 31주년 기념 연설〉에서 메르켈 총리는 통일의 교훈에 대해 이렇게 연설했다. "서로 관심을 갖고 이야기를 나누며 다른 사람들과의 다름을 용인해야 한다. 우리는 서로 살아온 길과 경험을 존중해야 한다. 이것이 통일 31주년의 교훈이다." 통독 31년째가 된 현재 서독과 동독의 지역 간 경제 격차와 사회 갈등으로 여러 가지 사회문제가 발생하고 있다고 한다. 2019년 기준 1인당 GDP는 서독 지역이 4만 3,449유로(약 5,975만원)인 반면에 동독 지역은 서독의 69% 수준인 3만 27유로(약 4,130만원)였다. 실업률에서도 서독은 5.1%, 동독은 7.1%로 나타났다. 독일 500대 기업 본사의 지역 분포를 보면 서독 지역은 93%(464곳), 동독 지역은 7%(36곳)에 불과했다. 이러다 보니 동독인들은 '차별받는 2등 국민'이라는 불만을 터트리고 있고, 반면 많은 서독인은 "서독인들의 희생으로 공산권이던 다른 동유럽의 국민보다 훨씬 잘살게 됐는데 왜 불만을 갖는지 이해할 수 없다"는 반응을 보인다고 한다(손진석, 2021). 메르켈은 통독 이후 지역 격차와 구동독인과 구서독인 간에 드러나는 현실 인식의 차이를 보면서 심정이 편치 않았을 것이다. 그녀는 통독 후 최초의 구동독 출신 총리가 아니던가.

최장수 독일 총리의 통일에 대한 소회를 들어보자. "통일은 아직도 완성되지 않았다. 통일로 인해 적지 않은 동독인이 정치와 직업 세계 등 거의 모든 것이 바뀌었고, 일부는 갑자기 막다른 골목에 놓이는 상황이었다."(손진석, 2021) "오늘날 우리는 통일된 조국에서 민주적 자유가 선사한 기회들의 열매를 누리고 있지만, 동독 공산독재를 경험한 나 개인으로는 분열의 종식과 민주주의는 언제나 각별한 것이다. 민주주의는 그냥 있는 것이 아니다. 우리는 그것과 함께 살고 민주주의를 보호하기 위해 매일 노력해야 한다."(이유정, 2021) '통일은 아직 미완성이고 민주주의는 그저 주어진 것이 아니다!' 16년간 독일과 유럽을 이끌고 퇴임하는 연설에서 독일 사회가 처한 현실에 대한 메르켈의 냉철한 인식과 진단을 엿볼 수 있다. 통일 독일에서 일어난 사례, 즉 지역격차의 문제, 극우세력의 등장, 사회적 갈등 등은 언제가 될지 모르겠지만 남북통일 후 우리 사회에서도 재현될 가능성이 높다는 점에서 의미 있는 교훈과 적절한 사례가 될 수 있을 것이다.

유럽 연합(EU)의 회원국은 27개 국가이지만 정치, 경제, 군사, 문화 등에서 주도적인 역할을 하는 국가는 독일, 프랑스, 영국, 이탈리아 4개국이다. 가정의 형제들이 많아도 맏형이 가정의 대소사를 이끌어가는 것처럼, 독일 역시 유럽 연합에서 맏형처럼 주도적 역할을 하고 있다. 이제 2021년 1월 1일 영국이 EU에서 탈퇴하면서 EU도 새로운 변화를 맞게 되었다. 지구촌은 코로나 팬데믹, 기후위기, 민족주의 준동과 지역 분쟁, 미·중의 패권 경쟁 등 바람 잘 날이 없을 정도로 난제가 얽혀있다. 칡과 등나무가 서로 얽혀있는 갈등(葛藤)의 양상이다. 합리적 리더십으로 타협하고 정적까지 포용하면서 머리를 맞대고 이견을 조정해가는 메르켈 리더십이 벌써 그립다. 최근 푸틴 러시아 대통령의 우크라이나 침공에 이렇다 할 외교적 해법을 모색하지 못하고 있는 상황에서 서방 지도자들은 2014년 러시아의 크림반도 합병 후 휴전협정을 이끌었던 메르켈의 리더십을 떠올리고 있다(한상용, 2022). 독일 국민이 그녀를 무티 메르켈(Mutti Merkel 메르켈 엄마)로 부르는 이유를 이해할 만하다.

📖 마튼, 케이티. (2021). 《메르켈 리더십》. 윤철희 옮김. 모비딕북스.

강인선. (2021). 《조선일보》. 〈메르켈 총리는 왜 사생활 노출을 꺼렸을까〉. 10월 15일.

강천석. (2021). 《조선일보》. 〈대통령 닮지 않은 분을 찾습니다〉. 10월 2일.

서유진. (2020). 《중앙일보》. 〈코로나로 지지율 79% 반전 … EU가 홍보던 '메르켈 신드롬'〉. 7월 23일.

손진석. (2021). 《조선일보》. 〈獨 통일은 아직 완성되지 않았다 … 떠나는 메르켈의 우려〉. 10월 5일.

이광빈. (2017). 《연합뉴스》. 〈국내 선거제도 개혁 화두의 '만년 모델' … 독일식 선거제도란〉. 9월 25일.

_____. (2021). 《연합뉴스》. 〈탈원전 훼방꾼이었던 메르켈, 자의로 변했을까〉. 9월 18일.

이상언. (2013). 《중앙일보》. 〈유대인 학살 현장 찾은 메르켈 "슬픔과 부끄러움이…"〉. 8월 22일.

이유정. (2021). 《중앙일보》. 〈16년간 유럽 이끈 메르켈 "민주주의는 그냥 주어지지 않아"). 10월 5일.

임상훈. (2021). 《오마이뉴스》. 〈메르켈이 보여준 정치의 품격, 국민은
왜 열광했나〉. 10월 2일.

한상용. (2022). 《연합뉴스》. 〈우크라 사태 정상 외교력 한계 … 메르켈
이 그리운 이유〉. 2월 20일.

한주연. (2021). 《한겨레》. 〈메르켈의 합리적 리더십은 독일 정치문화가
됐다〉. 8월 22일.

위기 리더십

올리버 P. 스미스 장군

전쟁은 언제나 비극이다. 동족 간의 전쟁은 오죽하겠는가. 6.25 전쟁(한국전쟁)이 그렇다. 전쟁은 비극이지만 그 과정에서 숱한 영웅담이 쏟아진다. 한국전쟁에서 우뚝 솟은 인물은 더글라스 맥아더 유엔군사령관이지만, 역사의 평가는 노회한 정치군인에게 경도된 느낌을 지울 수 없다. 한국전쟁의 총사령관 맥아더는 전쟁터인 한반도에 없었다. 그는 한국전쟁 중 단 하룻밤도 한국에서 잠을 자지 않았다. 일본의 통치자로 군림하면서 동경의 호텔에서 보고받고 지시했다. 장수가 전장에서 전황을 파악하거나 부하들의 형편을 살피지 않는다면 분명 문제다. 전장과 유리된 맥아더의 실수는 예고되어 있었다. 맥아더의 오판과 실수를 최소화한 것은 최전선에서 싸운 그의 부하들이었다. 맥아더에게 숱한 참모와 예하 부대의 지휘관들이 있었지만 특별히 올리버 P. 스미스 장군에 주목해 본다.

스미스 장군(1893~1977)은 한국전쟁 당시 미 해병대 제1사단의 사단장이었다. 그는 1950년 함경북도 장진호 전투(1950년 11월 26일~12

월 13일)에서 중공군의 인해전술에 말려 악전고투 끝에 사단 병력을 성공적으로 철수시킨 장본인이다. 군사사학자 S. L. A. 마셜은 "스미스 장군은 미국 역사에서 가장 인정받지 못한 장군 중 한 명이다. 장진호 전투는 미국이 치른 전쟁 중 가장 괄목할 만한 사단급의 위업이다"(사이즈, 2021: 406)라고 회고했다. 스미스 장군이 위기를 극복한 이야기는 깊은 감명과 함께 리더십의 본질에 대해 곱씹어보게 한다. 진정한 리더십은 위기에 봉착했을 때 빛이 나는 것이다. 위기관리 리더십이다. 마치 품속에서 제갈공명의 비단주머니를 필요할 때 꺼내 보이는 것이다.

한국전쟁을 총지휘한 맥아더(1880~1964) 사령관의 리더십을 되새김질해보자. 그가 일생 누볐던 전장이 아니라 한국전쟁에 국한해서다. 맥아더에 대한 통념과 신화를 파헤치는 것이다. 맥아더는 유엔군사령관으로서 인천상륙작전(크로마이트 작전)을 성공시켜 그의 명성을 입증했다. 한반도의 허리에 해당하는 인천, 그것도 조수 간만의 차가 크고 갯벌이 넓어 상륙 작전지로는 최악의 평가를 받은 지역에 보란 듯이 상륙하였다. 1951년 4월 맥아더 총사령관이 해임되고 그의 뒤를 이은 리지웨이 장군은 성공확률이 5천분의 1의 모험이라고 일갈했던 적이 있었다. 상륙작전의 성공으로 맥아더가 즐겨 사용하는 비유처럼 북한군은 망치와 모루 사이에 낀 형국이 되었다. 그의 뚝심과 경륜이 돋보인다.

맥아더는 상륙작전을 성공시킨 이후 전황과 전세에 대해 과도한 자신감을 가졌다. 전쟁이 자신의 생각대로 전개될 줄 알았다. 북한군을 압록강 이북으로 몰아내고 공산주의를 한반도에서 사라지게 할 기회를 잡았다고 확신했다. 국지전의 승리에 도취한 맥아더의 과도한 자만심과 허영심은 그의 리더십을 아집, 오만, 독선으로 치닫게 했다. 실제 맥아더는 상륙작전 성공 후 서태평양 웨이크섬에서 트루먼 대통령을 만났을 때 경례조차 하지 않았다. 최고군사령관인 대통령이 하와이에서 만나자고 했지만 거절하고 동경에서 가까운 웨이크섬에서 만났다. 대통령도 맥아더를 해임하고 싶었지만 정치적 이해관계로 쉽게 의사결정을 내리지 못했다(알렉산더, 2000).

남침을 주도한 북한과 소련, 중공은 연리지처럼 연결되어 있고, 어느 한쪽이 어려움에 처하면 자국의 안전을 위협하는 행위로 간주할 것이 뻔했다. 맥아더는 간단한 국제역학관계조차 무시했다. 그의 주변에는 그를 황제처럼 떠받드는 아첨꾼의 참모들로 꾸려졌다(사이즈, 2021). 한국전쟁 발발 후 1951년 4월까지 한국전쟁은 사실상 맥아더의 전쟁이었고, 맥아더와 주변 참모들의 잘못된 판단과 독선은 장병들을 불필요한 위험 속에 빠뜨려 장기전이 되게 했다(이상돈, 2014: 18 재인용). 한국전쟁에서 맥아더 리더십은 상륙작전을 성공시켜 전세를 뒤집는 데 결정적인 역할은 했지만, 큰 틀에서 전세를 파악하고 능동적으로 대응하는 데 있어서는 한계가 있었다고 할 것이다. 심하게 표현하면 인천상륙작전 이후 한국전쟁은 맥아더 개인이 좌지우지하는 전쟁이었다.

이승만과 맥아더는 북진통일이라는 공통의 목적을 갖고 있었다. 맥아더는 여기에 중국 본토 회복이라는 목적을 추가했다. 원자폭탄을 투하해서라도 모택동에게 빼앗겨 공산화된 중국을 예전의 중국으로 되돌려놓는다는 것이었다. 한국전쟁이 끝난 후 전략가들은 이렇게 말한다. '만약 맥아더가 중공군의 개입 가능성을 조기에 인정하고, 이승만이 북진통일이라는 허황된 목표를 내걸지 않았더라면 평양과 원산, 함흥을 잇는 새로운 국경선이 생겼을 수도 있었을 것이다.' '또 전쟁을 오래 끌지도 않았을 것이고 장병들의 목숨을 불필요한 위험 속에 던져 넣을 필요가 없었을 것이다.'

예를 들어 닉슨 행정부와 포드 행정부에서 대통령 안보보좌관과 국무장관을 역임했으며, 1973년 베트남전 해결을 위한 노력을 인정받아 노벨평화상을 수상한 헨리 키신저(Henry Kissinger, 1923~)는 1950년 한국전쟁 당시 한미연합군이 38선을 넘어 북진할 때, 만약에 압록강, 두만강까지 진격하지 않고 평양과 원산 간의 39도선 정도에서 멈췄다면 한반도에는 상당히 다른 결과가 나왔을 것이라고 주장했다. 그렇게 되었더라면 중공군의 개입을 불러오지 않았을 것이고, 김일성 정권은 39도 이북의 협소한 산악지대에서 오래 지탱하지 못하고 궤멸했을 것이라고 추론했다. 'Half a loaf is better than no loaf.' 개인사는 물론이고 국제관계에서도 빵 한 덩이(full loaf)보다 반 덩어리(half a loaf)가 나을 때도 있다는 교훈이다(한승주, 2021: 33-35).

맥아더는 정치군인이었다. 그는 공화당의 대통령 후보가 되려고 했다. 맥아더가 얼마나 정치적이었는가는 한국전쟁 중 그의 언론플레이로 알 수 있다. 언론에 전황과 다음 목표를 미리 흘려 북한군과 중공군에게는 중요한 정보를 제공한 셈이었다. 전쟁 기밀이 맥아더에게는 개인 치적을 위한 홍보용이었다. 맥아더가 인천상륙작전을 성공시킬 때의 나이가 70세였는데 노욕(老慾)이 노추(老醜)로 이어지고 말았다. 그는 자신의 내면에서 벌어지는 야욕과의 전쟁에서는 지고 있었다. 전쟁을 정치화한 맥아더와 북진통일을 외치는 이승만은 이해관계가 맞았다. 전쟁이 정치적 이해관계로 넘어가는 순간 비극적인 전쟁이 훨씬 더 비극적이 되고 만다.

한국전쟁은 단순히 남과 북의 대결에 그치지 않았다. 자유민주진영과 공산진영과의 싸움, 즉 이데올로기의 대리전 양상이었다. 유엔군의 인천상륙작전 성공 후 최대 관건은 중공의 참전 여부였다. 여기서 맥아더 사령관은 결정적인 오판을 하게 된다. 중공의 참전을 원천적으로 부정하거나 관련 정보를 의도적으로 철저히 무시했다. 중공은 북한을 돕기 위해 참전할 수 없다는 확증편향에 빠진다. 맥아더와 참모들은 혹시라도 중공이 만주에 전력을 공급하는 북한 내 수력발전소의 수문을 지키려고 참전할 수 있겠지만 이마저도 불가능하다는 결론을 내렸다(사이즈, 2021: 127). 해리 트루먼 대통령(재임 1945~1953)의 최대 걱정도 중공의 개입이었다. "중국인의 개입 위험은 없나요?"라는 대통령의 질문에 맥아더는 이렇게 답변한다. "제가 입수한 정보에 따르면 중국인들은 전쟁에 감히 개입하지 못할 것이고 설사 그들이 전쟁에 개입하게 되더라도 그들을 격퇴시킬 것입니다." 맥아더는 모택동의 군대를 대수롭지 않게 여겼다. 맥아더에게 중공군은 주먹밥으로 연명하면서 얼마 되지 않는 조악한 총과 잘 터지지 않는 폭약에 의지한, 조락노(조라기로 꼰 줄)와 대나무를 든 농노 무리에 지나지 않았다(사이즈, 2021: 76-83).

맥아더는 소련의 스탈린, 중국의 모택동, 그리고 소련, 중국, 북한의 관계를 몰라도 너무 몰랐다. 맥아더는 관련 정보를 숙지하고도 철저히 무시했다. 옛 소련의 방대한 기밀문서를 토대로 모택동의 리더십을 분석한 책에 따르면 모택동은 스탈린의 꼭두각시였을 뿐이었다는 주장이 제기될 정도다. 모택동의 6.25 전쟁 참전 결정조차도 스탈린에게 중국 지도자가 헌신하고 있음을 의도적으로 보여주려는 계산이었다고 설명한다. 오늘날에야 러시아와 중국의 위상이 달라졌지만, 20세기 중반까지만 해도 중국은 공산당 종주국인 옛 소련의 충성스러운 부하였음을 말해준다(판초프, 2017).

결국 트루먼은 정치적 치명타를 각오하고 맥아더를 해임했다. 수백만 명의 인파가 맥아더의 귀환을 환영했다. 여세를 몰아 공화당을 비롯한 보수진영에서는 대통령이 죄 없는 맥아더를 부당하게 해고했다는 주장을 하면서 의회 청문회가 열렸다. 태평양 전쟁의 영웅 맥아더에 대한 동정론이 팽배했다. 트루먼의 인기는 곤두박질을 쳤다. 진실은 밝혀졌다. 청문회 과정에서 맥아더는 처음부터 중공군의 개입을 몰랐다고 잡아뗐다. 그러나 참모들은 중공군의 참전 사실을 보고했다는 증언을 쏟아냈다. 영웅이 하루아침에 거짓말쟁이가 되었고, 그의 말처럼 노병은 그렇게 사라졌다.

다시 장진호로 돌아가자. 장진호는 인공호이다. 장진강에 흐르는 물을 모아 댐을 만들었다. 일본은 한국의 지배력을 강화하고 중국과 아시아 전역에 진출하기 위한 전진기지가 필요했다. 일본은 함흥에서 100여km 떨어진 낭림산맥의 고지대 계곡을 물로 채워 대형 댐을 건설하고 수력발전소를 가동했다. 장진호는 일본 제국주의의 약탈과 탐욕을 실현하는 전초기지로 둔갑했다. 일제는 함흥과 인근 흥남을 군사 및 산업 중심지로 탈바꿈시켰다. 함흥과 흥남은 질소비료공장을 비롯하여 정유, 화학, 직물, 금속 주조, 군수 공장 등이 들어섰다. 이 공장에서 다이너마이트와 수은 산화물과 고옥탄가 항공연료를 생산했다(사이즈, 2021: 110-111).

한국전쟁 당시 장진호를 중심으로 한 한반도의 동북부 지역은 유엔군이 압록강 이북으로 진출하기 위한 전진기지였다. 반면 중공군에겐 유엔군의 주력 부대가 입록강을 도하하기 전 막아야 할 곳이 장진호 주변의 산악지대였다. 군사 전략적으로 쌍방 간에 일전이 불가피한 전쟁터였다. 1950년 11월 장진호는 일촉즉발의 긴장감에 강추위가 더해져 산야가 바윗돌처럼 꽁꽁 얼어붙었다. 밤에 강풍을 동반할 때는 기온이 영하 3, 40도까지 떨어졌다. 어느 정도 추웠을까. 겪어보지 않고서는 상상하기 어려울 정도다. 땅은 시멘트 덩어리처럼 단단했다. 장진호에 주둔한 미 해병대 제1사단 병사들이 착용한 동계전투화나 방한 피복은 알래스카의 혹한 지대에서도 견딜 수 있는 첨단 제품이었지만 장진호에서는 속수무책이었다. 많은 병사가 동상에 걸렸다. 미국의 따뜻한 남부에서 온 병사들은 더 견디기 어려웠다. 얼마나 추웠으면 대포의 발사속도가 느려졌다고 한다. 대포의 작동 부분이 원위치로 되돌아가는 시간이 더 길어진 이유에서다. 소총 용수철이 얼어 사격이 제대로 안될 정도였고 손이 총신에 그대로 달라붙어 조준이 힘들었다. 수류탄 안전핀도 제대로 뽑히지 않았다. 전투 식량을 얼음 상태로 먹은 병사들은 장염에 시달렸다(고산, 2007: 70-77). 포로가 된 중공군 중에는 동상으로 귀 또는 코가 떨어져 나간 부상자들도 있었다.

1950년 10월 19일 중공의 인민지원군은 비밀리에 압록강을 건너 북한으로 진입했다. 중공의 개입 명분은 단순 명확하다. '항미원조 보가위국(抗美援朝 保家衛國).' 그래서 중국인민항미지원군(中國人民抗美志願軍)이다. 모택동이 지원군(支援軍)이 아니라 지원군(志願軍)이란 이름을 사용한 것은 정규군을 파견하지 않았으니 미국에 공식적인 전쟁을 선포한 것이 아니라는 정치적 수사(修辭)였다. 펑더화이(彭德杯) 중공군 총사령관은 이렇게 비유했다 "미국이 오직 강에 의해 중국과 분리된 한국을 점령하면, 중국 동북부가 위험해질 것이다. 미국은 언제든지 중국에 대한 침략전쟁을 벌일 구실을 찾으려 할 것이다. 호랑이는 인간을 잡아먹고 싶어 한다. 언제 먹을지는 호랑이의 식욕에 달려있다. 어떤 양보도 그것을 막을 수 없다." 중공군 사령관들의 비유는 보다 실질적이다. "미국은 중국이 멕시코를 침공해 텍사스 국경까지 진군하는 시나리오에 동의하지 않을 것이다. 그 반대가 정확히 이곳의 상황이다."(사이즈, 2021: 84-85 재인용)

중공은 6.25의 전황을 면밀히 주시하면서 언제 어떤 전황에서 개입해야 할지를 자로 재고 있었다. 유엔군의 대응이 궁금하다. 북한으로 진군한 한국군을 비롯한 전장의 지휘관들은 중공군의 개입 징후와 정보를 곳곳에서 포착하고 일본의 맥아더 사령부에 보고했지만 철저히 무시당했다. 맥아더는 '중공군의 참전은 없을 것이다'라는 전제하에 전쟁을 하는 것처럼 보일 정도였다. 장진호 전투에 투입된 미군의 책임자였던 제10군단장 에드워드 알몬드(대표적인 맥아더 충성파)는 숫제 이렇게까지 말할 정도였다. "중공군이 참전할지도 모른다는 사실과 다른 잘못된 느낌을 전하는 것을 중단하라"고 권고할 정도였다(사이즈, 2021: 105). 유엔군의 수뇌부는 중공군은 참전할 수 없을 것이라는 확증편향의 덫에 갇혀버렸다. 뭐가 씌어도 단단히 씌었다. 다행히도 미군에는 중공군의 출현과 전략을 미리 헤아리고 준비한 사람이 있었다. 미 해병대 제1사단장 스미스 장군이다.

스미스 장군은 함흥의 산악지대에 출몰하는 중공군과 지형을 관찰한 결과 중공군이 미군을 유인하는 간계를 사용할 수 있다는 전략적 판단을 하게 되었다. 스미스는 사령부가 자기확신과 교만에 빠져 헤어나지 못하고 있을 때 앞을 내다보는 상황 판단을 하고 만일의 사태에 대응하였다. 그는 넓은 공지(空地)를 찾아 비행기 활주로를 건설하고 병참을 확보하고 방어태세를 강화했다. 그의 예상은 적중했다. 이 활주로를 통해 탄약, 음식, 의약품, 연료 등 보급품이 도착했고 부상병들을 이송할 수 있었다. 만약 이 활주로가 없었다면 유엔군은 또 다른 난관에 봉착했을지 모른다.

장진호는 미군과 유엔군의 무덤이었다. 그들은 중공군이 파놓은 호랑이굴로 걸어갔다. 중공군은 계절적 요인과 지형지물을 이용한 유적심입(誘敵深入)의 계략을 펼쳤다. 강한 적을 맞이해서는 일부러 패배를 가장하고 지역을 포기하는 척하면서 적을 포위망 속으로 깊이 끌어들이는 전법이다. 이는 맥아더 사령부가 전장에서 수집된 정보를 무시한 결과로 야기되었다. 명령에 죽고 명령에 사는 것이 군대의 지휘체계지만, 잘못된 목표설정과 곡해된 정보를 바탕으로 내린 명령이 초래한 불상사였다. 사령부의 실수는 수많은 병사의 목숨을 앗아갔으며 엄청난 대가를 치르게 되었다. 지휘관의 오만과 허영심이 얼마나 끔찍한 비극을 초래하는가에 대한 방증이다.

장진호 전투와 흥남으로의 철수 과정에서 보여준 유엔군의 사투(死鬪)에 대한 여러 미담이 전해진다. 전투 자체로 보면 유엔군의 명백한 패배요, 후퇴라고 할 수 있다. 실제 장진호 전투와 이어진 흥남으로의 퇴각 과정에서 미 해병대 제1사단을 제외한 미 육군과 한국군은 전멸하다시피 했다. 군사학자들은 장진호 전투를 '전략적 후퇴'라고 평가한다. 열흘간의 장진호 전투에서 유엔군은 1천 29명 전사, 4천 582명 부상, 중공군은 3만 4천명이 전사하고 3만 명이 동사했다(이상돈, 2014: 118).

그럼에도 불구하고 미 해병대 제1사단을 중심으로 한 유엔군은 중공군에 궤멸적 타격을 가했다. 결과적으로 중공군은 남하에 필요한 체제를 갖추는 데 6개월의 시간이 필요했다. 중공의 주력부대가 남하를 지체하는 사이에 유엔군은 전열을 정비할 시간을 벌 수 있었다. 1951년 중공군의 춘계대공습을 늦추는 효과도 거뒀다. 장진호 전투는 패배, 후퇴라고 단정 지을 수 없는 묘한 측면이 있다.

미 해병대 제1사단이 중공군의 유인 전술과 인해전술로 전멸할 위기에서 스미스 사단장의 리더십은 빛이 났다. 스미스 장군은 철저히 부하의 생명을 중시하고 그들의 사기를 떨어뜨리는 명령은 내리지 않았다. 미 해병대의 전통과 명예를 지키면서 사지(死地)를 빠져나왔다. 군단 사령부의 퇴각 속도가 지체되고 있다는 주의를 받으면서도 한 명의 부상자도 남겨두지 않고 챙겼다. 사태의 심각성을 나중에 인지한 알몬드 군단장(스미스 사단장의 직속상관)은 스미스 장군에게 항공을 통한 공수 철수를 제안하였지만 거절당했다. 공수철수작전을 펼치게 되면 많은 중장비를 포기해야 하고, 잔류 엄호부대의 안전을 보장할 수 없기 때문이다. 살 사람만 항공으로 후송하고 사상자는 사지에 버려두자는 알몬드의 생각과 대비된다. 아무리 전쟁터지만 한 사람이라도 더 살리는 것이 리더십의 요체가 아니겠는가. 당장 필요한 것만 챙기고 살 수 있는 사람만 챙기자는 알몬드와 한 명이라도 더 살려 데리고 가겠다는 스미스 리더십의 차이다.

스미스 장군이 해병대 부하들의 사기와 명예를 얼마나 중요하게 생각하는가는 종군기자단과의 대화에서 고스란히 드러난다. 종군기자단이 "이 작전은 후퇴입니까? 아니면 퇴각입니까?"라는 질문에 이렇게 답변했다. "퇴각이란 적에게 몰려 우군이 차지하고 있는 후방을 향해 이동하는 것이지만, 지금 사단의 후방도 적이 차지하고 있습니다. 또한 적의 격파도 우리 사단의 임무 중 하나이지요. 따라서 우리는 퇴각하는 것이 아니라, 공격의 방향을 바꾼 것이다(Retreat hell, we're just advancing in another direction)." 이 말을 스미스 장군이 아닌 맥아더의 충견 알몬드 군단장이나 맥아더 사령부의 참모들이 했다면 설득력이 없는 허언이 되었을 것이다. 스미스 장군이 이 말을 했기 때문에 설득력 있는 강렬한 메시지로 탈바꿈하게 된 것이다. 한국전쟁에서 가장 빛나는 어록이 아닐까 싶다. 전황을 어떤 시각에서 정의 내리고 이를 메시지로 만드느냐는 매우 중요하다. 그의 인터뷰는 병사의 사기를 고취하고 용기와 희망을 주었다. 해병대 제1사단의 생존과 귀환을 기대하는 미국인들에게도 희망을 주었다. 자식을 전장에 보낸 미국 부모들에게는 얼마나 기다리던 말이겠는가. 좌절이 용기로 패배감이 안도감과 희망으로 바뀌는 순간이다. 언어는 늘 공명한다. 다만 적절한 시점에 적절한 사람이 적절한 말을 해야 한다.

영웅은 만들어진다고 한다. 만들어진 영웅은 시간이 흐르면서 통념과 신화가 되어 사람들의 머릿속에 각인되어 버린다. 역사의 준엄함과 통절함이 필요한 때가 있다. 진실이 베일을 벗는 순간이다. 가려졌던 진실이 커밍아웃하는 데 문제는 시간이다. 전쟁 자체보다 더 큰 문제는 전쟁이 정치화되는 것이다. 프로파간다에 능숙한 정치꾼들은 참전 용사와 무고한 생명들이 죽어가는 와중에도 자신의 정치적 입지를 굳건하게 하려고 한다. 올리버 P. 스미스 장군은 인천상륙작전 이후 한국전쟁 수뇌부의 오만함과 허영심에서 빚어진 위기상황을 유비무환의 전략과 선제 대응으로 극복해냈다. 장진호 전투에서 발휘한 스미스 장군의 리더십을 보면서 임진왜란 전 일본의 침략에 대비한 이순신 장군의 모습이 데자뷔 되는 것은 왜일까. 스미스 장군은 절체절명의 순간에도 부상자와 전사자 시신까지도 후송시켰다. "해병은 결코 동료를 버리지 않는다"라는 전통을 확인하는 본보기가 되었다. 이것이 리더십의 알파이자 오메가가 아닐까 싶다.

한국전쟁 당시 주한 미 8군 사령관을 역임한 매튜 리지웨이 사령관(1895~1993)은 장진호 전투에서 거둔 스미스 장군의 성과에 대해 경탄했다. "그의 탁월한 리더십이 없었다면 우리는 북쪽에서 사단 대부분을 잃었을 것이다. 그가 이룬 성과는 그의 탁월한 리더십에 기반하며 그는 위대한 사단장이었다." 오늘날 군사사학자들은 스미스 장군이 장진호 전투에서 이룩한 성과에 대해 이렇게 평가한다. 만약 장진호에서 미 해병 1사단이 전멸했다면 전쟁은 공산주의의 승리로 끝났을 것이고, 그 결과로 한국전쟁에서의 피해는 말할 것도 없고 그보다 훨씬 더 컸을 냉전의 피해는 헤아릴 수 없었을 것이다. 미국은 한반도에서 철수해서 고립주의로 돌아갔을지 모르고, 아니면 확전으로 핵폭탄을 사용했을 수도 있었다(릭스, 2022: 218-220). 한국전쟁에서 위기관리 리더십의 진수를 보여준 스미스 장군이 차지하는 위상에 걸맞은 평가라고 생각한다. 뿌린 만큼 열매를 거두는 법이다.

📖　고　산. (2007). 《얼어붙은 장진호》. 동서문화사.

릭스, 토마스. (2022). 《제너럴스》. 플래닛미디어.

사이즈, 햄프턴. (2021). 《데스퍼레이트 그라운드》. 박희성 옮김. 플레닛미디어.

알렉산더, 베빈. (2000). 《위대한 장군들은 어떻게 승리하였는가》. 김형배 옮김. 홍익출판사.

이상돈. (2014). 《美해병대, 한국을 구하다》. 기파랑.

판초프, 알렉산더. (2017). 《마오쩌둥 평전》. 심규호 옮김. 민음사.

한승주. (2021). 《한국에 외교가 있는가》. 올림.

Shisler, Gail. B. (2009). *For Country and Corps: The Life of General Oliver P. Smith*. Annapolis, ML: Naval Institute Press.

이신우. (2022). 《문화일보》〈중·러 종주국 다툼〉. 4월 8일.

예영준. (2020). 《중앙일보》. 〈"우리는 장진호에서 패배하지 않았다. 위대한 승리였다"〉. 12월 7일.

〈장진호 전투〉. (1952). 영화.

〈1950년 혹한의 겨울_장진호에서 흥남까지〉. (2015). 다큐멘터리.

〈The Battle of Chosin〉. (2016). 다큐멘터리.

어느 정치 군인의 죽음에 부쳐
용서를 구하지 않는 자의 죽음

저자는 1980년 5월 광주에 소재한 고등학교의 3학년이었다. 여느 때 같으면 대학입시를 준비하느라 학업에 열중하던 시기였으리라. 1979년 10월 박정희 사망 이후 정국은 혼란스러웠고 학교 분위기도 어수선했다. 대학에서는 휴교령으로 강의실이 닫혔고 연일 시위가 열렸다. 시간이 지나면서 대학생들은 전남 도청이 있던 금남로에서 가두시위를 했고 호응하는 시민들의 숫자도 점점 늘어났다. "계엄령 철폐" "합수부 해체" "전두환 퇴진" 등을 외치는 시위대의 함성과 함께 신군부가 광주에 보낸 진압군의 소식도 교실에 전달되었다. 내가 다니는 학교 교문 바로 옆에는 1929년 11월 3일 '학생의 날'을 기념하는 학생독립운동기념탑이 솟아 있다. 탑 위에 세로로 새겨진 '우리는 피 끓는 학생이다. 오직 바른길만이 우리의 생명이다'라는 문장이 유독 강렬하게 다가왔다.

당시 대학생들의 정국에 대한 정보력과 분석력은 놀라울 정도였다. 그들은 정국의 흐름을 정확히 꿰뚫고 있었다. 신군부의 실세는 전두환 장군이었고 그는 불법으로 폭력을 동원하여 국가 권력을 손에 넣었다. 최규하는 허수아비에 불과했다. 박정희의 총애를 받으면서 승승장구했던 전두환은 박정희의 나쁜 짓만 배웠다. 수세에 몰린 신군부의 진압은 더 폭력적이 되어갔다. 대학생의 시위에 시민들이 가세하였다. 시민이 학생들의 시위에 가세한다는 것은 특별한 의미가 있는 법이다. 민심이 완전히 돌아섰음을 의미했다. 1987년 6.29 선언도 시민들이 시위에 가세하여 쟁취한 것이 아니던가.

5월 20일 광주의 중·고등학교에는 휴교 조치가 내려졌다. 휴교령은 쉽게 풀리지 않았고 그해 9월 신학기가 되어서야 교문이 열렸다. 요즘 정신적 피해보상이라는 말을 많이 사용하는데 당시 어린 학생들이 겪었던 정신적 피해보상에 대해서는 일언반구도 없다. 광주의 학생들은 3, 4개월 동안 공부를 하지 못했다. 아니 공부할 수가 없었다.

전두환이 2021년 11월 23일 사망했다. 전두환이란 이름 석 자는 광주의 아픔과 서러움과 분노와 함께해 왔다. 그가 죽었다고 해서 그 아픔과 분노가 없어지지는 않을 것이다. 광주 시민과 참배객들이 국립 5·18 민주묘지 입구 땅에 박힌 전두환 비석을 밟는다고 해서 가슴에 맺힌 한(恨)의 응어리가 풀어지는 것도 아닐 것이다.

사람은 유한한 존재지만 그 사람이 남긴 유무형의 족적은 영원히 함께하는 법이다. 사람의 생명은 소중하다. 한 번뿐인 삶이고 하나밖에 없는 생명이기 때문이다. 그래서 죽음 앞에서 경건해지고 명복을 빌어주는 것이 인지상정이 아니겠는가. 전두환은 마지막 순간까지 역사와 화해하지 않았고 5·18 정신과 광주 시민의 아픔과 상처를 철저히 외면하였다. 정말로 독하고 모진 성격에 비뚤어진 자존감의 소유자다. 이러니 인지상정에 어긋난다 해도 어떻게 망자(亡者)에게 명복을 빌어줄 수 있단 말인가.

　노태우나 전두환은 내란음모와 정권찬탈의 주동자들이다. 죽음을 맞이하는 두 공모자의 자세는 달랐다. 노태우는 유언으로 5.18 민주화운동에서 자신이 했던 과오에 대해 사죄하고 용서를 구했다. 그 자녀들도 몇 차례 영령들이 잠들어 있는 국립묘지를 참배하고 용서를 구했다. 전두환과 자녀들은 노태우와 자녀들이 했던 행동과는 달랐다. 전두환의 유언은 "북녘땅이 내려다보이는 전방의 어느 고지에 백골로도 남아 있으면서 기어이 통일의 그날을 맞고 싶다"라고 했단다. 자신이 생전에 했던 과오에 대해 용서를 구하지 않았고 용서받지도 못한 사람이 남긴 유언으로는 어불성설이다.

　사람이 태어날 때는 선택할 수 있는 것이 아무것도 없다. 어떤 이는 금수저로 태어나지만 또 다른 이는 흙수저로 태어난다. 운명으로 받아들인다. 사람의 능력으로 설명할 수 없는 현상을 운명이라고 에둘러 말한다. 사람이 어디에서 태어날 것인지는 선택할 수 없지만, 어떻게 죽을 것인가에 대해서는 선택할 수 있다. 그는 죽는 순간까지도 광주의 한(恨)과 상처의 응어리를 풀려는 노력조차 하지 않았다. 그는 쿠데타로 정권을 탈취하였지만 대통령직에 있으면서 주변 사람들에게 배포가 크고 선이 굵은 리더십을 보여주었다고 한다. 그런 리더십도 그가 선택한 죽음으로 다 희석되고 말았다. 한때 권력을 찬탈하고 무고한 시민들을 학살한 주범이라고 할지라도 자신의 진면목을 보여줄 마지막 기회가 있었다. 그는 그 마지막 한 번의 기회조차 날려버렸다. 사실 그에게는 광주시민에게 용서를 구할 기회가 몇 번 있었다. 법원의 재판정에 나타날 때도 그 기회였다. 하기야 용서를 구하고 사죄할 사람이었다면 진즉 했을 것이다.

전두환은 광주 시민들에게 용서를 구하지도 사죄를 하지도 않고 죽음을 맞이하면서 광주와 광주 시민들에게 또 다른 상처를 주었다. 피해자는 가해자가 용서를 구할 것이라는 기대가 물거품이 되는 순간 그 아픔과 분노는 더 커지기 마련이다. 그는 과거와 화해하지 않고 삶을 마감함으로써 우리 현대사에 굴곡진 역사의 주인공으로 남게 되었다. 그는 영원히 역사의 죄인, 역사의 법정에 선 피고가 되었다. 역사의 평가에 맡긴다는 것은 무책임한 자세이다. 자신으로부터 비롯된 역사에 대한 평가를 회피하는 것은 주체성의 결여이고 심하게 말하면 비겁한 일이다.

노벨평화상을 수상한 남아프리카공화국의 데스몬드 투투(1931~2021) 대주교는 과거사 청산은 철저한 진상조사와 함께 가해자가 진심으로 죄를 고백하고 뉘우칠 때 용서가 뒤따른다고 하였다. 전두환은 죽는 순간까지 국민 특히 광주 시민들에게 용서를 실천할 기회조차 주지 않았다. 참 독하고 모진 고인이다. 쿠데타로 정권을 탈취할 용기는 있었어도 명백한 잘못에 용서를 구하고 사죄할 용기는 없었더란 말인가. 전두환의 신군부에게 사형 선고를 받고 무수한 탄압을 받은 김대중은 전두환과 노태우를 사면하지 않았던가. 우리나라 현대사를 질곡의 자물쇠로 잠가놓은 채 유명을 달리한 정치 군인의 죽음에 대해 "죽음은 삶의 절정이자 마지막에 피는 가장 아름다운 꽃이다"라는 라즈니쉬의 말을 인용하는 것조차 무색하다. 정치 군인 전두환의 죽음을 통해 어떻게 살고 어떻게 삶을 마무리할 것인가에 대해 깊이 성찰해본다.

11월 11일 11시
대한민국은 유엔이 잘 키운 자식이다.

매년 11월 11일은 일명 '빼빼로 데이'라고 한다. 직선 모양의 초코 스틱이 숫자 1과 닮은 모양에서 힌트를 얻어 만든 상술이다. 빼빼로 데이에는 연인들이나 직장의 동료들이 빼빼로를 주고받으면서 서로에 대한 관심과 친밀감을 확인하곤 한다. 이날을 전후로 한 해 빼빼로 판매량의 절반이 나간다고 하니 이름은 잘 짓고 볼 일이다. 제품의 이름은 마케팅의 알파요 오메가가 아닌가 싶다.

11월 11일은 빼빼로 데이지만, 11월 11일 11시는 어떤 의미가 있을까? 숫자 1이 무려 여섯 개가 겹치고 숫자 11은 세 개가 겹친다. 이번에도 상술과 관련된 뭔가 있겠지 하고 생각하면 틀렸다. 예부터 반복되는 숫자를 사용하여 사악한 기운을 막고자 하는 관행은 있었다. 삼인검(三寅劍)도 하나의 사례다. 인년(寅年)의 인월(寅月), 인일(寅日)에 만든 검을 '삼인검'이라고 한다. 이 검은 사악한 기운을 끊고 재앙을 막는 도구로 인식되어 왔으며, 12지(支)에서 호랑이를 뜻하는 '인(寅)'자는 나쁜 기운을 물리칠 수 있다고 믿었다. 숫자 11이 세 번 반복되는 이날의 이 시간은 삼인검처럼 사악한 기운을 물리치는 기복적 신앙도 아니다. 무엇을 의미하고 무엇을 하는 날일까?

11월 11일 11시는 전 세계의 이목이 부산으로 향하는 날이다. 이날이 시간이 되면 6.25 전쟁 참전 22개국(16개국은 전투를 지원했고, 6국은 의료를 지원했다. 전쟁 당시 병력, 의료, 물자를 지원해 준 나라는 총 63개국에 이른다) 195만 명 중 살아있는 참전용사들이 세계 어느 곳에 있든 부산을 향해 거수경례를 하고 1분간 묵념을 한다. '부산을 향하여(Turn Toward Busan)'라는 추모행사다. 왜 참전용사들이 부산을 향해 경례와 묵념을 할까? 11월 11일은 제1차 세계대전 종전일, 제1차, 제2차 세계대전 전사자 추도일, 미국의 재향군인의 날이기도 하다. 2007년 캐나다 참전용사 빈센트 커트니시가 제안해 매년 11월 11일 11시(한국시간)에 맞춰 2,314명의 전몰장병의 유해가 안장돼 있는 부산 유엔기념공원을 향해 경례와 묵념을 한다(윤희영, 2021). 시간은 물질도 마음도 모든 것을 변화시키지만, 그렇지 않은 것도 있다. 변치 않은 전우애이고 연대의식이다. 노병들의 경례와 묵념에는 살아있는 자들이 묻혀 있는 전우들을 잊지 않고 있으니 편안하게 영면하기를 바라는 마음과 함께, 다시는 6.25 전쟁과 같은 비극이 재발하지 않았으면 하는 간절한 소망도 담겨 있을 것이다.

우리나라처럼 UN(국제연합)과 밀접한 관계를 맺고 있는 나라도 찾아보기 힘들다. 우리나라와 유엔과의 관계는 유엔의 탄생 이후부터 오늘날까지 긴밀하게 이어지고 있다. 우리나라는 1945년 해방을 맞이하지만 그 기쁨과 환희를 충분히 맛볼 틈도 없이 해방정국의 혼돈 속에 빠져든다. 한민족은 남과 북으로 갈라지고 한반도의 영토 역시 38

도선을 기준으로 양분되고 말았다. 1948년 5월 10일 사회 혼란 속에 총선을 실시하고, 8월 15일 남한만의 단독정부를 수립한다.

정부 수립 후에는 국제사회에서 승인을 밟는 절차가 남았는데 유엔 총회에서 승인 결의안이 통과되어야 주권국으로서 국제사회의 당당한 일원이 되는 것이다. 1948년 12월 12일, 유엔은 총회에서 "대한민국 정부는 유엔의 선거 감시가 가능한 지역에서 수립된 유일한 합법 정부"라는 내용의 결의안을 통과시켰다. 국제사회에서 대한민국이 국가로서 인정받는 순간이었다. 종전 후 민주진영과 공산진영 간의 세 대결이 팽팽했던 상황에서 찬성 48표, 반대 6표, 기권 1표의 압도적 지지로 가결되었다. 그러나 국가로서 승인을 받은 것이지 아직 유엔 회원국이 된 것은 아니다. 1991년에야 비로소 유엔에 가입하게 되었다. 이전에도 유엔 가입을 신청했지만 상임이사국인 소련의 거부로 번번이 부결됐다. 북한 역시 유엔 가입을 신청했지만, 소련 이외엔 협조해 주는 나라가 별로 없었다. 국제사회의 역학 관계를 여실히 보여주고 있다.

1950년 6월 25일에 발발한 6.25 전쟁은 유엔의 필요성과 존재감을 확연하게 드러나게 한 세계사적 사례가 되었다. 1945년 10월 24일 유엔이 창설된 후 처음으로 유엔군이 탄생하였다. 전쟁 발발과 함께 유엔 안전보장이사회(이하 '안보리')는 유엔헌장에 의거하여 즉각적으로 신속하게 대응 조치를 취했다. 유엔은 안보리를 즉각 소집하여 결의문 제82호를 채택하였다. "북한군의 대한민국에 대한 무력 공격에 대하여 심각한 우려를 표명하고 (…) 이러한 행동이 평화의 파기임을 결정하였다. (…) 적대행위의 즉각적인 중지를 촉구하고 (…) 북한 당국이 그 군대를 38선 이북으로 철수할 것으로 촉구하였다." 유엔은 결의문에 대한 북한의 반응이 없자 6월 27일에는 결의문 제83호를 채택하여 유엔헌장에 따른 집단안보체제를 발동하였다. 7월 7일에는 결의문 제84호를 채택하고 "유엔 안보리 결의에 따라 군대와 지원을 제공하는 국가들이 (…) 미국 지휘하의 통합사령부에 그러한 지원을 할 것을 권고"하였다. 또한 "유엔기를 사용할 수 있도록 승인하였다."(국가기록원) 이것이 유엔군이 창설하게 된 배경이다.

유엔 안보리가 6.25 전쟁에 유엔군의 참전을 승인할 수 있었던 결정적인 원인은 상임이사국 소련의 불참이었다. 상임이사국 중 한 국가라도 반대하면 안보리 안건이 통과되지 못하는 규정 때문에 만약 소련이 참석하여 참전에 반대하였다면 유엔군은 결성되지 못했을 것이다. 소련은 6.25 전쟁을 위해 북한에 군사고문단을 주둔시키는 것은 물론 군수물자까지 지원한 마당에 왜 안보리에 불참하게 되었는지 궁금하다. 더구나 1950년 5월 모택동은 김일성에게 "미군이 참전하면 소련의 공군 지원을 전제로 북한을 돕겠다고 약속까지 했다." 소련은 공군 지원도 하지 않고 안보리에도 불참했다(신경진, 2021). 소련이 중국과의 약속을 지키지 않고 불참하게 된 표면적인 이유 중 하나는 대만이 중국의 정통 정부로 인정받아 상임이사국 자리에 앉아 있는 것에 항의하기 위해 1950년 1월부터 안보리 회의에 불참하였다고 한다. 2005년 소련의 유엔 안보리 이사회 불참은 훨씬 더 전략적이고 장기적인 이유에서 비롯되었음을 시사하는 문서가 발견되었다.

2005년 안드레 레도프스키라는 러시아 학자가 러시아 국립문서보관소에서 발견한 스탈린의 편지가 발단이 되었다. 이 편지는 1950년

8월 27일 자로 스탈린이 체코슬로바키아의 클레멘트 고트발트 대통령에게 보낸 것이다(유용원, 2020). 스탈린은 네 가지 이유로 유엔 안보리에 불참한다는 뜻을 밝혔다. 첫째, 새로운 중국과 소련의 단결을 과시하기 위하여, 둘째, 미국이 안보리 상임이사국에서 국민당 괴뢰 정권을 중국의 대표로 인정하고 모택동이 이끄는 중국의 진정한 대표성을 인정하지 않는 정책의 바보스러움과 어리석음을 강조하기 위하여, 셋째, 두 강대국의 불참 때문에 안보리 결의는 정당성이 없음을 드러내기 위하여, 넷째, 미국 정부가 안보리 다수결을 이용, 어리석은 짓을 마음대로 저지르도록 함으로써 여론이 미국 정부의 진면목을 알도록 하는 것이다. 여기까지의 내용들은 일반적으로 추측이 가능하거나 알려진 내용과 크게 다르지 않다. 그러나 스탈린의 편지 내용 중 다음의 두 가지 이유는 스탈린이 6.25 전쟁을 유럽과 극동지역의 공산화를 위한 장기 포석으로 이용하는 전략을 구사하고 있음을 알 수 있다. 스탈린의 큰 그림을 계속 옮겨본다.

"미국 정부가 극동에 계속해서 묶여 있고, 조선의 자유와 독립을 위한 투쟁에 중국을 끌어들인다고 가정하여 보자. 이로부터 무슨 일이 생길 것인가? 첫째, 미국은 그 어떤 나라도 마찬가지이지만 방대한 병력을 보유한 중국과 싸워 이길 수 없다. 미국은 이 투쟁에서 전선을 지나치게 넓히게 될 것이다. 둘째, 그렇게 함으로써 미국은 가까운 장래엔 제3차 세계대전을 일으킬 수 없을 것이고, 이는 유럽에서 사회주의를 강화하는 시간을 줄 것이며, 더구나 미국과 중국의 투쟁이 극동의 전 지역을 혁명화할 것임은 두말할 필요도 없다. 이런 모든 것들이 세계의 세력 균형에 있어서 우리를 유리하게 만들지 않는가? 의심의 여지없이 그렇다. (…) 우리가 안보리에 복귀한 것은, 미국 정부의 침략적 정책을 폭로하고, 그들이 안보리의 깃발을 이용하여 침략성을 은폐하려는 책동을 저지하기 위함이다. 미국이 한국에 침략적으로 개입하였으므로 안보리에 참여하여 이를 폭로하기가 매우 쉬워진 것이다. 이는 너무나 명백하므로 더 설명할 필요도 없는 사안이라고 생각한다." 미군을 전쟁에 끌어들이려는 스탈린의 전략이 주효했음을 추측할 수 있다.

스탈린의 편지를 통해 소련이 6.25 전쟁 발발 당시 유엔 안보리에 불참한 이유는 국제정세에 대한 스탈린의 다각적인 분석과 장기적인 지역 공산화 전략이 작동한 것임을 알 수 있다. 실제 스탈린의 장기 전략은 상당 부분 실현되었다고 볼 수 있다. 동유럽 국가들이 소련의 위성국으로 전락하여 사회주의 노선을 걷게 되었고, 동아시아에서도 많은 국가가 공산화되었다. 6.25 전쟁도 중공군의 참전으로 교착 상태에 빠져 종국에는 휴전협정으로 끝이 났다. 6.25 전쟁은 제2차 세계대전 후 세계 제패를 위한 소련과 미국의 전략적 관점에서 이해할 필요가 있는 이유다. 그 과정에서 한반도는 전쟁의 화약고가 되었고 막대한 인적 물적 손실과 희생을 치렀다.

역사에 가정은 없다고 하지만, 가정을 하지 않으면 공허한 것이 역사다. 역사를 흥미롭게 하는 것은 가정을 세우고 시나리오를 생각하는 것이 아닐까 싶다. 6.25 전쟁이 발발했을 때 유엔군의 참전이 아니었다면 우리나라가 어떻게 되었을지는 상상하기 어렵지 않다. 소련의 안보리 불참에는 스탈린의 심층적이고 장기적인 전략이 도사리고 있었지만, 우리나라로서는 다행한 일이 아닐 수 없었다.

유엔은 전쟁에서 우리나라를 지켜주었지만, 전쟁 후 복구와 경제원조에도 절대적 기여를 했다. 유엔 한국재건단(UNKRA)이 설립될 정도였다. 재건단은 피난민과 집 없는 사람들을 구호하는 일부터 시작했다. 그런 한국이 유엔 사무총장을 배출하였고 유엔평화유지군(PKO)으로 활동하고 안보리 비상임이사국이 되기도 했다. 무엇보다 원조를 받는 최빈국에서 원조를 하는 중견국가로 탈바꿈했다. 2020년 국제기구 분담금 현황을 보면 한국은 2019~2021년 납부 순위가 11위다. 우리나라는 유엔의 기여를 높이 평가하여 1950년부터 1975년까지 매년 10월 24일을 '유엔의 날'로 정하여 법정공휴일로 지정했으며, 지금도 법정기념일로 제정되어 있다. 이 정도면 우리나라를 국제사회에서 '유엔의 자식'이라고 부를 만하지 않겠는가. 개천에서 용이 났다. 유엔은 대한민국이란 자식을 잘 키웠으며 성공신화를 쓴 것이다.

11월 11일 11일의 '부산을 향하여' 추모 기념행사를 설명한답시고 6.25 전쟁의 배경에 대한 이야기가 길어지고 말았다. 유엔군 사령부는 1951년 1월, 전사자 매장을 위하여 유엔기념공원을 조성하였다. 같은 해 4월 묘지가 완공됨에 따라 개성, 인천, 대전, 대구, 밀양, 마산 등지에 가매장되어 있던 유엔군 전몰장병들의 유해가 안장되기 시작하였다. 1955년 11월 대한민국 국회는 유엔군의 희생에 보답하기 위해 이곳 토지를 유엔에 영구히 기증하고, 아울러 묘지를 성지로 지정할 것을 결의하였다. 1955년 12월 15일, 한국 정부로부터 국회의 결의사항을 전달받은 유엔은 이 묘지를 유엔이 영구적으로 관리하기로 하는 유엔총회 결의문 제977(X)호를 채택하였다. 그래서 11월 11일 11시에 전 세계에서 살아있는 전우들이 영면하고 있는 전우들을 향해 경례하고 묵념하는 '부산을 향하여' 추모행사는 특별하다.

여기에서 기업 현대의 창업주 정주영과 유엔기념공원에 얽힌 사연을 소개하지 않을 수 없다. 미 8군 사령부는 6.25 전쟁에 참전한 각국 유엔 사절이 내한, 참배한다는 계획을 통보받았다. 사령부에서는 엄동설한에 묘지를 파랗게 단장해 줄 적임자로 정주영을 찾았다. 유엔군 묘지 녹화 공사다. 당시 미군에게 '정주영은 남이 못하는 기발한 착상으로 무슨 일이든 할 수 있는 사람이다'라는 정평이 나 있었다고 한다. 정주영은 트럭을 그러모아 낙동강 연안 모래벌판의 보리밭을 통째 사서 파란 보리 포기들을 떠서 묘지에 심었다. 결과는 대성공이었고, 미군 관계자들은 '원더풀, 원더풀, 굿 아이디어!'를 연발하며 감탄했다고 한다(정주영, 1992: 81-83). 1970년대 초 정주영이 현대중공업 울산조선소를 지을 때 영국 은행에서 돈을 빌리려 하는 데 문전박대를 하자 지갑에서 거북선이 새겨진 5백 원 지폐를 보여주면서 이런 말을 했다고 한다. "우리는 1500년대에 이미 철갑선을 만들었소. 영국보다 300년이나 앞서 있었는데, 산업화가 늦어져서 아이디어가 녹슬었을 뿐이오. 한번 시작하면 잠재력이 분출될 것이오." 그렇게 빌린 돈으로 조선소를 만들고 오늘날 우리나라는 세계 최고의 조선소가 되었다. 궁하면 통한다는 궁즉통(窮則通)이야말로 기발한 아이디어를 내는 원천이 아닐까 싶다.

📖 아산 정주영과 나 편찬위원회. (1997).《아산 정주영과 나 100인 문집》. (재)아산사회복지사업재단.

이상돈. (2014).《美 해병대, 한국을 구하다》. 기파랑.

정주영. (1992).《시련은 있어도 실패는 없다》. 현대문화신문사.

신경진. (2021).《중앙일보》.〈김일성, 적군이 38선 이북 침공하면 중국 인민군 반드시 출동해야〉. 11월 15일.

유용원. (2020).《조선일보》.〈한국 6.25 전쟁 당시 UN 소련대사 야콥 말리크의 불참〉. 10월 9일.

윤희영. (2021).《조선일보》.〈11월 11일 11시 당신은 어디서 무엇을 할 건가요?〉. 11월 11일.

이샘물. (2015).《동아일보》.〈정주영 회장, 500원 지폐 '거북선' 보여주며 차관 유치〉. 9월 7일.

이영종. (2008).《중앙일보》.〈스탈린이 '미국 6.25 참전' 유도〉. 6월 25일.

국가기록원. https://www.archives.go.kr

유엔기념공원. https://www.unmck.or.kr

합종연횡의 부활

뭉치면 살고 흩어지면 죽는다.

주 왕조(BC 1046~BC 256)는 중국에서 가장 오래 존속한 나라이며, 무려 790년간 지속되었다. 주 왕조는 봉건제를 시행하면서 여러 제후를 거느리며 거대한 중국을 통치했다. 기원전 771년 북방 이민족이 주나라를 침략하여 주 왕(유왕)을 살해하는 사건 이후 주 왕조에 지각변동이 생겼다. 제후들은 새로운 왕을 옹립하고 호경(鎬京 현재의 시안시 부근)에서 낙읍(洛邑 현재의 낙양)으로 수도를 옮겼다. 이를 기준으로 이전을 서주(BC 1046~BC 771), 이후를 동주(BC 770~BC 221)로 구분한다. 춘추전국시대(춘추시대 BC 770~BC 403, 전국시대 BC 403~ BC 221)는 바로 동주 시대를 일컫는다. 이 시대의 역사소설을 《동주열국지(東周列國志)》라고 한다. 시대 구분은 사마광(司馬光)이 《자치통감(資治通鑑)》에서 주장한 기준에 따른 것이다. 사마광이 전국시대의 시점을 BC 403년으로 잡은 것은 주 왕조가 진(晉)나라를 3분하여 한(韓), 위(魏), 조(趙) 3가(三家)를 봉후한 사건을 기준으로 한다.

잠시 화제를 바꿔 춘추전국시대의 경국경성(傾國傾城), 즉 나라를 망하게 하거나 성을 무너뜨릴 정도의 미인에 대한 이야기를 해야겠다. 잘나가던 나라가 혼란에 빠지거나 망하는 것은 아둔하여 간언을 무시하고 고집을 부리는 군주에게 있지만, 이런 군주와 미인의 조합은 결국엔 나라를 망하게 한다. 나라가 혼란에 빠지고 위태로워지는 결과를 초래하게 되면 누군가에게 원인을 돌려야 할 때 혼군(昏君)과 미인을 묶는 것이 아닐까도 싶다. 주나라 이전 하나라의 걸(桀)은 말희(末喜) 때문에 망했고, 은나라의 주(紂)는 주지육림의 달기(妲己)를 총애하다가 나라를 망쳤다. 그러니 중국 역사에서는 태평 시대의 대명사로 요순을, 폭군의 대명사로 걸주(桀紂)를 꼽는 데 주저하지 않는다. 오나라의 부차가 와신상담의 월나라 구천에 패배한 이유는 월나라가 보낸 서시(西施) 때문이었다.

서주의 마지막 왕 유왕(재위 BC 781~BC 771)에게는 포사(褒姒)가 있었다. 일화가 있다. 포사는 웃지를 않았다. 유왕은 포사의 웃는 모습을 보기 위해 국가안보시스템을 이용했다. 주나라는 대대로 이민족 서융(西戎)의 침략을 막기 위해 여산 아래 봉화대를 설치하고 유사시 봉화를 올리면 제후들이 군대를 이끌고 오게 되어있다. 유왕은 이 시스템을 이용하여 봉화를 올렸다. 봉화를 본 제후들은 이민족의 침략인 줄 알고 급하게 군대를 이끌고 왔지만 왕의 장난이었다는 말을 듣고 군대를 물리게 되었다. 포사는 제후들이 분노한 채 허탈하게 돌아가는 모습을 보고 웃었다고 한다. 이런 희롱이 몇 번 있는 와중에 이번에는 진짜로 서융이 침략해 왔다. 실제 상황에 봉화가 올랐지만 어떤 제후도 군대를 파견하지 않았다. 애첩을 웃게 하려는 왕의 희롱에 다시 속고 싶지 않아서였다. 결국 포사에게 빠져 헤어나지 못한 유왕은 도망치다 죽고 주나라는 더 이상 수십 제후국을 호령하던 위엄 있는 국가가 아니었다.

아무튼 동주 시대에는 주나라 왕실의 권위가 땅에 떨어지면서 지방에서 유력한 패자들이 등장하여 천하의 패권을 다투었다. 주나라가 오랫동안 중국 역사에서 지속된 것은 천자를 받드는 나라라는 상징성과 제후 간의 경쟁 심리로 멸망하지 않았다고 볼 수 있다. 주나라 초기에 제후국은 1천여 국에 달했는데 점차 줄어 마침내는 10여 개국으로 쪼그라들었다. 중화의 중심 국가였던 주나라가 쇠퇴하면서 구심점이 흔들리게 되자 여러 제후가 스스로 왕을 칭하였는데 진, 초, 제, 연, 한, 위, 조 등 7국이 치열한 세력 다툼을 벌였다. 군웅할거 시대다. 이들 나라를 전국칠웅이라 부르는데 진나라의 시황제가 중국을 통일할 때까지 멸망하지 않고 살아남았다. 약육강식의 정글 법칙이 판치는 세상이 되었다.

춘추전국시대가 국가 간에 치열한 패권 경쟁을 펼치는 혼란기였지만, 자신의 능력과 재능을 펼치게 해줄 주군을 찾아 나선 인재들도 많았다. 중국은 국토가 광활하고 물산이 풍부한 지대물박(地大物博)의 나라로 인재의 바다로 불릴 만큼 다양한 분야의 인재들도 많았다. 난세에 지식인들은 자신을 알아주는 주인을 위해 목숨까지 바치는 것을 미덕으로 생각했다. 공자 역시 자신의 정치적 능력을 알아주고 자신에게 역할을 맡겨줄 제후를 찾아 천하 주유를 하지 않았던가. 당시에는 인재 발굴을 위한 과거제도 등 제도적 장치가 없던 시기였다. 대신 인재를 발탁하거나 등용하는 방식은 대단히 개방적인 특성을 나타냈다. 제후들은 유세객(遊說客)이 자신의 능력을 확인해주면 등용하고,

유세객도 처우 조건이 맞으면 다른 제후에게로 옮겨가는 것이 다반사였다. 춘추전국시대에 유세객이 많았다는 것은 그만큼 국가의 공적 기능이 무너져 내렸다는 것을 방증한다고 할 것이다. 물론 명망가의 천거로 인재를 등용하기도 했지만, 뇌물을 바쳐 지위를 사는 경우도 많았다.

전국시대 소진(蘇秦)은 유세법과 외교술에 통달한 인재였다. 특히 소진은 췌마지술(揣摩之術)을 연마했다. 췌마란 촌탁(忖度)과 같은 의미로 자신의 마음을 깊이 파고들어 그것을 통해 다른 사람의 속마음을 미루어 헤아리는 술책을 뜻한다. 그러나 그는 자신의 고향인 주나라에서조차 자신의 능력을 인정받지 못했고 심지어 전국칠웅 중 신흥 강대국인 진(秦)나라에 가서도 천하통일의 계책을 설명하였으나 별 관심을 받지 못했다. 그는 자신의 외교술을 펼칠 전략을 바꿨다. 천하의 모든 나라의 힘을 결집하여 전국칠웅 중 가장 강력한 국가였던 진나라를 배척하는 전략을 세웠다. 소진은 연나라 왕에게 "저에게 연나라의 미래를 위한 백년대계가 있습니다. 중원에서 연나라의 방패 노릇을 하는 조나라와 손을 잡고 국교를 맺어 천하를 하나로 연맹시키고 그들과 함께 힘을 합쳐 진나라를 막아야 합니다"라고 설명하였다. 이 계획을 들은 연나라 왕은 소진을 측근으로 등용하였다. 소진은 연나라 왕의 적극 지원으로 나머지 다섯 나라를 방문하여 뛰어난 외교술을 발휘했다.

조나라 왕에게는 "산둥 일대에서 가장 강한 나라는 조나라이고 조나라를 가장 시기하는 나라는 바로 진나라입니다. 진나라가 조나라를 치지 못하는 것은 한나라와 위나라가 그들의 뒷덜미를 칠까 봐 두려워서 참고 있는 것입니다. 조, 초, 연, 위, 한, 제 등 6국의 제후들의 군대를 합친다면 진나라 군대보다 몇 배나 많습니다. 6국이 동맹을 맺어 서쪽으로 쳐들어간다면 진나라 하나를 쳐부수는 데 무슨 어려움이 있겠습니까?"라고 설명하였다. 조나라 왕도 찬성했다. 소진은 "6국의 제후들이 모여 대회를 열고 서로 동맹을 맺어야 합니다. 진나라가 만일 어느 한 나라를 침략해오면 즉시 다섯 나라가 함께 진나라를 쳐서 침략당한 나라를 구출하는 것입니다. 그렇게만 된다면 진나라가 아무리 강할지라도 혼자서 어찌 천하의 모든 나라를 대적할 수 있겠습니까?"라고 하면서 유세를 마쳤다.

'진나라 밑에서 쇠꼬리로 살지 말고 닭 머리로 살자'던 소진의 설득은 주효했다. 이렇게 하여 진나라를 제외한 6국이 동맹을 맺고 소진은 6국 합종장(六國合從長)으로 추대되었다. 6국은 소진에게 정승의 인과 금패와 보검을 주면서, 그를 6국을 관할하는 공동 정승(재상)으로 임명하였다. 소진은 6국이 동맹을 체결한 사실을 진나라에 알렸다. 이제 6국이 동맹을 맺어 공동으로 대처하기로 맹세했으니 진나라는 이웃 나라를 괴롭힐 생각은 하지 말라는 통첩이었다. 진나라를 제외한 6국이 남북의 세로(縱)로 외교관계를 맺은 합종 전략은 15년간 진나라의 침입을 저지하는 효과를 보았다.

그렇다면 진나라는 6국 동맹에 어떻게 대응할 것인가? 이제 서쪽의 진나라는 합종에 막혀 영원히 중원으로 진출할 수 없게 된 것인가? 진나라 조정에는 위나라 출신의 장의(張儀)가 있었다. 장의는 소진과 귀곡(鬼谷) 선생의 제자로 동문수학을 했다. 귀곡 선생의 문하생 중에는 여러 방면에서 뛰어난 제자들이 많았는데, 소진과 장의는 결의형제하였으며 이 둘은 유세법에서 뛰어난 재주를 보였다. 장의는 6국 맹세를 보고 이를 깨부술 전략으로 진나라와 가장 가까운 위나라와는 우호 관계를 맺고, 가장 먼 연나라와는 사돈 관계를 맺게 했다. 장의는 6국 중 한 나라만이라도 진나라를 섬기게 되면, 즉 약한 고리를 이용하게 되면 6국 동맹은 자연히 무너지기 시작할 것이라는 연횡(連衡) 전략을 세웠다. 장의는 나라 간의 갈등을 이용해 진나라 쪽으로 포섭하거나 연맹을 해체하면서 힘을 약화시켰다(사마광, 2019: 32). 각개 격파의 전략이다. 진나라는 동서의 가로(橫)로 외교관계를 각각 맺었다.

합종 전략과 연횡 전략이 탄생한 배경이다. 전국시대는 종횡가(從衡家)의 시대로 불릴 만큼 뛰어난 세객(說客)들의 변설이 난무했다. 종횡가들은 복잡하게 얽힌 국제정치를 유세학(游說學)의 명쾌한 논리로 설득했다. 합종은 약한 국가가 힘을 합쳐 강한 국가에 대항하는 외교 전략인 반면, 연횡은 약한 국가가 강한 국가에 붙어 안전을 도모하는 외교 전략이라고 할 것이다. 합종 전략은 점차 균열이 생기기 시작했다. 6국의 합종 전략은 대의명분은 좋았지만, 진나라는 가장 약한 고리를 찾아 그 합종의 고리를 끊어버렸다. 각개 격파로 6국을 차례로 멸망시켜 천하를 통일했다. 결과적으로 연횡 전략이 합종 전략을 이겼다. 전해 내려오는 이야기에 따르면, 장의는 어려운 시절 친구 소진의 도움으로 진나라에 등용되었고, 친구와의 의리를 생각하여 소진이 살아 있는 동안에는 합종 전략을 깨부수지 않았고 소진이 죽고 난 다음에야 실행에 옮겼다고 한다. 그러나 1970년대 중국에서 발견된 문헌에 따르면 장의가 소진보다 대략 반세기가량 앞선 인물이라는 사실이 밝혀지면서 소진이 장의보다 먼저 죽었다는 말을 무색하게 하고 있다.

인류 역사를 보면 합종연횡은 정치, 외교, 기업 등의 분야에서 어느 시대에나 활발하게 이루어지는 전략이지만, 21세기 북대서양 조약기구(NATO)는 합종연횡의 대표적인 사례가 아닌가 싶다. 원래 NATO는 냉전 시대 소련의 팽창과 위협을 공동으로 대처하기 위한 자유민주주의를 지향하는 유럽 국가들의 집단안보동맹이었다. 그러나 제2차 세계대전 이후 세계 초강대국으로 부상한 미국의 지원 없이는 실질적인 군사동맹이 어렵다는 판단 아래 1949년 미국을 새로 가입시키면서 오늘날의 NATO가 되었다. 군사동맹체로서 NATO의 회칙 중 가장 핵심은 '전체 회원국 가운데 어느 한 국가에서 무장 공격이 발생하면 이는 모든 회원국에 대한 공격으로 간주하고 다른 모든 회원국이 필요하다면 군사력을 사용하여 공격받은 회원국을 도와주는 것이다.' 집단방위 원칙이다. 최근에는 위협의 성격이 변화함에 따라 평화를 유지하는 방법도 달라지고 있다. NATO는 테러리즘, 실패한 국가, 그리고 대량살상무기와 같은 여타 안보 위협에 대응하기 위해 군사력을 재조정하고, 다국적 대응 방안을 발전시키고 있다.

NATO의 집단 방위 원칙은 고대 중국에서 전국칠웅이 할거하던 춘추전국시대에 소진이 강대국 진나라의 위협에 맞서기 위해 6국이 집단동맹을 맺은 합종 전략과 맥을 같이 한다. 반면 장의는 소진의 합종 전략을 깨뜨리기 위해 연횡 전략을 구사했다. 한·미동맹이나 미·일 동맹과 같은 외교정책도 현대 버전의 연횡 전략일 것이다. 한국과 일본이 미국이란 강대국과 동맹을 맺어 중국이나 북한의 위협에 공동 대응하는 전략이기 때문이다.

2021년 9월 15일 미국은 영국, 호주가 참여하는 3국 안보협력체

(AUKUS)의 창설을 발표했다. 미국, 일본, 호주, 인도의 4자 연합체 (Quad)에 이은 또 하나의 대 중국 견제 합종연합체가 탄생하였다. 이는 1951년 미국, 호주, 뉴질랜드가 체결한 ANZUS 안전보장조약 이후 70년 만에 이루어진 의미 있는 안보전략 전환으로 꼽힌다(송의달, 2021). AUKUS는 12년 전 오바마 정부가 미국의 외교군사정책으로 천명한 '아시아로의 회귀(pivot to Asia)'에 따른 실천 전략의 일환으로 볼 수 있다.

AUKUS에서 주목할 점은 미국이 핵잠수함 건조에 필요한 원자력 추진 기술을 호주에 이전한다는 것이다. 이는 미국이 1958년 영국에 기술을 이전해 준 이후 63년 만의 일로서 중국을 견제하기 위한 합종 전략이 보다 더 가시적으로 나타났다고 할 것이다(김진명, 2021). 사실 미국이 호주에 핵잠수함 건조에 필요한 기술을 이전한다는 것은 외교적으로 큰 파장을 일으킬 수 있는 나쁜 선례로 남을 것이다. 호주는 2016년 프랑스와 공격용 잠수함 12척을 공급받는 계약을 체결하였음에도 국가 간의 계약을 파기하고 국익의 관점에서 미국의 선진 기술을 이전받기로 하였기 때문이다. 20세기 냉전 시대에는 소련의 팽창과 위협을 견제하기 위해 합종 또는 연횡 전략을 추구했지만, 21세기 초연결의 글로벌시대에는 세계 강대국으로 부상한 중국의 팽창과 위협을 견제하기 위한 합종연횡 전략으로 판도가 바뀌었음을 말해준다.

예상대로 프랑스는 미국이 호주와의 핵잠수함 건조 계약으로 동맹국 프랑스의 뒤통수를 쳤다고 강력히 비난했다. 이브 르드리앙 외무장관은 "등에 칼을 꽂는 일이다. 정말 화가 나고 씁쓸한 기분이다. 이는 동맹국에 할 짓이 아니다"라고 일갈했다(원태성, 2021). 플로랑스 파를리 국방장관은 "미국이 동맹국을 어떻게 대했는지 똑똑히 지켜보고 있다"라고 비난했다. 일간지 《르 피가로》는 "트라팔가 해전에서 나폴레옹의 프랑스 함대가 영국 함대에 무참히 당했던 패배를 태평양에서 당한 셈"이라는 기사를 실어 굴욕감을 표시했다(손진석, 2021).

그러나 핵잠수함의 특성을 비교하면 호주가 왜 프랑스와의 계약을 파기하였는가를 이해할 수 있다. 핵추진잠수함은 두 유형이 있다. 하나는 핵무기를 탑재하고 다니는 '전략 핵추진잠수함'이고, 다른 하나는 이 잠수함을 추적, 감시하며 수중 전투 임무를 수행하는 '공격 핵추진잠수함'이다. 전 세계적으로 전략 핵추진잠수함을 보유한 국가는 미국, 중국, 영국, 프랑스, 러시아, 인도 등 6개국에 불과하다. 호주가 미국과 계약한 핵추진잠수함은 프랑스의 디젤 잠수함과 비교할 때 여러 측면에서 비교우위에 있다. 속력면에서 핵추진잠수함이 KTX라면, 디젤 잠수함은 완행열차에 비유한다. 디젤 잠수함은 축전지 충전을 위해 하루 2~3회 수면 가까이 올라와 자주 노출된다면, 핵추진잠수함은 식량만 충분하다면 수중에서 노출되지 않고 무제한 작전이 가능하다(문근식, 2021). 이것이 호주가 2016년 프랑스와 맺은 디젤 잠수함 12대 공급 계약을 파기하고 미국의 핵잠수함을 택한 이유였을 것이다. 핵추진잠수함의 우수성을 증명한 대표적인 사례가 있다. 1982년 영국과 아르헨티나가 포클랜드섬의 영유권을 놓고 전쟁을 벌였을 때, 당시 마거릿 대처 총리(재임 1979~1990)는 공격 핵추진잠수함 5척과 디젤 잠수함 1척을 급파했다. 공격 핵추진잠수함은 2주 만에 도착하여 승리에 기여했지만, 디젤 잠수함은 5주 후에 도착했다고 한다. 핵잠수함 간에도 기동성, 속도, 잠행 능력, 생존성, 작전 지속성에서 많은 차이가 난다는 것을 알 수 있다.

이렇듯 춘추전국시대에 합종이 약자가 힘을 합쳐 강자에게 맞서는 것이고, 연횡이 약자가 강자에게 붙어 자국을 보호하고자 하는 목적을 가졌지만 오늘날에는 합종과 연횡의 성격이 바뀌고 있다. 강자와 강자끼리 서로 힘을 합쳐 또 다른 강자를 견제하는 모양새를 나타낸다. 또한 '가치동맹'이란 새로운 동맹 이념이 등장했다. 인권과 민주주의를 지키려는 서방 민주국가 대 중국과 같이 국가질서 또는 경제발전을 위해 개인의 인권이나 권리를 제약하거나 위축시킬 수 있다는 사회주의 또는 공산주의 간의 가치 싸움이 치열하다.

냉전 시대 대륙에 위치하면서 핵무기로 무장한 소련이 서방 국가에 위협적인 존재였던 상황에서 NATO와 같은 동맹체가 탄생했다면, 21세기 중국은 대륙과 해양 양쪽에서 전 지구적인 영향력을 행사한다는 점에서 최근 미국을 중심으로 결성되는 국가 간의 동맹연합체는 냉전시대의 합종연횡과는 그 양상과 성격이 많이 다르다고 할 것이다. 특히 군사적, 경제적 이해관계와 밀접한 지역, 예컨대 남중국해에서 중국이 영향력을 급속히 확장하면서 미국 등 서방 국가와 베트남, 필리핀, 인도네시아, 말레이시아 등 인접 국가의 대 중국 견제가 점차 가시화되고 있다. 또한 국제 외교에서 중립노선을 걸어왔던 인도가 미국과 유럽의 대 중국 견제 연합체 쿼드에 참여하게 된 것은 아시아 태평양 지역의 안보문제의 심각성이 급부상했다는 방증으로 보인다. 실제로 대만 문제와 남중해 영토 분쟁이 지구촌의 화약고로 부상했다.

국제정치 및 외교에서 흥미로운 관전 포인트가 생겼다. 미국과 유럽을 중심으로 한 대 중국 견제 합종전략을 중국이 연횡전략으로 무너뜨릴지가 궁금하다. 국제사회에서는 영원한 동지도 영원한 적도 없기 때문이다. 오늘의 친구가 내일의 적이 된다. 동맹을 맺기는 어려워도 깨지기는 더 쉬운 법이다. 국가마다 추구하는 가치가 달라지고 안보환경이 달라지면 합종이나 연횡에 균열이 생기고 언제든 깨질 수 있는 위험이 도사리고 있다.

합종 전략을 깨뜨리는 연횡 전략에서 적용할 수 있는 첫 번째 선택지는 합종을 맺은 동맹국 중 가장 약한 고리를 찾아내 그 고리를 끊는 것이다. 미국과 유럽 국가들이 강력한 동맹국을 자임하고 있지만, 프랑스가 그 약한 고리가 될 수도 있다. 특히 현대에서는 경제의존도가 높은 국가일수록 약한 고리가 될 수 있다. 이 점에서는 중국에 경제의존도가 높은 우리나라도 예외일 수 없다. 전쟁패권을 노리는 국가는 언제든 동맹의 가장 약한 고리를 찾아 집중 공략하게 될 것이고 시간이 흐르면 동맹은 무늬만 남는 경우를 보게 된다.

역사적으로 미국은 영국으로부터 독립을 쟁취하는 과정에서 프랑스와 특별한 관계를 맺었다. 프랑스는 미국과 동맹 관계를 체결(1778년)하고 미국의 독립전쟁에 군사, 외교, 재정 등 많은 분야에서 큰 도움을 주었다. 프랑스는 미국의 독립전쟁에 14척의 배와 군수품을 보냈다. 미국 군대가 사용한 화약 대부분은 프랑스가 보내준 것이었다. 물론 프랑스가 미국의 독립전쟁을 지원하면서 노린 목적은 7년 전쟁(1756~1763) 이후 무너진 영국과의 힘의 균형을 되찾기 위한 것이었다. 프랑스는 전쟁 개입으로 생긴 재정 적자가 프랑스 혁명의 직접적인 원인이 되었다. 뉴욕의 자유의 여신상(Statue of Liberty)은 프랑스가 미국 독립 100주년 기념을 축하하기 위해 보내준 조형물이다. 그만큼 미국과 프랑스는 미국 독립전쟁부터 현대에 이르기까지 탄탄한 동맹 관계를 유지해왔다.

그러나 이번 AUKUS에서 보는 바와 같이 국익 앞에서는 오랜 동맹도 안중에 없다는 사실이다. 사실 1966년 프랑스 드골 정부는 미국과 영국이 주도하는 북대서양조약기구(NATO)에 안보를 의존할 수 없다며 NATO를 탈퇴했다가 2009년 사르코지 정부에서 복귀했다(김태훈, 2021). AUKUS는 프랑스가 앵글로 색슨 국가들로부터 당한 두 번째 배신이라고 한다. 프랑스는 1958년 냉전 시기에 미·영방위조약에 따라 영국이 미국의 핵기술과 핵연료를 지원받는 동안 프랑스는 막대한 예산을 들여 핵잠수함을 자체 개발해야 했다. 만약 영국이 EU를 탈퇴하지 않았다면, 프랑스가 영국과 호주의 핵잠수함 논의를 미리 알게 됐을 것이다(김진호, 2021).

한편 영국의 언론은 AUKUS가 출범하면서 수면으로 부상한 미국과 프랑스 사이의 갈등의 기저에는 미국이 일부 유럽 국가 중 중국과 경제적, 외교적 유대를 돈독히 갖고 있어 중국의 위협에 덜 단호한 태도를 취하는 데 대해 의구심을 가지고 있다고 지적했다(임병선, 2021). 동맹국끼리 완전한 신뢰가 형성되지 못하면 신뢰를 동반하는 국가 간에 또 다른 동맹 연합체가 탄생할 수 있음을 시사한다고 할 것이다.

오늘날 국제정세는 춘추전국시대보다 훨씬 더 복잡다단하게 얽혀있다. 그럼에도 춘추전국시대의 합종연횡 전략은 국가를 경영하고 안보를 책임진 위정자들이 새겨야 할 교훈을 제공한다. 쉽게 말하자면 합종연횡은 '뭉치면 살고, 흩어지면 죽는다'라는 단순한 진리를 실행에 옮기는 외교전략이다. 고전에서 샘솟는 지혜의 샘물은 마르지 않고 현대에까지 지속된다. 역사를 직시하며 고전에서 지혜를 찾아야 하는 이유다.

📖 사마광. (2010). 《자치통감》. 권중달 옮김. 삼화.

_____. (2019). 《한권으로 읽는 자치통감》. 나진희 옮김. 현대지성.

최 명. (1994). 《소설이 아닌 삼국지》. 조선일보사.

풍몽룡. (2008). 《열국지》. 이언호 평역. 큰방.

강철근. (2017). 《아시아앤》. 〈종횡가 소진·장의, 합종연횡책으로 천하 평정〉. 5월 18일.

김진명. (2021). 《조선일보》. 〈중국 견제하려 … 미, 영, 호주에 핵잠수항 극비기술 전수〉. 9월 17일.

김진호. (2021). 《경향신문》. 〈동아시아 군비경쟁이라는 판도라 상자를 연 '오커스'〉. 10월 9일.

김태훈. (2021). 《세계일보》. 〈美·英 못 믿겠다 … 佛, 드골 노선으로 복귀하나〉. 9월 19일.

문근식. (2021). 《중앙일보》. 〈호주에 핵잠 건조 지원한 미국, 한국과도 협력해야〉. 10월 5일.

박현영. (2021). 《중앙일보》. 〈중국에 당한 호주와 미국의 밀착, 아시아 안보 지형 바뀐다〉. 10월 4일.

송의달. (2021). 《조선일보》. 〈호주의 '3종 병기', 중국 경제보복을 물거품 만들다〉. 9월 30일.

이한우. (2021). 《조선일보》. 〈췌마지술(揣摩之術)〉. 10월 6일.

임병선. (2021). 《서울신문》. 〈'AUKUS 뒤통수' 맞은 佛, 영국과 국방장관 회담도 취소〉. 9월 20일.

David E. Sanger. (2021). The New York Times. Secret talks and a hidden agenda: Behind the U.S. defense deal that France called a 'betrayal'. Sept. 17.

아! 비잔틴 제국
전쟁의 승패는 대포의 사거리에 달려있다.

비잔틴 제국(동로마 제국)은 서기 330년 로마의 콘스탄티누스 황제가 현재의 터키 이스탄불로 수도를 옮기면서 시작되었다. 비잔티움 (Byzantium)은 이스탄불의 옛 이름이지만, 콘스탄티누스 황제를 기리는 의미에서 '콘스탄티노플'로 이름을 바꿨다. 비잔틴 제국은 비잔티움에서 유래했고 역사가들은 이 제국을 동로마라고 부른다.

비잔틴제국의 역사를 알려면 로마의 역사로 거슬러가야 한다. 로마 제국은 395년 동로마와 서로마로 분열하고 100년도 채 되지 않아 서로마 제국(395~476)은 멸망한다. 반면 동로마 제국은 콘스탄티노플을 중심으로 천년 이상(395~1453)의 역사를 지속하였다. 그러나 1453년 동로마가 오스만제국에 의해 멸망하면서 로마제국은 건국 이후 2200년 만에 역사에서 사라진다.

비잔틴제국의 콘스탄티노플(오늘날 터키 이스탄불)은 지정학적으로 동서양의 교차로이자 실크로드의 최종점, 기점에 해당한다. 지도를 보면 이스탄불은 보스포루스해협을 중심으로 유럽과 아시아로 구분되는 지점에 위치한다. 보스포루스는 그리스 신화에서 비롯되었다. 그리스 신화의 발단은 늘 제우스다. 강의 신 이나코스의 딸 이오(Io)를 사랑하게 된 제우스는 아내 헤라를 속이기 위해 이오를 하얀 암소로 둔갑시킨다. 이를 알아차린 헤라는 쇠파리 떼를 동원해 이오를 괴롭힌다. 무자비한 쇠파리 떼의 공격으로 괴로움을 견디지 못한 이오(하얀 암소)는 온 세상을 떠돌아다녔다. 이오는 이오니아해를 건너고 보스포루스해협을 횡단했다. 그래서 보스포루스는 '암소의 여울'이란 의미를 지니게 된 것이다(불핀치, 2016: 63). 현실 세계에서 보스포루스는 다른 의미를 지닌다. 보스포루스와 발음이 비슷한 터키어는 보아즈인데 그 뜻은 '목구멍'이라고 한다. 이 해협이 흑해(머리)와 지중해(몸통)를 연결하는 목구멍의 형상과 비슷하다고 한다(김형오, 2014).

비잔틴제국은 로마제국의 전통과 이념을 계승했지만, 대부분의 국민은 그리스인이었다. 비잔틴제국은 그야말로 서양문명의 발원지인 그리스와 로마의 문화적 융합이 이뤄진 곳으로 동서양 문화가 교류하며 종교와 문화, 역사를 주도하였다. 코스모폴리탄적 도시였던 비잔티움은 지식인들의 숭배의 대상이었고 그리스, 로마의 고전 학문 및 지식이 연구되고 보존된 곳이었다. 비잔티움의 주석가와 필경사들의 도움이 없었다면 오늘날 우리는 고대 그리스 로마의 학문을 알지 못했을 것이다. 비잔티움은 기독교 신앙으로 신성화된 그리스와 로마의 계승자였다(런치만, 2004: 286 재인용).

인류 역사에서 단일 제국이 천년을 넘게 지속한 경우는 비잔틴제국이 유일하지 않나 싶다. 우리나라 신라(BC 57~AD 935)도 거의 천년에 가까운 역사를 지속했다. 장구한 역사를 지킨다는 것은 그만큼 어려움이 많다는 이야기다. 비잔틴제국은 500번이 넘는 전쟁을 치르고, 20여 차례에 걸친 도성 공격을 받고도 꿋꿋하게 버텨냈다. 난공불락의 철옹성이었다. 그런 비잔틴제국이 오스만제국(오늘날 터키)에 의해 멸망되었다. 군사적으로 오스만제국이 비잔틴제국을 무너뜨린 결정적한방은 가공할 대포다. 그 대포 이름은 '우르반(Urban) 대포'다. 천년을 넘게 끄떡하지 않고 버티던 비잔틴제국이 신종 대포에 무너진다.

비잔틴제국의 수도 콘스탄티노플은 거대한 성채로 413년에 축조되었는데 건설 당시 황제 이름을 따 '테오도시우스의 성벽'으로 부른다. 해자(물), 외성, 내성 등 너비만도 58~63m의 삼중 성벽으로 둘러싸여 있어 방어와 공격에 유리한 구조로 축조되었다. 성벽의 전체 길이는 약 20.8km이다. 해자는 깊이 10m, 폭 20m로 위기가 닥치면 그 안에 물을 채웠다. 외성은 2m 두께에 높이가 8.5m이며 96개의 방어탑이 설치되어 있다. 내성의 높이는 바깥쪽에선 9.3m이고, 도시 안쪽 기준으로는 13.2m이다. 두께는 4.7m 이상으로 웬만한 대포알로는 뚫을 수 없었다(김형오, 2014: 384-397).

인연이 역사를 만든다. 헝가리 출신 우르반은 대포 기술자로 오스만 제국의 침략 1년 전인 1452년에 비잔틴제국에 자신이 제작한 거포를 제공하려 했지만, 비잔틴제국은 우르반이 요구한 고액의 봉급을 감당할 수 없고 공성용 대포 제작에 필요한 재료가 없다는 이유로 거절한 바 있었다. 비잔틴제국이 당시로서는 신형 대포에 해당하는 우르반 대포를 포기한 것은 오랫동안 수많은 침략에도 버텨온 튼튼한 성벽을 믿고 있었는지도 모른다. 우르반은 비잔틴제국을 호시탐탐 노리고 있던 오스만제국의 군주 메흐메드 2세(재위 1444~1446/1451~1481)에게 찾아가고 메흐메드 2세는 우르반과 계약을 맺어 풍부한 자금과 재료를 지원한다. 우르반 거포는 길이 8m에 무게는 19t이다. 거포를 운반하기 위해서는 사륜차 30대와 소 60마리, 사람 20명이 필요할 정도였다. 거포이다 보니 하루 이동 거리는 4km 정도이고 하루 7발 정도 발포할 수 있었다. 포를 장전하는 데 무려 3시간이 소요되었다. 이 거포가 500kg의 돌 포탄을 날려 보낼 수 있는 최대 사거리는 1.6km이다. 오늘날로 비유하면 가공할 핵무기급이다. 이러니 철옹성 테오도시우스 성벽도 견딜 수 없었다. 콘스탄티노플은 대포의 공격으로 성벽이 무너지고 도시가 함락당한 사상 최초의 사례로서 근대 전투의 효시가 되었다(김경준, 2016).

비잔틴제국이 함락되기 전 제국은 오스만제국에 조공을 바치며 평화 관계를 유지했다. 오스만제국 역시 몇 번의 침략을 시도했지만, 번번이 실패하면서 조공을 받는 것으로 비잔틴제국과의 외교관계를 유지했다. 오스만제국은 비잔틴제국을 무너뜨릴 마음만은 굴뚝같았지만 난공불락의 성벽 때문에 침략을 주저하였다. 그러나 오스만제국의 메흐메드 2세가 술탄에 오르면서 국가의 모든 에너지를 비잔틴제국의 함락을 준비하는 데 총동원하였다. 물론 우르반 대포를 제작하게 한 것도 그런 전략의 일환이다.

비잔틴제국과 오스만제국의 군사 전력은 비교 불가다. 비잔틴제국은 5만 명의 시민과 7천 명의 군인이 전부인데, 이들 군인 중에서도 2천 명은 외국 용병이다. 테오도시우스 성벽의 총길이가 26km임을 감안하면 10m 간격에 1.5명씩 방어를 한 셈이다. 오스만제국은 10만 병력으로 침략해 왔다(유민호, 2019). 결과적으로 비잔틴제국은 난공불락의 철옹성이 있다는 사실 때문에 오히려 방어군을 확보하는 데 절실함이 없었다고 볼 수 있다.

비잔틴제국이 오스만제국의 침략을 받았을 때 교황과 이웃 국가들은 어떻게 대응했을까? 한마디로 소극적으로 대응했다. 무엇보다 오스만제국의 군대에 대한 정확한 정보가 부족했다. 그들은 비잔틴제국이 이교도 군대와 비교할 때 방어군의 숫자가 얼마나 보잘것없었는지에 대해 알지 못했고, 오스만제국이 우르반 대포와 같은 신형 무기로 무장했다는 것도 몰랐다. 교황을 비롯한 대부분의 이웃 국가들은 구원군이 도착할 때까지 방어군이 버텨줄 것이라고 믿었다. 심지어 콘스탄티노플이 함락되었다는 소식은 약 10여 일이 지난 6월 11일경에야 전해졌다(런치만, 2004, 247-248). 비잔틴제국이 수없이 많은 외세의 침략을 받았지만 꿋꿋하게 버텨온 것처럼 이번에도 그렇게 될 줄 믿고 있었다는 표현이 적절할 것이다.

흥미로운 사실은 1453년 5월 29일, 비잔틴제국의 콘스탄티노플이 오스만제국에 의해 함락당할 때의 황제는 콘스탄티노플 11세(재위 1449~1453)였다. 그의 이름은 공교롭게도 로마제국의 수도를 콘스탄티노플로 천도해 동로마 제국의 토대를 만든 콘스탄티누스 1세와 같다. 서로마제국의 마지막 황제 로물루스가 로마제국의 창시자 로물루스와 이름이 같은 것과 마찬가지다. 역사의 아이러니가 아닐 수 없다(김현민, 2019).

15세기 오스만제국의 우르반 대포가 비잔틴제국을 함락시켰던 것처럼 이후 역사의 변곡점을 만들 때마다 등장하는 무기가 대포다. 영국이 해양에서 스페인의 무적함대를 물리친 것도 사실 대포의 성능 차이

때문이었다. 19세기 아편전쟁에서 영국이 중국을 압도할 수 있었던 것도 대포의 사거리 때문이었다. 이순신 장군이 임진왜란에서 23전 23승의 전승을 거둘 수 있었던 것도 대포가 큰 기여를 했다.

역사의 묘미는 역사의 아이러니에 있는 것이 아닐까 싶다. 동과 서의 길목에 위치한 콘스탄티노플이 함락되면서 유럽인들은 엄청난 충격에 빠지게 되었다. 비잔틴제국의 함락은 아시아의 유럽에 대한 우위를 보여주는 상징적인 사건이었다. 특히 유럽의 경제적 번영의 근간인 동방무역, 즉 아시아에서 들어오는 향신료·직물·도자기 등을 유럽에 판매해 이익을 얻는 무역활동이 전면적으로 중단될 위기에 처했다. 당시는 교황청이 종교적, 세속적인 일에 일일이 간섭하다 보니 기독교 입장에서는 이교도인 이슬람 국가와 교류하는 것도 쉽지가 않았을 것이다. 결론적으로 오스만제국에 의한 비잔틴제국의 함락은 포르투갈이나 스페인을 필두로 유럽인들이 대서양으로 눈을 돌려 대항해시대를 열게 되는 계기가 되었다. 유럽인들은 아시아의 교두보인 콘스탄티노플을 건너뛰고 대서양을 항해하는 장거리 무역에 눈을 돌리게 되면서 유럽이 다시 경제적, 군사적, 정치적인 우위를 차지할 수 있었다(송병건, 2014). 유럽인에게 위기는 새로운 기회를 여는 돌파구가 되었다. 역사는 강한 자의 편도 약자의 편도 아닌 가치중립적이라고 할 수 있을 것이다. 굳이 말하자면 역사는 새로운 역사에 도전하는 자의 편이다.

김형오. (2014). 《술탄과 황제》. 21세기 북스.

런치만, 스티븐. (2004). 《1453, 콘스탄티노플 최후의 날》. 이순호 옮김. 갈라파고스.

불핀치, 토머스. (2016). 《그리스 로마 신화》. 혜원.

이노우에 고이치. (2014). 《살아남은 로마, 비잔틴제국》. 이경덕 옮김. 다른세상.

김경준. (2016). 《시사저널》. 〈오스만의 메메드 2세 비잔틴제국을 멸망시키다〉. 7월 28일.

김현민. (2019). 《아틀라스》. 〈오스만투르크 … 콘스탄티노플 함락하다〉. 10월 10일.

송병건. (2014). 《중앙선데이》. 〈비잔틴 천년제국의 최후 전투, 세계 경제를 뒤흔들다〉. 11월 9일.

유민호. (2019). 《월간중앙》. 〈53일 만에 침몰한 '동로마 제국' 비잔틴〉. 2월 28일.

〈우르반 대포〉. 두산백과사전.

〈정복자 1453〉. (2012). 영화.

위대한 용기
어느 위안부 피해자의 증언

어니스트 헤밍웨이는 "용기란 '수난 밑에서의 기품'이다"라고 말했다
(케네디, 2007: 25 재인용). 수난이 인간으로서 견디기 어려운 고통과 치
욕과 불명예 등 오만가지의 감정을 동반한 신체적, 정신적 고난을 의
미하는 것이라면, 기품(氣品)은 고난을 당한 사람에게서 드러나는 고
귀한 인격을 뜻할 것이다. 인류사에서는 예수가 십자가에 못 박힐 때
보여준 모습이야말로 헤밍웨이가 말한 용기의 전형이 아닐까 싶다.

　이분에게는 용기라는 단어 앞에 '위대한'이라는 수식어를 붙여주어
야 마땅할 것이다. 김학순(1924~1997). 위대한 한국인이고 할머니시
다. 지금부터 30년 전인 1991년 8월 14일 광복절 하루 전날에 67살
의 김학순 할머니는 자신이 일본군 위안부 피해자라는 것을 만천하에
증언했다. 할머니는 그동안 역사적 사실로 알려졌던 위안부 피해자
중 오랜 침묵을 깨고 처음으로 입을 열었다. "나는 일본군 위안부 피
해자 김학순입니다. (…) 그동안 말하고 싶어도 용기가 없어 입을 열
지 못했습니다. 언젠가는 밝혀져야 할 역사적 사실이기에 털어놓기로

했습니다. 위안부로 고통을 받았던 내가 이렇게 시퍼렇게 살아있는데 일본은 위안부를 끌어간 사실이 없다고 하고 우리 정부는 모르겠다 하니 말이나 됩니까." 그녀의 말은 역사의 한 페이지를 열었고 어엿하게 살아있는 자의 증언은 거짓과 위선의 탑을 무너뜨렸다.

김학순 할머니의 용기에 힘을 얻은 세계 각국의 위안부 피해자들이 증언대에 섰다. 일본의 침략을 당했던 대만, 필리핀, 인도네시아, 말레이시아, 중국뿐 아니라 호주와 네덜란드 등의 국가에서도 위안부 피해 생존자들의 폭로가 잇달아 터져 나왔다. 위안부 문제는 한국과 일본만의 문제로 그치지 않았다. 국제적인 문제로 번졌으며 피해 국가들과 피해자들은 지금도 진상규명을 위한 연대와 실천을 전개하고 있다.

위안부 피해자들의 증언이 잇따르고 국제사회에서 일본의 사과와 배상을 요구하는 목소리가 커지면서 일본은 1993년 8월 고노 요헤이 내각관방장관(정부의 공식 입장을 발표하는 대변인) 명의로 성명서를 발표했다. "(…) 장기간에, 또한 광범한 지역에 걸쳐 위안소가 설치되어 수많은 위안부가 존재했다는 것이 인정되었다. 위안소는 당시의 군 당국의 요청으로 설치된 것이며, 위안소의 설치, 관리 및 위안부의 이송에 관해서는 구 일본군이 직접 혹은 간접적으로 이에 관여하였다. 위안부의 모집에 대해서는, 군의 요청을 받은 업자가 주로 이를 맡았으나, 그 경우에도 감언, 강압에 의하는 등, 본인들의 의사에 반하여 모집된 사례가 많이 있으며, 더욱이 관헌 등이 직접 이에 가담하였다는 것이 명확하게 되었다. 또한, 위안소에서의 생활은 강제적인 상태하에서의 참혹한 것이었다(…)." 이를 고노담화(河野談話)라고 약칭하여 부르는데, 이 담화에서 일본은 군대와 관청의 관여와 동원에서의 강제성을 인정하고 사죄의 뜻을 밝혔다. 그러나 일본은 끝까지 정직하지 못했다. 일본 군대와 관청의 관여는 일부에 지나지 않았으며 전반적인 책임은 민간업자들에게 있다고 둘러댔다. 부분적으로 도의적 책임을 인정하지만 법적인 책임이나 피해자에 대한 배상은 거부했다. 아베 정부에서는 아예 고노담화 자체를 부정했다(소현숙, 2019).

이어령은 《축소지향의 일본인》에서 일본인의 문화 현상을 '축소'의 키워드와 논리로 해부하였다. 우리나라를 대표하는 지성인인 그의 일본 문화에 대한 날카로운 통찰은 일본인에게조차 충격을 주었을 법하다. 저자는 고노담화를 읽으면서 역사적 사실에서까지 축소, 왜곡하는 일본인과 일본 문화를 보는 것 같아 씁쓸했다. 여전히 일본이 자신에게 조금이라도 유리한 것은 확대해석하고, 조금이라도 불리한 것에 대해서는 축소, 왜곡, 은폐하는 일탈 행위가 하나의 문화로 자리 잡은 것 같아 경악을 금치 못할 따름이다.

김학순 할머니의 증언은 우리나라에 생존하고 계신 238명의 위안부 피해자들의 동참을 이끌어냈다. 한 사람이 보여준 용기 있는 날갯짓이 수많은 사람을 대의(大義)의 광장에 모이게 했다. 칠흑 같은 어둠 속에서 고통을 받고 울부짖던 수많은 영혼이 길거리로 뛰쳐나와 "나도 위안부 피해자"라고 증언했다. 그리고 그들은 단순히 피해자, 생존자, 증언자에서 멈추지 않고 사회 활동가로, 평화와 인권운동가로 거듭났다. "위안부 피해 할머니들은 자신의 피해를 알리고 인정받는 차원을 넘어 다시는 자신들이 겪었던 일이 반복되지 않아야 한다는 문제의식이 공통적으로 발견된다. 이미 피해 대상이라기보다 주체화된 활동가적 마인드를 가지고 계셨다."(오경민·민서영·이홍근, 2021) 이렇게 위안부 피해자들이 겪었던 수난에 대한 생생한 증언은 그 피해자들의 개인적인 아픔을 넘어 밀폐되고 호도된 역사의 진실을 밝혀내는 국제인권운동으로 승화되었다.

2021년 10월 25일 뉴욕타임스는 부고란에서 김학순 할머니의 기구한 생애와 위안부 피해 첫 증언의 역사적 의미를 보도했다. 부고란의 제목은 "더는 간과하지 않겠습니다(Overlooked No More)"였다. 이 지면에서는 당대 유력 인사로 대접을 받지 못했던 인물의 생애를 되짚어보는 기획 연재를 싣는다고 한다. 우리나라 인사로는 유관순 열사를 다룬 적이 있었다. 신문에 따르면 그동안 학계에서 일본의 전쟁 범죄와 반인륜 범죄에 대한 기록과 심증은 넘치지만 생존자의 증언이 없어 안타까웠는데, 김학순 할머니의 증언으로 유엔이 규정한 전쟁 범죄와 반인륜 범죄에 대한 일본의 책임을 묻는 과정을 파헤치는 학술적 연구의 계기를 마련해주었다고 한다(정시행, 2021). 코네티컷대 알렉시스 더든 교수(역사학)는 "김학순 할머니를 20세기의 가장 용기 있는 사람 중 한 사람이다"라고 평가했다(최상헌, 2021).

김학순 할머니가 보여준 용기 있는 행동은 세계인의 양심을 깨우고 연대와 행동으로 나서게 했다. 1998년 유엔보고서에서는 일본군 위안소 운영을 '반인륜 범죄'로 규정하였다. 2007년 미국 의회에서는 '위안부 결의안'을 채택했다. 2010년부터 해외에서 위안부 기림비가 세워지고 있다. 2012년 '일본군 위안부 문제 해결을 위한 아시아연대회의'에서는 8월 14일을 '세계 위안부의 날'로 지정했다. 피해 당사국인 우리나라 정부의 대응은 한참 늦었다. 2018년 할머니가 첫 증언했던 8월 14일을 '세계 일본군 위안부 피해자 기림의 날'(약칭 '기림의 날')이라는 이름의 국가기념일로 제정하였다. '일제하 일본군 위안부 피해자에 대한 보호·지원 및 기념사업 등에 관한 법률'도 제정했다.

사실 김학순 할머니가 위안부 피해자로서 증언을 했을 때가 일본 정부로서는 과거의 잘못과 위선을 털고 갈 절호의 기회가 될 수 있었다. 사죄도 타이밍이 필요한 법이다. 그러나 일본은 정부 대변인의 담화를 빌려 위안부의 운영과 관여에 대해서는 인정하면서도 전반적인 책임에 대해서는 민간업자에게 덮어씌우는 구태를 반복했다. 아베 정부는 고노담화마저도 뒤집고 그런 일이 없었다고 잡아뗐다. 후안무치의 후흑(厚黑)의 역사관이다. 세계가 일본의 잘못을 규탄하고 반성을 촉구하는 데도 일본만 그렇지 않다고 우긴다. 손바닥으로 하늘을 가릴 수 있는가. 일본의 후대들이 일본 정부의 위선과 교만과 거짓의 업보를 어떻게 감당할까 걱정이다. 미래로 발을 옮기기 위해서는 그 발목을 잡고 있는 과거의 사슬을 끊어야 한다. 일본 정부의 한심한 작태를 보면 오히려 그 사슬을 두세 겹으로 더 단단하게 묶는 것처럼 보여 안타까울 뿐이다. 일본은 독일 정부가 나치의 반인륜적 범죄에 대해 피해 당사국과 피해자들에게 어떻게 사죄하고 용서를 구하는가에 대해 배워야 한다.

일본의 현실을 보면 걱정이 많다. 일본 언론에서도 위안부에 관한 보도는 소극적인 태도를 넘어 아예 금기사항으로 보인다. 실제 일본 아사히 신문의 우에무라 다카시 기자는 1991년 김학순 할머니의 위안부 피해 증언과 관련된 기사를 작성한 것 때문에 날조 기자로 낙인찍혀 일본에서 살기 어려울 정도가 되었다. 우익의 항의와 비난이 빗발쳐 신문사를 퇴직할 수밖에 없었으며 노골적인 공격도 서슴지 않는

극우 세력에게 가족 살해 협박까지 받았다. 영화 〈표적〉은 우에무라 기자의 법정투쟁을 중심으로 그린 다큐멘터리 영화로 일본의 위안부 보도에 대한 탄압 실상을 보여주고 있다(나리카와 아야, 2021). 진실을 보도한 기자를 향한 표적의 화살이 일본의 양심을 쏘았다.

일본이라는 나라의 이중성을 알 수 있는 또 하나의 사실이 있다. 2차 세계대전 패전 직후인 1945년 8월 20일경 일본 전국의 매춘업자들이 도쿄 긴자(銀座) 거리에 '신일본 여성에게 고함'이라는 광고 간판을 걸고 매춘여성들을 모집했다. 물론 일본 정부의 비호 아래 진행되었다. 일본군은 동아시아 일대에서 저지른 만행을 점령군 미군이 일본에서 저지를 것이라는 소문에 근거한 것이다. '뭐 눈에는 뭐만 보인다'라고 하던가. 점령군 1진이 일본에 들어오던 8월 28일 도쿄 황궁 앞에서 《특수위안시설협회》 창립 대회가 열려 선서가 낭독되었다. '천황이 주둔군 위안의 난업(難業)을 과(課)하셨도다 … 국체(國體) 호지(護持)에 정신(挺身)할 뿐'이라는 내용이었다. 스스로 결성한 정신대이다. 정부 주도로 8월 17일까지 도쿄에서만 1,360명의 여성이 모집되었고 20개 도시로 확대되었으며 집단 매춘은 1년간 계속되었다(신정록, 2014). 예나 지금이나 믿기 어려운 일이다. 자국민을 대상으로 자발적으로 정신대를 조직했던 일본이 피식민국가 대한민국의 국민을 어떻게 대했을지는 보지 않아도 알 수 있다. 일본인의 속성은 강한 자에게는 철저히 몸을 숙이고 약한 자에게는 철저히 군림한다.

'수난 밑에서의 기품'을 보여주신 김학순 할머니의 명복을 빈다. 할머니의 용기로 우리 역사는 한 걸음 더 앞으로 내디딜 수 있게 되었다. 한(恨)의 역사, 굴욕의 역사를 반복하지 않는 것은 우리 후대들의 몫이다.

이어령. (2008). 《축소지향의 일본인》. 문학사상.

케네디, 존 F. (2007). 《용기 있는 사람들》. 박광순 옮김. 범우사.

나리카와 아야. (2021). 《중앙선데이》. 〈2001년 NHK 외압 논란 이후, 일 언론 위안부 보도 몸 사려〉. 11월 13일–14일.

소현숙. (2019). 《결》. 〈기림의 날에 기억하는 김학순과 그녀의 증언〉. 8월 16일.

신정록. (2014). 《조선일보》. 〈戰勝國 위해 정부가 나서 위안부 모집했던 일본〉. 3월 4일.

오경민·민서영·이홍근. (2021). 《경향신문》. 〈'성폭력 말하기'의 역사, 고 김학순 할머니 '위안부' 피해 증언 30주년〉. 8월 12일.

정시행. (2021). 《조선일보》. 〈"김학순 할머니, 20세기 가장 용기 있는 인물"〉. 10월 27일.

《한겨레》. (2021). 〈30년 전 세상을 깨운 김학순 할머니를 기억하며〉. 8월 13일.

Choe Sang-Hun. (2021). The New York Times. Overlooked No More: Kim Hak-soon, Who Broke the Silence for 'Comfort Women'. Oct. 21.

〈귀향〉. (2016). 영화.

〈김복동〉. (2019). 영화.

〈표적〉. (2021). 영화.

'나는 고발한다'
한 지성인의 붓과 행동, 드레퓌스 사건의 경우

일부 계층이 지식을 독점했던 전통사회에서는 지식인이라고 하면 주변에서 존경을 받았다. 지식은 곧 권력이었고 신분을 상징했다. 요즘엔 인터넷 지식포털사이트나 유튜브가 지식인을 대신하고 있다. 지식은 백과사전이나 도서관에 있는 것이 아니라 컴퓨터에 있다. 학생은 모르는 지식을 교사에게 물어보는 것이 아니라 구글이나 네이버에서 그 해답을 찾는 것이 일상화되었다. 지식인의 전형이었던 교사의 지식권위조차도 도전받는 세상이다.

현대는 지식의 대량 생산시대이다. 리처드 B. 풀러는 인류 지식의 폭발적 증가를 '지식 2배 곡선'으로 정리했다. 인류의 지식은 100년마다 2배씩 증가해왔는데, 1900년대는 25주년 주기로 2배 증가했고, 2016년부터는 13개월 주기로 2배씩 증가하고 있다고 한다. 2030년이 되면 3일마다 지식 총량이 2배가 된다고 하니 믿어야 할지 모를 정도이다(KBS〈명견만리〉제작팀, 2020). 가히 지식의 빅뱅 현상이다. 영화 한 편을 1초 만에 다운로드할 수 있는 세상이니 허황된 예측은 아니라고 생각한다.

　한편 과잉 지식의 시대에 지식인이 지시와 명령만을 수행하는 지식기술자로 전락할지 모른다는 우려의 목소리는 점점 높아지고 있다. 지식기술자들은 인간의 본질이나 삶의 의미와 관련되는 근본적인 문제는 도외시한 채 돈벌이에만 집착하거나 권력에 집착하는 독버섯이 되고 만다. 지성인들이 사라지고 지식인들만 난무하면 독재자들이 국민을 세뇌하고 노예화하는 참담한 일이 벌어진다(홍성남, 2021).

　시쳇말로 가방끈이 길면 지식인일 가능성이 높지만, 지식인이 곧 지성인은 아니다. 어느 시대든 지식인은 많지만 지성인은 찾기 힘든 법이다. 지성인은 한마디로 시대정신을 이끌고 가는 사람이다. 시대를 면밀하게 관찰하고 문제점을 정확하게 파악하여 시대가 나아가야 하는 방향을 제시할 뿐 아니라 시대를 꿰뚫는 가치관을 정립하는 인물이다(김준우, 2020). 이처럼 지성인은 단순히 지식을 많이 알고 있는 것이 아니라 시대의 지향점과 핵심 가치를 정립하는 사람이라고 할 것이다.

　우리 주변에서도 참 지식인, 즉 지성인의 본보기를 찾을 수 있다. 광주일보 2021년 12월 8일 자 사설에는 '민중의 수난을 붓과 행동으로 헤쳐 온 참 지식인, 서슬 퍼런 유신정권 아래서도 두려움 없이 행동했던 행동하는 지성인'이라는 긴 제목의 글이 실렸다. 전남대 송기숙 교수에 관한 이야기이다. 송 교수는 1980년 5.18 민주화운동에 참여하여 수감과 복직을 반복하면서도 군부의 폭력에 굴하지 않고 진실을 알리기 위해 노력한 지성인이었다. 오늘날 5.18의 은폐된 진실이 밝혀지고 이만한 평가를 받는 것은 고인의 기여가 크다 할 것이다. 참

지식인으로 살면서 사후에 이런 부고가 실리면 인생을 잘 살았다고 할 것이다. 본받고 싶은 부러운 삶이다.

그래서 한 사람의 지성인이 사람들에게 큰 울림을 주고 세상을 변화시킨 사례에 주목하는 이유다. 모두가 가슴 깊은 속에 담고 있는 닮고 싶은 지성인 목록이 있을 것이다. 저자의 목록 맨 윗줄에는 에밀 졸라(Emile Zola, 1840~1902)가 있다. 졸라는 《목로주점》,《세 도시 이야기》의 작가로 알려졌지만, 진즉 그를 더 유명하게 만든 것은 자신의 조국 프랑스 대통령에게 보낸 '나는 고발한다'라는 글을 일간지에 게재한 사건이었다. 무엇이 작가 졸라로 하여금 대통령에게까지 붓을 들어 공개서한을 작성하게 하였을까? 억울하게 누명을 뒤집어쓴 유대인 출신 포병 대위 알프레드 드레퓌스 사건에 대한 부당함을 지적하고 시정을 촉구하기 위해서이다. 졸라는 자신의 이해관계와 무관한 사람을 위해 일국의 대통령에게 공개적으로 편지를 보내는 행동을 한 참 지식인이다.

드레퓌스 사건의 내막을 잠깐 들여다보자. 1894년 9월 프랑스 육군 정보부는 군 내부에서 독일 쪽에 유리한 비밀정보를 흘리는 스파이가 있음을 보여주는 메모를 입수했다. 육군 참모본부는 필적 등을 근거로 참모본부 소속 유대인 포병 대위 알프레드 드레퓌스(1859~1935)를 체포했다. 드레퓌스 대위는 군적 박탈과 종신 유배형을 선고받고 프랑스령 기아나 '악마의 섬'에 유폐되었다. 이 섬을 배경으로 한 영화가 〈빠삐용〉이다. 나중에 증거가 조작되었다는 것이 밝혀졌고 진짜 범인은 참모본부 내의 에스테라지 소령인 것으로 확인되었다. 1899년 6월 에스테라지는 필적이 자신의 것이라고까지 자백했다. 진짜 범인이 자신의 필적이라고 자백까지 했지만, 정부와 군부는 드레퓌스의 유죄를 확정했다. 오히려 (군사) 법정에서는 에스테라지를 무죄 석방하여 면죄부를 주고 드레퓌스의 유죄를 인정했다. 이때 프랑스는 위선과 거짓을 진실로 포장하고 개인의 인권이나 정의를 송두리째 무시하면서 국제적인 망신과 함께 국민의 자존감도 땅에 떨어졌다. 문명국가의 전위를 자처했던 프랑스는 집단 야만과 광기로 뒤덮여 진실을 진실이라고 말하지 못할 지경이 되고 말았다.

한마디로 이 사건은 에스테라지 소령의 사기 행각과 앙리 대령의 서류 위조의 합작품이었다. 에스테라지는 파리 주재 독일대사관 무관 슈워츠코펜 대령에게 직접 찾아가서 스파이 역할을 하고 싶다고 말했다. 아내가 병으로 앓아누워 어쩔 수 없이 스파이를 자원하게 되었다는 설명이었다. 독일대사관에서는 정보국에 근무하는 프랑스 장교가 스스로 찾아와 스파이 활동을 자임하고 나서자 황당하게 생각하고 내쫓다시피 했다. 그는 수차례 독일대사관에 드나들면서 독일에 유리한 정보를 제공하고 그 대가로 현금을 받았다. 금액은 정보의 가치로 계산했다. 문제의 발단은 프랑스 첩보국이 입수한 독일 측 통신문에 '무뢰한 D'라는 익명의 사람이 등장한다(니홀라스, 2015). 프랑스 정보국은 이니셜 D로 시작하는 구성원 중 유대인 드레퓌스(Dreyfus)를 지목하고 그에게 모든 혐의를 뒤집어씌웠다.

졸라의 '나는 고발한다'는 에스테라지 중령이 무죄 석방을 받은 이틀 후에 게재되었다. '나는 고발한다'는 프랑스 사회를 뒤흔들었고 드레퓌스의 무죄 석방과 재심을 요구하는 드레퓌스파(재심파)와 유죄를 고집하는 반드레퓌스파(반재심파)로 찢겼다. 드레퓌스파는 정의, 진실,

인권옹호를 부르짖었으며, 반대파는 군의 명예와 국가 질서를 내세웠다. 프랑스 정부와 군부가 무모한 음모를 수정하지 않고 확증편향에 빠질수록 내분은 격해졌다. 당시 프랑스는 프러시아(독일)와의 보불전쟁(1870~1871)에서 패배하여 막대한 배상금을 지불하고, 알자스-로렌 지역을 빼앗기면서 독일에 대한 보복심리가 만연한 애국주의가 팽배해 있었다. 또한 경제난까지 겹친 탓에 금융권의 큰 손인 유대인에 대한 악감정이 컸다. 여기에 우파 정부와 전쟁에서 패배하고 그 위상이 땅에 떨어진 군부와 반유대계 언론과 가톨릭 교단까지 가세하여 유대계 드레퓌스를 희생양으로 삼았던 것이다.

아무런 죄가 없다는 것이 밝혀진 유대인 출신 드레퓌스 대위를 희생양으로 삼아 정부의 실정과 군부의 위신 추락을 만회해보려고 한 것이었다. 만약 드레퓌스가 유대인이 아니었고, 프랑스가 보불전쟁에서 승리했다면 어떻게 됐을까. 정부와 군부는 한 번 잘못 끼운 단추를 다시 고쳐 끼우는 것이 아니라 계속 잘못 끼워나가기로 작정한 것 같았다. 정부와 군부는 드레퓌스의 무죄와 관련한 명백한 증거를 쥐고서도 그것을 묵살했고 정치적 목적을 위해 위기에 놓인 전쟁지휘부를 구하려고 무모한 음모를 꾸민 것이었다. 국익을 위한다는 명분을 만들어 진실을 은폐하면서까지 개인을 희생하기로 했다.

1898년 1월 13일, 졸라의 '나는 고발한다'는 프랑스 일간지 《로로르》의 1면 머리에 실렸다. 공개서한의 정식 명칭은 '에밀 졸라가 공화국 대통령 펠릭스 포로에게 보내는 편지'이다. 졸라는 프랑스 정부의 반유대주의와 드레퓌스의 부당한 구속 수감을 비난하였다. 또 졸라는 여러 사법적 오류와 증거의 부족을 지적하였다(후일 졸라가 고발한 사람들의 범죄 행위가 모두 사실로 드러나 졸라의 정보 수집력과 판단력이 얼마나 탁월했는지를 입증한다). 장문의 공개서한 중 후반부 몇 줄을 옮겨본다.

"사람들은 우리에게 역사의 심판을 약속했습니다. 대통령 각하. 우리는 당신을 역사의 심판에 넘깁니다. 역사는 당신이 무슨 일을 했는지 말해줄 것입니다. 당신은 역사 속의 당신의 페이지를 갖게 될 것입니다. 처음엔 그 민주주의적 선정에 저조차도 감동했던 펠릭스 포르씨, 피혁상 출신이었지만 그 인기가 하늘을 찌를 정도로 존경받았던 펠릭스 포르씨, 하지만 동시에 불행한 펠릭스 포르씨를 생각해보십시오. 그는 이제 영원히 죄 없는 자의 순교를 승인한 부당하고 심약한 인간으로 기억될 것입니다. 정녕 진실과 정의의 인간으로 대리석 기념탑에 이름을 새기고 싶지 않습니까? 어쩌면 아직도 늦지 않았습니다."(유기환, 2015: 200) 졸라는 대통령에게 예의를 갖추면서 논리 정연한 글로 역사의 심판을 두려워하라는 엄중한 경고도 잊지 않았다. 정문일침이란 이런 글을 두고 한 말이리라.

공개서한이 신문에 실린 뒤 졸라는 군부로부터 중상모략이라는 이유로 고소당한 뒤 유죄 선고를 받았다. 졸라의 사회적, 경제적 손실은 이만저만이 아니었다. 재판비용, 작품 판매 부수의 격감, 망명 생활, 집필 시간의 부족 등으로 파산상태에 이르기도 했다. 정부와 군부는 드레퓌스 사건의 증거를 조작한 주범이었던 앙리 중령이 1898년 8월 자살하고 진범 에스테라지가 도주하고 나서야 전략을 바꾸기 시작했다. 드레퓌스는 1906년에 다시 진행된 재심을 통해 무죄와 함께 복권되어 군에 복직하였다. 안타깝게도 졸라는 이 소식을 미처 듣지 못하고 1902년 9월 의문의 가스 중독 사고로 사망했다. 졸라는 드레퓌스를 위해 쓴 글에 대해서는 어떠한 대가도 받지 않겠다는 다짐을 끝까지 지켰다.

1898년 3월 《르 시에클》은 졸라의 용기를 기리기 위해 기부금을 모아 금메달을 제작해 국립도서관에 소장하고 있다. 금메달의 앞면에는 졸라의 얼굴, 뒷면에는 졸라의 글이 새겨져 있다. "진실은 전진하고 있고, 아무것도 그 발걸음을 멈추게 하지 못하리라." 행동하는 참지식인이자 시대의 양심이었던 에밀 졸라를 통해 붓이 칼보다 강하다는 경구를 새삼 떠올리게 된다. 무엇보다 지성인이 깨어있어야 사회의 정의가 바로 설 수 있고 그들의 붓에서 나오는 한 획 한 획의 글은 시대의 공기라는 생각을 해본다. 졸라의 붓과 행동은 문명국가의 전위로 자처하면서도 반유대주의와 맹목적 애국주의라는 집단 광기로 이성과 인간성을 잃어버린 프랑스를 구하는 데 큰 역할을 했다.

드레퓌스는 구속된 후 12년 만에야 복권됐다. 프랑스 정부는 그에게 레지옹 도뇌르 훈장을 수여했다. 오늘날 드레퓌스는 프랑스 혁명의 이념을 상징하는 인물이 되었다. 드레퓌스 사건과 관련하여 빼놓을 수 없는 인물이 있다. 바로 조르 클레망소(1841~1929)이다. 그는 당시 일간지 《로로르》의 사장 겸 편집국장이었다. 군부와 권력의 눈치를 보며 몸을 사리던 여타 신문사와는 달리 클레망소는 소신과 신념의 언론인이었다. 졸라는 '대통령에게 보내는 편지'라는 제목으로 글을 썼지만, 클레망소가 언론인 특유의 감각을 살려 '나는 고발한다'로 제목을 바꿔 실었다. 만약 클레망소가 아니었다면 졸라의 편지글이 대중에게 알려지지 않았을지도 모른다(조성관, 2020). 클레망소의 말은 모든 국가에 해당한다. "국가 이익이 오늘은 드레퓌스를 치고 있지만, 내일은 다른 사람을 칠 것이다. 공공의 이익이라는 명분 아래 반대자를 비웃으며 쓸어버릴 것이다. 군중은 겁에 질린 채 쳐다만 볼 것이다. 정권이 국가 이익을 내세우기 시작하면 끝이 없게 마련이다."(졸라, 2015 재인용)

📖 모루아, 앙드레. (2017). 《프랑스사》. 신용석 옮김. 김영사.
　　이스라엘, 아르망. (2002). 《다시 읽는 드레퓌스 사건》. 이은진 옮김. 자인.
　　졸라, 에밀. (2015). 《나는 고발한다》. 유기환 옮김. 책세상.
　　할라스, 니홀라스. (2015). 《나는 고발한다》. 황의방 옮김. 한길사.
　　KBS 〈명견만리〉 제작팀. (2020). 《명견만리》. 인플루엔셜.
　　《광주일보》. (2021). 〈'치열했던 삶' 송기숙 선생님 편히 잠드소서〉. 12월 8일.
　　김준우. (2020). 《기호일보》. 〈지식인 지성인 그리고 교양인〉. 12월 23일.
　　조성관. (2020). 《뉴스1》. 〈클레망소가 아니었더라면…〉. 9월 17일.
　　한동임. (2006). 《한겨레》. 〈'드레퓌스 사건' 진실 알린 에밀 졸라의 '나는 고발한다'〉. 1월 12일.
　　홍성남. (2021). 《중앙일보》. 〈왜 인문학이 필요할까〉. 10월 28일.

과거사 화해의 조건

상대방이 좋다고 할 때까지 사과하는 것

개인도 그렇지만 국가 역시 과거의 문제를 해결하지 못한 채 미래의 관계를 맺기는 어렵다. 과거의 문제를 방지한 채 외형적으로는 관계를 맺을 수 있겠지만, 진정한 우의를 나누는 진실된 친구로 발전할 수는 없을 것이다. 개인이나 국가도 잘못할 수 있다. 문제는 그 잘못에 대해 어떻게 용서를 구하고 그 잘못을 반복하지 않느냐가 중요하다. 독일은 물론 완벽하지는 않지만, 과거사를 어떻게 풀어나가고 과거와 어떻게 화해할 것인가에 대한 하나의 전형을 보여준다. 여기에서 경계해야 할 점은 일본의 미온적인 과거청산을 의식해 독일의 과거청산을 일반적인 모범적 사례로 추켜세우려는 경향은 위험한 태도라는 것이다. 독일 역시 1960년대 초만 해도 과거청산에 항상 모범적이지 않았다는 점을 상기할 필요가 있다(안병직 외, 2005: 43).

독일(1990년 10월 3일 통독 이전의 경우에는 필요에 따라 동독 또는 서독으로 표기한다)은 제2차 세계대전(1939~1945)을 일으킨 전범국가라는 오명에 그치지 않는다. 독일의 경우에는 인류 역사상 가장 끔찍하고 잔악무도한 반인류적 범죄행위로 비난을 받고 있다. 20세기 최대의 대학살로 기록된, 독일 나치 정권에 의해 저질러진 유대인 대학살(홀로코스트) 때문이다. 나치는 '국가의 적'이라는 이름으로 천만 명을 학살했는데 이 중 600만 명이 유대인이었다. 그중 여성과 어린이 희생자만 해도 각 200만 명과 100만 명에 달했다. 종전 후 독일은 이처럼 끔찍한 과거사 문제를 어떻게 풀고 갈지가 국가의 미래를 결정하는 중요한 어젠다가 되었다. 전 세계가 독일의 행보를 지켜보는 이유이기도 하다.

독일 정부는 과거사 문제를 어떻게 했을까? 종전 후 독일은 이스라엘 정부와 유대인 생존자들에게 하나같이 사과와 애도를 표하는 동시에 후속 조치를 실천에 옮겼다. 정신적, 물질적 보상을 하거나 배상을 하고 있다. 1951년 이스라엘과 협정을 맺고 유대인 박해에 대한 배상을 실시했다. 1952년부터 700억 달러를 지원해왔는데, 이 기금은 나치 피해자에게 식량과 복지서비스 제공 등에 쓰인다. 2014년부터 세계 46개국에 흩어져있는 나치 피해자 5만 6천여 명에게 자택 요양 비용으로 4년 동안 10억 달러를 지급하고 있다. 이와 함께 학살 당시 어린이였던 생존자를 위한 별도의 방안도 추가로 논의하기로 했다. 이는 나치 정부의 만행과 관련해 직접 피해는 물론, 정신적 피해와 간접 피해에 대해서도 배상하겠다는 독일 정부의 의지로 풀이된다(홍서희, 2013).

과거사 문제가 물질적인 피해 배상으로 끝날 수 있을까? 독일 정부는 그렇게 생각하지 않는다. 독일 정부는 종전 후 전쟁과 잔혹 행위에 대해 변함없이 사죄와 반성을 하였다. 결정적인 장면은 1970년 12월 7일 빌리 브란트 총리(재임 1969~1974)가 제2차 세계대전의 최대 피해국인 폴란드를 방문했을 때, '바르샤바 게토 봉기 영웅 기념물' 앞에서 헌화를 마치고 무릎을 꿇은 사건이었다. 개인 간에도 가해자가 피해자에게 용서를 구할 때 무릎을 꿇게 되면 진정성이 와닿고 얼었던 마음이 녹는 법이다. 하물며 한 나라를 대표하는 총리가 무릎을 꿇었다는 것은 보통 일이 아니었을 것이다. 당시 서독의 유력 일간지 《슈피겔》의 조사에 따르면, 총리의 무릎 꿇기가 적절했다고 답한 비율은 41%였으며, 48%는 지나쳤다고 응답하고, 11%는 무응답을 나타냈다(채인택, 2020). 총리의 무릎 꿇기에 대한 서독 국민의 찬성률은 낮았지만, 국민은 1972년 치러진 선거에서 브란트 총리에게 대승을 안겨주었다. 정치인들이 현실 논리에 집착하여 인기몰이에 전념할 필요가 없다는 방증이기도 하다. 정치인은 미래에 대한 확고한 비전과 실행에 옮길 담대한 용기를 갖추어야 함을 시사하는 대목이다.

독일의 한결같은 사죄와 반성에 대해 나치에 의해 최고로 많은 인명 피해를 입었던 이스라엘의 반응은 어떠했을까? 정부 차원의 관계와 시민의 바탕 정서는 달랐다. 1965년 독일과 이스라엘은 외교 관계를 수립하자 이스라엘 내에서는 이를 반대하는 강한 저항이 일어났으며, 롤프 프리데만 파울스 대사가 주이스라엘 독일대사로 부임했을 때 이스라엘 시민들은 돌과 물병과 토마토를 던지며 '나치는 물러가라'는 구호를 외치며 격렬하게 반대 시위를 했다. 당시 11개 중동 국가도 독일과 외교관계를 단절하였다. 1972년 뮌헨 올림픽 때에는 팔레스타인 테러로 이스라엘 대표팀 전원이 희생되는 등 큰 위기를 불러오기도 했다(고형규, 2017). 정치는 '가능성의 예술이다'라고 하지만, 그 가능성이 언제 현실로 나타날지는 아무도 모르는 일이다.

이스라엘 민족의 가슴 한복판에 자리 잡은 바윗덩어리와 같은 독일에 대한 증오 감정을 녹이는 데는 가해자의 한두 번 사죄 표현만으로는 턱없이 부족하다. 바위를 녹일 정도의 시간과 정성이 필요한 법이다. 독일 정부는 정파를 초월하여 과거사에 대해서만큼은 지속적으로 사과하고 용서를 빌며 물질적으로도 피해 배상을 게을리하지 않았다. 1973년 브란트 총리가 처음으로 이스라엘을 방문하고, 1985년 바이츠제커 대통령(재임 1984~1994)은 제2차 세계대전 종전일을 '나치로부터 해방된 날'로 규정하여 일관되게 화해의 제스처를 보냈다. 1996년 1월 독일의 로만 헤어초크 대통령(재임 1994~1999)은 1월 27일을 '나치 피해자 추모의 날'로 지정하고 국가기념일로 제정했다. 2007년 9월 앙겔라 메르켈 총리(재임 2005~2021)는 "자신 이전의 모든 독일 총리가 이스라엘에 대한 독일의 특별한 역사적 책임을 의무로 여겼다"라고 전제하면서, "나 역시 이런 특별한 역사적 책임을 명확하게 인정한다"라며 국제사회에서 독일의 잘못을 사과했다. 2008년 3월에는 독일 총리로서는 처음으로 이스라엘 의회에서 연설한 메르켈은 "쇼아(홀로코스트의 히브리어)는 독일인에게 가장 큰 수치"라고 하면서 "독일인의 이름으로 유대인 600만 명을 대량 학살한 일은 많은 유대인과 유럽, 전 세계인들을 고통스럽게 했다"라고 지적하면서 희생자와 생존자 모두에게 머리를 숙여 사죄하고 용서를 구했다. 2013년 8월 다하우 나치 수용소를 찾아가서는 "수감자들의 운명을 떠올리며 깊은 슬픔과 부끄러움을 느낀다. 대다수 독일인이 당시 대학살에 눈 감았고, 나치 희생자들을 도우려 하지 않았다"라고 사죄했다(고형규, 2015).

독일이 국제사회에 지속적, 반복적으로 과거 나치에 의한 전쟁과 학살에 대해 사죄하고 용서를 구하고 있는데, 실질적인 배상은 어떻게 이루어졌을까 싶다. 독일 정부의 피해 배상에는 세 가지 유형이 있다. 전쟁배상, 나치 피해자 개인에 대한 배상, 외국인 강제노역자에 대한 보상이다. 먼저 전쟁배상의 경우에는 제1차 세계대전 종전 후 베르사유 조약을 통한 독일의 과도한 배상금 문제가 초래한 문제, 소련의 급부상에 따른 민주진영과 공산진영의 냉전 대결, 국가 간의 이해관계 충돌 등의 문제로 제대로 배상이 이루어지지 않았다. 소련의 경우에는 배상금과 나치 귀속재산을 처분하여 얻은 자금을 합하면 원래 예상했던 액수 이상을 받아냈다. 나치 피해 배상은 국가배상과 개인배상으로 구분한다. 국가배상에서 서독은 1959년부터 1964년에 걸쳐 서유럽 12개국과 나치 피해보상과 관련된 포괄협정을 체결하여 약 10억 마르크를 제공했다. 1960년대 이후에는 동구권 국가들과 나치 피해 배상 협약을 맺어 약 10억 마르크를 제공했다. 개인배상의 대상은 인종, 종교, 사상을 이유로 박해를 받았던 나치 희생자들이었다. 나중에는 대상 범위가 법인과 예술가 및 학자, 그리고 희생된 피해자의 가족, 그리고 피해자를 도운 사람이나 잘못 오인되어 피해를 입은 사람들까지 확대되었다.

강제노동자에 대한 보상은 주로 외국인 강제노동자들을 대상으로 한다. 나치는 점령지역에서 수백만 명에 달하는 외국인 노동자들을 동원하여 강제노역에 종사하도록 했다. 1944년 기준으로 대략 8백만 명의 외국인 노동자(민간 570만 명, 전쟁포로 190만 명, 강제수용소 수감자 50만 명)가 강제노역으로 고통을 당했다. 강제노동자에 대한 보상은 법적인 책임보다는 인도적인 차원에서 이루어지고 있는 경우가 많다

(송충기, 2005). 외국인 강제노동자에 대한 보상 문제는 2000년 독일정부와 기업이 기금을 공동으로 출연하여 '기억, 책임, 그리고 미래 재단'을 설립하면서 돌파구를 찾게 되었다(안병직 외, 2005: 73). 독일은 원상회복과 금원 배상, 사회보장적 금원의 지급, 사과, 교육, 재발 방지 등을 통해 물질적, 상징적 배상을 모두 제공하는 복합적인 배상을 통해 피해자의 필요를 충족시키고 있다. 그러나 독일의 배상은 엄밀한 의미의 '법적 배상'으로 파악하기에는 어려움이 있으며, 독일 정부는 정치적, 도덕적 배상임을 강조하고 있다(송 에스더, 2001).

국제사회도 독일이 보여준 과거사 화해를 위한 노력에 힘을 보탰다. 2005년 유엔총회 결의를 통해 1월 27일을 〈국제 홀로코스트 추모일〉로 제정했다. 하임 호센 주한 이스라엘 대사는 "브란트 총리와 같은 국가 정상이 기념탑 앞에서 용서를 구하기 위해 무릎을 꿇는 등의 행동이 피해국과 피해자들과의 화해에 도움이 되는가?"라는 질문에 이렇게 답했다. "화해는 감정의 문제입니다. 양국의 젊은이들이 교류하고, 이스라엘과 학자들이 함께 연구하고 있습니다. 1952년 독일이 배상을 약속한 협약이 오늘날 꽃을 피우고 있는 셈입니다. 모든 것은 과거를 기억할 때 가능합니다."(조진형, 2018) "과거를 기억할 때 가능하다"라는 호센 대사의 발언은 매우 중요하다. 어느 국가나 자국에 불편하고 부끄러운 과거를 망각하고 싶을 것이다. 독일은 망각이 근본적인 문제의 해결 방식이 아님을 보여준다. 과거의 잘못을 직시하고 그 잘못이 반복되지 않도록 노력하는 역사적 책임 의식과 실천이야말로 독일 정부가 국제사회에서 추구하는 핵심 원칙으로 자리 잡았음을 알 수 있다. '용서하지만 잊지는 않는다'라는 단호한 역사 인식이야말로 과거사와 진정으로 화해하고 잘못된 역사를 반복하지 않는 처방이 될 수 있다. 이스라엘과 독일은 과거 어둠의 장막을 걷어내고 친구 관계로 발전하여 우방국이 되었다.

'사과는 상대방이 좋다고 할 때까지 하는 것'이라는 말은 일본의 하토야마 유키오(鳩山由紀夫, 재임 2009~2010) 전 총리가 한 말이다. 하토야마 총리는 대표적인 지한파로 그는 틈만 나면 일본의 과거 만행에 대해 용서를 빌고 사죄하는 인물이다. 독일과 일본의 과거사를 인식하고 이를 해결하는 방식은 대척점에 있다고 해도 과언이 아니다. 독일은 정부 차원에서 과거사에 대한 잘못을 사죄하고 용서를 빈다. 일본은 개인 차원에서 일부 인사들이 잘못을 인정하고 사죄하지만, 일본 정부는 사과를 거부하거나 잘못이 없다고 잡아뗀다. 양국의 과거사 문제 해결을 위한 인식의 차이가 오늘날 독일과 일본의 현재와 미래를 예측할 수 있는 잣대가 된다.

📖 안병직 외. (2005). 《세계의 과거사 청산》. 푸른역사.

송에스더. (2021). 〈독일 전후 배상 정책의 평가 및 시사점〉. 《법과 정책》. 27(2).

송충기. (2005). 〈독일의 전후 나치피해 배상〉. 《광복 60년 종합학술대회: 올바른 과거청산을 위한 전국순회심포지엄》. 11월 2일.

_____. (2005). 〈독일의 뒤늦은 과거청산〉. 《역사비평》. 73.

고형규. (2015). 《연합뉴스》. 〈과거사 화해 조건 … 독일, 이스라엘 외교 수립 50돌〉. 5월 11일.

조진형. (2018). 《중앙일보》. 〈친구가 된 독일과 이스라엘 … 양국 대사가 밝힌 화해의 길〉. 1월 23일.

채인택. (2020). 《중앙일보》. 〈초강대국 독일, 50년 전 '바르샤바 무릎꿇기'가 시작되었다〉. 12월 7일.

홍서희. (2013). 《KTV》. 〈독일, 나치 피해자에 1조원 배상 … 일본과 대조적〉. 5월 30일.

미국 대통령 당선 승리 연설
2016년 트럼프 vs 2020년 바이든

미국 대통령 선거제도는 후보자가 270명의 선거인단을 얻는 순간 당선인 신분으로 바뀐다. 270은 매직넘버다. 승자는 패자인 상대 후보로부터 축하 전화를 받는다. 패자의 축하 전화는 승리 연설(victory speech)에서 언급된다. 진영 간의 거친 싸움이 승복의 아름다운 문화로 탈바꿈하는 순간이다. 2016년 11월 트럼프는 당선에 필요한 선거인단을 확보했을 때 상대 후보 힐러리로부터 축하 전화를 받았다. 상황이 바뀌어 이번에는 패자인 트럼프가 승자인 바이든에게 축하 전화를 할 차례다. 미국 선거문화의 정수이자 국민을 통합하는 정치의 원리이다. 그는 바이든 당선인에게 전화하지 않았다. 오히려 "합법적인 투표만 계산하면 자신이 이겼다. 승리를 빼앗겼다"라고 어깃장을 놓았다. 실지로 억울하다고 생각되는 주 법원에 소송을 냈다.

대통령 당선 승리 연설을 자세히 보는 것은 연설문 내용이 곧 향후 4년 임기 중의 국정 철학과 방향을 담고 있는 대국민 공약이기 때문이다. 당선의 축제와 함께 국민 앞에서 약속을 하는 엄숙한 시간이다.

트럼프 승리 연설과 바이든 승리 연설을 들여다보았다.

2016년 11월 트럼프 연설 내용이다. 서두는 의례적이다. "단합된 미국, 하나 된 미국을 외치면서 분열의 상처를 치유하고 함께 나가자." 연설 내용의 주요 골자는 크게 두 가지다. "공정한 거래를 하기 위해 미국 우선주의에 입각하고, 동맹과도 위대한 관계를 맺을 것이다." 마지막 내용은 온통 자신의 선거운동을 도와준 참모와 유력 인사들에 대한 감사 인사로 채워졌다. 마지막 내용은 임기가 끝나는 시점에서 음미해볼 만하다. "여러분은 대통령을 자랑스럽게 생각할 것이다."

2020년 11월 바이든 연설 내용이다. 역시 서두에서는 감사 인사와 분열이 아니라 단합된 대통령이 되겠다는 다짐을 한다. 이후부터는 트럼프 연설 내용과 많은 차이가 난다. "미국인의 비전, 즉 미국의 영혼을 회복하고, 국가의 버팀목인 중산층을 재건하고, 국내적으로 단합하고 국외적으로는 존경받은 미국을 만들겠다." 새 정부가 국정과제로 삼은 어젠다를 몇 가지로 정리했다. "코로나 바이러스 통제, 부강, 가족건강보험, 인종 정의를 세우고 구조적 인종차별주의를 뿌리 뽑는 것, 기후변화 대책, 품격 회복, 민주주의 보호, 공정한 기회 제공."

트럼프와 바이든이 대통령 당선인으로서 연설한 시점의 미국 국내외적인 환경은 많은 차이가 있다. 이 점은 고려하고 읽어야 한다. 연설문의 전체적인 맥락을 따라가면 국정 철학과 방향의 깊이가 확연하게 다르다. 민주주의와 인권을 수출하는 미국의 대통령 당선인 바이든이 승리 연설에서 '국가의 품격 회복', '민주주의 보호'와 같은 인류의 보편적인 가치와 상식을 언급한다는 것이 오늘날 미국 사회가 얼마나 비정상적인 상태인가를 알 수 있다.

트럼프는 다분히 자기 과시적이고 마초적인 기질이 강하다. 이렇게 하겠다고 일방적으로 통보하는 식의 연설을 한다. 미국 우선주의를 전제로 깔고 어떻게 다른 국가와 공정한 거래를 할 수 있겠는가? 그는 말의 모순과 어폐를 알고서도 말한다. 바이든은 노련한 정치가답게 모든 국민의 마음을 헤아리려 하고 아픔과 고통을 어루만지려는 공감 능력을 보여준다. 바이든과 트럼프는 상대방과 공감하는 방식이 전혀 다르다. 바이든은 모든 미국인의 구성에 민주당원, 공화당원, 무당파, 진보, 중도, 보수, 남녀노소, 도시, 교외, 농촌 거주자, 동성애자, 성전환자, 백인, 라틴계, 아시아계, 인디언 등 미국을 구성하는 국민을 포함시켰다. 트럼프는 달랐다. 그의 연설문에서는 공화당원, 민주당원, 무당파만 언급하고 만다. 민주당과 공화당의 당파적인 이념과 가치일 수 있지만, 승리 연설문에 보이지 않는 국민이 있다면 심각한 문제다.

　바이든은 미국과 전 세계가 엄중한 시점에 대통령직을 맡게 되었다. 바이든이 약속한 서너 가지에 주목한다. 코로나19 바이러스의 통제, 미국의 품격 회복, 민주주의 보호, 구조적 인종차별주의 종식 등. 피라미드 꼭대기에 놓여야 하는 약속은 '미국의 품격 회복'이 아닐까 싶다. 78세 남성 대통령과 56세 여성 부통령의 콤비네이션을 기대한다. 미국병에 대한 진단은 내려졌다. 팍스 아메리카의 지속 여부는 새 정부의 임기에 달려 있다.

인권 쟁취 역사

① '셀마' 평화 행진

2020년 11월 3일 치른 미국 대통령 선거의 최종 결과가 집계되었다. 조 바이든 후보는 306명, 도날드 트럼프 후보는 236명의 대의원을 확보했다. 이번 대선 결과는 2016년과 정반대로 나타나 흥미를 끈다. 당시 트럼프는 306명, 힐러리 클린턴은 236명을 확보했다. 유권자의 표심을 보면 민심의 풍향계는 신묘하다.

　트럼프 대통령과 공화당은 선거 결과를 두고 '광범위한 선거 조작'이라고 주장하고 있다. 미시간, 애리조나, 조지아, 펜실베이니아 주 등 박빙의 접전을 벌였던 해당 주 법원에서는 트럼프의 주장을 기각 또는 패소 판결했다. 조지아주 연방법원의 스티븐 그림버그 판사는 "개인의 투표권은 신성불가침의 권리"라며 "이것은 개개인의 유권자들이 어떻게 투표할지, 어떻게 개표할지 결정하도록 지시할 권리가 없다. 국가가 정한 절차에 법원이 개입할 문제가 아니다"라고 판시했다. 이 판시는 민주주의 국가에서 선거와 투표의 의미를 상기시키는 지극히 평범한 말이지만, 색다르게 와 닿는다.

그도 그럴 것이 민주주의와 인권 수출국 미국에서 들려오는 이야기라 많이 어색하다. 미국은 제3국에 선거 감시단을 보내 공정 선거 여부를 판정하는 심판 역할을 해왔다. 지금은 "너나 잘하세요!"라는 조롱의 대상이 되고 있다. 역시 민주주의 꽃은 선거 결과에 대한 승복과 인정의 문화다. 승복과 인정이 없으면 선거 과정에서 가열된 정파, 이념, 차이가 찢어 놓은 분열과 상처를 치유하기 어렵다.

'투표할 권리는 시민의 신성불가침한 권리'라는 조지아주 그림버그 판사의 말에 공명(共鳴)한다. 말은 현실과 공명한다. 어느 국가에서나 투표권은 그저 주어진 것이 아니었다. 끈질긴 요구와 저항, 그리고 간혹 피를 흘리면서 쟁취한 인권 쟁취의 산 역사이다. 미국의 경우도 예외는 아니었다.

2015년 3월 7일 버락 오바마 대통령(재임 2009~2017)은 앨라배마주 셀마에서 '셀마 행진 50주년 기념식'에 참석하여 시민들과 에드먼드 피터스 다리를 행진했다. 셀마는 미국 인권 역사에서 기념비적인 도시이다. 1965년 3월 7일(일요일) 이곳에서 시민들은 투표권을 요구하며 거리 행진을 했다. 앨라배마 주 당국에서는 시위자를 최루탄과 곤봉으로 무자비하게 진압했다. 진압 경찰은 말을 타고 곤봉을 휘두르면서 비무장 시민들의 머리를 치면서 앞으로 달려갔다. 전쟁에서 말 탄 장수가 칼을 휘두르며 상대 병사를 쓰러뜨리는 장면을 연상시킨다. '피의 일요일(Bloody Sunday)'로 부르는 이유다.

전 세계가 남부의 백인들이 흑인들을 얼마나 잔인하고 폭력적으로 다루는지를 시청했다. 처음 시위 참가자는 흑인이 대부분이었지만, 점차 미국 전역에서 백인들도 가세했다. 당국이 비폭력 평화 시위대를 폭력적이고 과격한 방법으로 진압하면서 인종차별은 전국적인 주목을 끌었고 미국인의 인권에 대한 경각심을 촉발했다. 마틴 루터 킹 주니어 목사는 시위대를 이끌고 앨라배마 셀마에서 주도(州都) 몽고메리에 이르는 87km를 행진했다.

앨라배마는 '면화주(Cotton State)'이다. 전성기에는 미국에서 목화 생산량의 25%를 차지했다. 앨라배마는 인근 루이지애나, 미시시피, 조지아 주와 함께 딕시(Dixie)로 불린다. 앨라배마는 '딕시의 심장'이다. 지리적으로 네 개 주의 한가운데 위치하고 있어서다. 딕시는 가장 많은 노예를 소유하면서 노예해방에 끝까지 반대한 주다. 가장 악랄한 인종차별을 자행한 주 가운데 하나였던 앨라배마가 미국 민권운동의 불쏘시개가 되었다. 딕시의 심장이 새로운 인권 역사를 쓰기 위해 고동쳤다.

미국 시민의 권리를 보장하는 법률은 중첩되어 있다.《독립선언문》(1776년),《헌법》(1789년),《노예해방 선언》(1863년),〈수정헌법 제13조〉(1865년),《민권법》(1964년) 등. 그럼에도 흑인들에게 투표할 권리를 보장하지 않았다. 남부에서 특히 흑인 투표권 행사를 교묘한 방법으로 방해했다. 대부분의 남부 주에서 흑인들이 투표하기 위해서는 읽기 쓰기 능력 시험을 통과해야 했다. 투표세도 내야 했다(1966년에 연방대법원이 위헌 판결). 어느 주에서는 투표를 위한 등록 위치를 찾기 어렵게 만들기도 했다. 어떤 주에서는 주법에 "할아버지 조항"을 명기하여 1867년까지 투표권을 얻고 있던 사람과 그 자손에 대해서는 시험이나 투표세를 면제함으로써 백인 투표율은 유지하려 했다. 1867년까지 투표권을 행사한 흑인이 있었겠는가? 혹시 북부라면 모를 일이다. 남부에서 이 기준에 적합한 흑인은 아무도 없다.

오늘날에도 미국 유권자의 투표방식은 유별나다. 투표율은 세계 최하위를 차지한다. 미국식 민주주의의 독특한 특징 때문이다. 투표할 자격을 갖추었더라도 유권자로 등록하지 않았기 때문에 투표할 수 없는 경우가 적지 않다. 많은 민주국가에서 투표할 자격을 갖춘 유권자는 굳이 '등록'할 필요가 없다. 정부가 유권자를 대신해 운전면허자, 납세자, 거주자 등 데이터베이스를 활용해 등록 유권자 명단을 자동으로 작성하기 때문이다. 유권자가 투표를 위해 사전 등록을 하는 것은 쉬운 일이 아니다. 그러다보니 미국 유권자의 투표율은 대통령 선거는 평균 60%, 하원의원을 다시 뽑는 중간선거에서는 평균 40%에 불과하다. 대부분의 유럽 국가와 동아시아 민주국가의 투표율 58~80%와 비교된다(다이아몬드, 2019: 444-451). 민주국가에서 선거는 민주주의를 작동시키는 핵심 요체라는 점에서 투표율로만 보면 미국식 민주주의가 민의(民意)를 제대로 반영하고 있는가에 대해 의구심이 들 수밖에 없다. 엄밀하게 말하자면 반쪽 민주국가이고, 투표방식을 놓고 보면 여전히 백인우월주의내지는 인종차별주의가 깔려있다는 생각을 지울 수 없다.

앨라배마주 셀마에서 시작된 참정권 요구를 위한 평화 행진은 당시 린든 존슨 행정부를 움직였다. 위정가가 민심을 정확히 읽고 정치를 하면 욕먹을 일은 없다. 역사는 존슨 대통령(재임 1963~1969)을 '미스터 민권'으로 부른다. 존슨은 셀마 행진 시위대를 호위하기 위해 연방군 2천 명을 현지에 파견했다. 대통령은 1965년 8월 6일 흑인의 참정권을 인정하는 투표권법에 서명했다. 골자는 '주(州)와 지방 정부가 선거 자격을 제한하거나 투표에 필요한 요건, 표준, 관행, 또는 절차의 요구를 금지했다.' 셀마는 흑인 인권 쟁취의 상징이 되었다.

오바마 대통령은 기념 연설에서 "우리들의 행진은 끝나지 않았다"라고 말했다. 미국 최초의 흑인 대통령 오바마가 셀마에서 느꼈을 감회는 특별했을 것이다. 인간의 자유, 평등, 존엄, 행복추구, 생명을 향한 행진은 계속되어야 한다. 미국 민주주의와 국가 경영의 토대와 원칙이 된 독립선언문의 일부를 인용한다.

> 다음과 같은 사실을 자명한 진리로 받아들인다. 즉 모든 사람은 평등하게 태어났고, 창조주는 몇 개의 양도할 수 없는 권리를 부여했으며, 그 권리 중에는 생명과 자유와 행복의 추구가 있다. 이 권리를 확보하기 위하여 인류는 정부를 조직했으며, 이 정부의 정당한 권력은 인민의 동의로부터 유래하고 있는 것이다. 또 어떤 형태의 정부이든 이러한 목적을 파괴할 때에는 언제든지 정부를 개혁하거나 폐지하여 인민의 안전과 행복을 가장 효과적으로 가져올 수 있는, 그러한 원칙에 기초를 두고 그러한 형태로 기구를 갖춘 새로운 정부를 조직하는 것은 인민의 권리인 것이다.

📖 다이아몬드, 재레드. (2019). 《대변동》. 강주헌 옮김. 김영사.

인권 쟁취 역사
② 미국 인권 운동의 산실, 하워드대학

2020년 11월 3일 치러진 미국 대선에서 부통령에 당선된 카멀라 해리스(Kamala Harris) 상원의원이 미국 사회의 샛별로 떠올랐다. 자메이카 출신의 아버지와 인도 출신 어머니 사이에서 태어났다. 여성, 유색인, 이민자, 아시아계 마이너리티다. 다문화, 다인종 미국 사회를 관통하는 브랜드다. 그녀는 하워드대학교 문리대학을 졸업했다. 하워드대 홈페이지에는 프레디릭 총장이 해리스 부통령 당선 축하의 글을 올렸다. 축하글을 통해 해리스가 대학 1학년 시절 문리대 학생회 대표로 출마했다는 사실도 알게 되었다. 젊어서부터 유리벽을 깨고 리더십을 발휘하고 싶은 의지가 강했던 것 같다.

1867년 설립된 하워드대는 흑인 전용 대학이다. 워싱턴 DC와 멀지 않은 거리에 있다. 미국 연방의회가 승인한 사립대학으로 연방의 지원을 받는다. 흑인대학 평가에서 4위를 차지했다. 19세기만 해도 흑인이 대학에 가는 것은 상상할 수 없었다. 백인들은 흑인을 열등한 인종으로 취급하고 고등교육을 받을 능력이 되지 않는다고 생각했다.

수많은 민권투쟁을 통해 얻어낸 판결이 있다. "공립대학에서 흑인에게 입학허가를 내주지 않는다면 흑인만을 위한 대학을 설립해야 한다" 하워드대는 흑인이 고등교육을 받을 수 있는 통로가 되었다. 하워드대는 미국 민권운동의 중심 역할을 했다. 민권운동의 이념적, 철학적 기초를 쌓은 졸업생들이 많다. 최초의 흑인 연방대법원 판사를 역임한 서굿 마셜(재임 1967~1991)은 유명한 인권변호사 출신으로 1954년 미국 사법 역사에서 가장 기념비적인 판결 중 하나로 꼽히는 〈브라운 판결〉을 이끌어냈다. 1993년 노벨문학상을 수상한 소설가 토리스 모리슨도 이 대학 졸업생이다.

하워드대가 민권운동의 산실로 자리 잡게 된 것은 린든 존슨 대통령의 영향이 컸다. 1965년 6월 4일 존슨 대통령은 하워드대학에서 졸업식 연설을 했다. 지금도 그렇지만 대통령이 흑인 대학에서 졸업식 연설을 한다는 것은 결코 쉬운 일이 아니다. 당시 미국 사회는 민권운동, 페미니스트, 반전운동 등 사회적, 문화적으로 변곡점을 맞이하고 있었다. 대통령으로서 유색인들에게 국정의 방향과 철학을 설명할 기회가 필요했는지 모른다. 1964년에는 '민권법'도 제정하지 않았던가. 존슨의 연설은 흑인의 인권 실태를 인정하고 개선 방향을 명확히 제시했다. 연설문의 일부다.

> 너무나 많은 방식으로 흑인들은 자유를 박탈당하고 증오로 절름발이가 되었으며 희망이라는 기회의 문도 닫혀 있었습니다. 이제 여러분은 원하는 곳이면 어느 곳이든 자유롭게 갈 수 있으며, 원하는 것은 무엇이나 할 수 있습니다. 여러분이 오랜 세월 쇠사슬에 묶여

절룩거리는 사람에게 자유를 주고 다른 인종과 똑같은 출발선에 서게 한 다음 "당신은 다른 모든 사람과 자유롭게 경쟁할 수 있다" 라고 말할 수 있습니다. 이렇게 하는 것이 완전히 공평하다고 믿고 있습니다. 기회의 문을 여는 것만으로는 충분하지 않습니다. 모든 시민이 이 문을 통해 걸어갈 능력을 갖추어야 합니다. 이것은 민권 투쟁을 위한 다음 단계이면서 더 심오한 단계입니다. 우리는 단순한 자유만이 아니라 기회의 평등을 추구해야 합니다. 우리는 법률적 평등만이 아니라 인간의 능력을 추구해야 합니다. 우리는 권리와 이론으로서의 단순한 평등이 아니라 사실로서의 평등과 결과로서의 평등을 추구해야 합니다.

존슨 대통령의 연설은 정치적 수사(修辭)로 끝나지 않았다. 흑인들에게 단순히 기회만을 제공하는 것이 아니라 실질적인 편익과 혜택이 돌아가는 여러 정책을 시행하고 관련 법들을 제정했다. 대학 입학, 금융 지원, 주택 구입, 승진 등의 영역에서 흑인들이 적극적으로 진출할 수 있는 계기를 마련했다. 적극적 차별철폐정책(Affirmative Action)이 대표적이다. 존슨을 미스터 민권(Mr. Civil Rights)으로 부르는 이유다. 이 정책을 통해 오바마 대통령과 소니야 소토마요르(Sonia Sotomayor) 연방대법원 판사를 비롯한 수많은 흑인이 아이비리그 대학에 입학할 수 있었다.

📖 앤더슨, 테리. (2006). 《차별철폐정책의 기원과 발자취》. 염철현 옮김. 한울아카데미.

봉사의 멋과 맛
어느 주말의 연탄 나눔 봉사

한 편의 시를 감상하면서 글을 시작하자. 안도현 시인의 〈너에게 묻는다〉이다.

> 연탄재 함부로 발로 차지마라
> 너는 누구에게 한번이라도
> 뜨거운 사람이었느냐
> 자신의 몸뚱아리를 다 태우며
> 뜨끈뜨근한 아랫목을 만들었던
> 저 연탄재를 누가 발로 함부로 찰 수 있는가?
> 자신의 목숨을 다 버리고
> 이제 하얀 껍데기만 남아있는
> 저 연탄재를 누가 함부로 발길질 할 수 있는가

시인은 우리 모두에게 연탄을 어떻게 대하고 있는가에 대해 묻고 있다. 연탄이 의인화되어 희생과 헌신의 아이콘으로 재탄생한 순간이다. 시의 위대성이다.

11월 마지막 주 토요일 학과 학생회에서 조직한 연탄 나르기 봉사에 참여했다. 10여 명이 다섯 가구에 8백 장의 연탄을 날랐다. 서울 서대문구 홍제동 개미마을에 거주하는 독거노인들이 겨울을 나는 데 필요한 연탄이다. 개미마을은 서울에 몇 군데 남지 않은 달동네이다. 인근에 솟아 있는 고층 아파트에 비교하면 마치 딴 세계에 살고 있는 것처럼 느낄 정도로 가난하고 살기에 불편한 동네이다. 마을 이름이 '개미마을'이다. 마을 이름에 곤충 이름을 붙여 짓는 것은 드문 일이다. 호기심에 서대문 구청 홈페이지에서 소개하는 개미마을의 유래에 대해 찾아보았다. 개미마을은 6.25 전쟁 후 만들어진 달동네라고 한다. 전쟁 후 살 곳이 마땅치 않았던 가난한 사람들이 이 동네에 들어와 임시로 천막을 덧대어 살았다. 당시에는 천막의 모습이 인디언의 거주형태와 닮아 '인디언촌'이라고 불리기도 했단다. 개미마을이라는 정식 이름이 붙게 된 것은 이후 수십 년이 지난 뒤의 일이다. 거주민들이 워낙 부지런하여 곤충 중에 근면 성실의 대명사인 개미에 비유하여 이름을 붙였다고 한다. 지대가 높고 비탈질 뿐 아니라 교통이 불편하여 개미처럼 부지런하게 일하지 않으면 살기 어려운 환경이라는 생각도 든다.

웬만한 세대들은 연탄에 대한 추억이 있을 것이다. 그 추억은 누군가에게는 연탄가스중독일 수도 있을 것이다. 한국인에게는 애증의 관계라고나 할까? 탄광으로 널리 알려진 화순에 적을 둔 나에게도 석탄과 연탄은 너무도 익숙하다. 선친도 갱도에서 나는 다이너마이트 폭발음을 많이 듣는 바람에 60대 이후에는 청각장애를 앓을 정도였다.

기차역 플랫폼에는 타지로 실어나를 석탄이 가득 쌓여 있었다. 탄가루는 인근 마을의 지붕이며 마당이며 빨랫줄의 옷가지를 검게 물들였다. 여학생 교복의 하얀 칼라도 금방 시커메졌다. 당시에는 탄가루가 환경과 인체에 그렇게 심각한 영향을 미칠 줄 몰랐다. 탄광이나 역에서 일했던 마을 어른 중 많은 사람이 진폐증 진단을 받았다.

90년대부터 시골 고향에서는 난방용으로 기름보일러와 연탄을 사용하여 겨울을 나곤 했다. 물론 이전에는 산에서 채취한 땔감을 사용했다. 혹한에도 알뜰한 부모님은 비싼 기름을 태우면서 집에 온기를 만들지 않으셨다. 두툼한 외투를 입고 지내셨다. 어느 부모인들 그렇지 않겠는가. 오히려 아래채 방에 연탄을 때면서 그곳에서 거주하는 경우가 많으셨다. 어쩌다 자식들이 올 때는 기름을 아끼지 않고 보일러를 가동하셨다. 부모의 마음이란 이런 것이리라.

늦가을이 되면 부모님은 빈 창고에 연탄을 가득 채웠다. 채워진 연탄을 보고 흐뭇해하시는 모습이 떠오른다. 추운 겨울을 나기에는 충분한 연탄이기에 안도감과 함께 뿌듯함이 생겼을 것이다. 토요일 '개미마을' 할머니의 모습에서 돌아가신 부모님의 모습이 겹쳤다.

주말 몇 시간 연탄 나르는 봉사를 하고 나서 이러쿵저러쿵 의미를 부여하고 싶지 않다. 매주 봉사를 실천하는 자원봉사자가 얼마나 많은가. 그러나 오래간만에 이웃을 위해 좋은 일을 했지만 그 의미와 가치를 공유하고 확산시키고 싶은 것은 인지상정일 것이다. 긍정 바이러스의 전파다. 봉사는 무엇보다 내 안의 연민의 감정을 불러낸다고 생각한다. 연민이란 인간이 느끼는 동정심에 행동을 더한 것이다. 지행합일이다. 바위에 깔려 힘들어하는 사람을 보면 얼마나 힘들까 생각하는 것이 동정이라면, 연민을 가진 사람은 지렛대를 이용하여 고통을 받는 사람을 구한다. 동정이 연민으로 바로 전이되지는 않는다. 많은 노력과 훈련이 필요한 법이다.

　연민의 감정을 키울 수 있는 방법은 무엇일까? 다른 사람의 아픔을 내 아픔으로 전환시키는 것이다. 자신이 고통스럽고 아프면 치료하고 벗어나기 위해 노력한다. 마찬가지로 연민의 감정이 있으면 타인의 아픔과 고통을 방관하지 않는다. 타인이 겪는 고통과 아픔에서 벗어나게 해주고 싶다. 바로 이 지점에서 연민과 봉사의 특성이 바로 교차한다. 봉사의 시작은 역지사지이다. 내가 살아가는 방식을 표준으로 삼아 세상을 바라보던 시각으로부터 벗어나 나와 다른 이웃이 살아가는 방식으로 세상을 바라보게 된다. 그들의 입장이 되는 것이다. 나만의 세계에 갇혀 있던 자아를 확장하여 나와 다른 이웃과 타인의 세계에 자신을 투영시키는 것이다. 봉사자는 자신을 성찰할 수 있는 거울을 쥐고 있다. 그 거울로 나와 다른 세계에 사는 이웃의 삶에서 나를 바라볼 수 있다. 그래서 봉사하는 사람은 몸은 힘들어도 정신은 행복하다.

　마라톤 선수에게 러너스 하이(runner's high)가 있듯이 봉사자에게는 헬퍼스 하이(helper's high)라는 역설적 반응이 존재한다. 헬퍼스 하이는 이타적 행동이 항우울 효과와 함께 심장도 튼튼하게 해 장수에 이르게 한다. 이타적 행동이 뜻밖에도 강력한 건강을 유지하는 방법이 된다. 몸과 마음의 오묘한 반응이 아닐 수 없다(윤대현, 2022). 봉사는 행복에 이르는 길을 안내하는 길잡이다. 봉사의 멋과 맛이다. 개미마을에서 얻은 내 삶의 소중한 체험이다. 무엇보다 코로나로 움츠러들었던 자아가 기지개를 켜면서 이 세상은 나와 다른 각양각색의 사람들이 함께 일구어 간다는 평범한 진리를 체험하는 시간이 되었다. 개미마을의 할머니들이 아무 탈 없이 따뜻한 겨울을 보내시길 염원한다.

📖 윤대현. (2022). 《조선일보》. 〈이타적, 건강에 도움이 된다〉. 3월 1일.

우리는 누군가의 페이스메이커다
마라토너 남승룡과 서윤복 이야기

페이스메이커는 마라톤 경기에서 우승 후보의 기록을 단축하기 위해 전략적으로 투입된 선수를 말한다. 이들은 오로지 누군가의 승리를 위해 선두로 달려주는 선수이다. 주연의 영광을 위해 뛰는 조연이다. 우리나라 영화 〈페이스메이커〉는 30km까지 전력 질주할 수 있는 국가대표 페이스메이커에 대한 이야기를 다뤘다. 도로 사이클에도 마라톤의 페이스메이커와 같은 역할을 하는 도메스티크(Domestique 프랑스어 '하인')라는 존재가 있다. 도메스티크는 리더의 앞에서 달리며 바람을 막아주는가 하면 뒤에 따라오는 팀 차량에서 물병을 받아 동료들에게 배달한다. 리더의 자전거가 고장났을 때 자신의 자전거와 바꿔주는 경우도 있다(이승건, 2017). 무슨 일이건 혼자서 성취하는 것은 아니고 서로 협력하여 선을 이룬다.

마라토너 남승룡(1912~2001) 선수를 기억하는가? 우리나라에서 마라톤 선수하면 손기정, 황영조, 이봉주 등 올림픽과 세계대회에서 우승을 한 기라성 같은 대 선수들을 기억할지 모른다. 마라톤과 같은 기록경기에서는 1등이 아니면 사람들의 뇌리에 남아 있기 어려운 게 인지상정이 아닐까 싶다. 남승룡 선수는 1936년 독일 베를린 올림픽 마라톤에 손기정(1912~2002) 선수와 함께 출전하여 동메달을 딴 마라톤의 실력자다. 남승룡과 손기정은 양정고보 선후배 사이로 1936년 일본 올림픽 대표 선발전에서는 남승룡이 1위를 차지하였다. 매년 순천에서는 그를 기리는 마라톤 대회를 개최하고 있다. 손기정 선수의 명성에 가려져 잘 알려지지 않았지만 남승룡 선수의 또 다른 면에 눈이 번쩍 띈다.

때는 우리나라가 광복을 맞이했지만 정부 수립을 채 하지 못하고 미 군정하에 있던 1947년 4월로 거슬러 올라간다. 그해 제51회 보스턴 마라톤 대회에 출전하는 서윤복 선수(당시 24세)는 광복 이후 우리나라 체육 선수로는 처음으로 '코리아(KOREA)'라는 영문 국호와 태극기를 달았다. 그때 감독은 손기정이었고 코치 겸 선수는 남승룡이었다. 또 손기정은 서윤복의 스승이었다. 손기정과 남승룡이 태극기를 가슴에 달고 달리는 서윤복 선수가 얼마나 부러웠을까 싶다. 손기정은 보스턴마라톤대회를 이렇게 회고했다. "승리가 눈앞에 있었다. 가슴에 빛나는 태극마크. … 나는 서군이 부러웠다. 태극기를 달고 뛸 수 있는 그는 얼마나 자랑스러운 존재인가."(손기정 자서전)

세계 최고의 감독과 코치의 조합이다. 베를린 올림픽의 영웅들이 감독과 코치와 선수로 출전한 것도 울림을 주지만, 진짜 감동적인 장면은 따로 있다. 남승룡 선수(당시 36세)는 한참 후배 서윤복 선수를 위해 페이스메이커로 달렸다. 올림픽 메달리스트가 젊은 후배의 페이스메이커로 출전한다는 것, 결코 쉽지 않은 결정이었을 것이다. 남승

자료: 《중앙일보》. (2016). 〈80년 전 베를린 올림픽 손기정과 함께 고개 떨구던 남승룡을 아시나요?〉. 8월 21일.

룡 선수는 어떤 마음으로 출전했을까? 일장기를 가슴에 달고 달렸던 베를린의 한(恨)을 풀고 싶었을 것이다. 베를린 올림픽 마라톤 경기 시상식 사진을 보면 1위와 3위를 한 손기정과 남승룡은 고개를 떨구고 있다. 자랑스럽고 영광스러워야 할 시상식에서 마치 죄지은 사람처럼 고개를 떨궜다. 손기정은 월계관으로 일장기를 가리고 있고, 남승룡은 일장기를 가릴 것이 없어 바지를 위로 바짝 당기고 있는 모습을 볼 수 있다. 우승을 했지만 우승 트로피를 바칠 나라가 없으니 그 참담한 마음은 오죽했겠는가 싶다. 기쁨을 기쁨으로 표현하지 못하는 망국의 한(恨)과 비통함을 느끼게 하는 장면이다. 이렇듯 손기정과 남승룡은 대한민국을 대표하는 올림픽 마라톤 선수가 아닌 일장기를 달고 일본 대표로 달릴 수밖에 없었던 비애를 간직하고 있었다. 일장기를 가릴 것이 없었던 남승룡은 눈을 감아 버렸는데, "손기정이 1등을 해서 부러웠던 것이 아니라 히틀러가 손기정에게 준 월계수가 부러웠다"라고 회고했다.

이제 빼앗겼던 나라를 되찾고 열린 국제마라톤에서 주권국의 한 사람으로서 남승룡은 떳떳하게 태극기를 가슴에 달고 후배 서윤복 (1923~2017)이 우승을 하는 데 밀알이 되고 싶은 마음이었을 것이다. 서윤복 선수는 기량이 뛰어났지만 남승룡 선수와 같은 페이스메이커가 아니었다면 서 선수의 우승은 장담하지 못했을 것이다. 또 돌발 사고가 일어나 서윤복 선수가 달리는 도로변에서 갑자기 개가 나타나 놀라고 운동화 끈이 풀어져 선두 자리를 놓치기도 했다. 여러 악조건 속에서도 서 선수가 우승을 할 수 있었던 것은 망국의 한을 풀고자 단단히 마음먹은 남승룡이라는 든든한 선배가 함께 뛰어주었기에 가능했을 것이다.

서윤복 선수는 언론과의 인터뷰에서 "남승룡 선배가 없었다면 자신이 보스턴 마라톤 대회에서 우승할 수 없었다"라고 말하면서 남승룡 선수의 숨은 공로를 언급했다. 스승 손기정의 신발을 빌려 신고 우승한 서윤복 선수의 우승 소감도 궁금하다. "한국의 완전 독립을 염원하는 동포들에게 승리를 선물로 바친다. 나의 우승은 1910년 이래 일본의 지배를 받아왔고, 4천 년 역사에 빛나는 한국의 완전 독립을 염원하는 삼천만 민족에게 커다란 의미를 갖는다." 서윤복의 우승 소감에는 광복한 조국이 미 군정의 통치를 받는 미완성의 독립국에서 하루속히 벗어나고자 하는 염원이 담겨 있었다. 민족의식이 투철하면서 세계대회를 휩쓴 선수의 포부답다.

또 흥미로운 사실은 서윤복은 스승 손기정의 세계기록보다 63초를 앞당겼다. 서윤복 이전까지 세계기록 보유자는 손기정(2시간 26분 42초)이었다. 스승은 1935년 11월 3일 도쿄에서 일본의 야스오 이케나카가 갖고 있던 2시간 26분 44초의 세계기록을 2초 단축했고 제자는 그것을 12년 만에 63초 앞당겼다. 청출어람의 본보기다.

서윤복 선수는 동양 선수로서는 최초로 보스턴마라톤대회에서 세계최고기록으로 우승함으로써 더 많은 주목을 받았다. 아직 정부조차 수립되지 않은 신생 독립국 대한민국을 전 세계에 알리는 절호의 기회가 되었다. 선수단이 도착했을 때 서울시민들은 집집마다 30원씩 걷어 시민환영대회를 열었으며 김구는 '족패천하(足覇天下)' 휘호를 선물했고, 이승만도 "내가 수십 년 독립운동한 것보다도 자네의 두 시간 남짓한 마라톤이 더 매스컴을 많이 탄다"라며 농담을 했다.

서윤복이 보스턴마라톤대회에서 깜짝 우승을 하여 대한민국의 자존심을 만방에 알린 것 못지않게 서 선수의 페이스메이커로 뛴 남승룡 선수를 주목한다. 남승룡은 숨은 민족의 영웅이다. 경기가 끝나면 순위만 따지고 우승까지의 과정에 대해서는 잊어버리는 것이 인지상정인가. 저자는 남승룡 선수야말로 아름답고 멋진 교학상장(敎學相長)의 본보기라고 생각한다. 자신의 재능을 누군가를 위해 모두 쏟아붓는다는 것은 아무나 하지 못한다. 주연은 조연으로 빛이 나고, 1등은 2등이 있어야 존재한다. 우리는 누군가의 도움으로 현재의 자리에 있는 것이다. 페이스메이커 남승룡과 같은 숨은 공로자를 잊지 말아야 한다. 혼자 스스로 되는 것은 없다. 코로나19가 이동과 교류의 장애물이 되고 일상생활이 온전히 회복되지 않은 이때 우리 삶의 페이스메이커는 안녕한지, 격려와 위로가 필요하지는 않은지 서로가 관심을 가져보면 좋겠다.

📖 손기정. (1983).《손기정 자서전》. 한국일보사.
　　고두현. (2017).《한국경제》.〈손기정과 남승룡〉. 5월 27일.
　　김지한. (2017).《중앙일보》.〈'손기정 일장기 한' 풀어준 보스턴 영웅 서윤복 하늘로〉. 6월 28일.

이승건. (2017). 《동아일보》. 〈궂은일 마다 않는 '도메스티크'의 미학〉. 7월 4일.

최범준. (2020). 《오마이뉴스》. 〈코로나19 확산세, 남승룡 정신이 필요하다〉. 9월 1일.

〈서윤복〉. 대한체육회.

〈페이스메이커〉. (2012). 영화.

참고자료

책

강인철. (2003). 《전쟁과 종교》. 한신대학교출판부.

고 산. (2007). 《얼어붙은 장진호》. 동서문화사.

곽재구. (2012). 《와온 바다》. 창비.

김동진. (2019). 《헐버트의 꿈 조선은 피어나리》. 참좋은 친구.

김미영 외. (2014). 《노년의 풍경》. 글항아리.

김병모. (2018). 《허황옥 루트-인도에서 가야까지》. (재)고려문화재연구원.

김영흠. (1988). 《미국의 아시아 외교 100년사》. 박무성·이형대 옮김. 신구
　　　문화사.

김정환. (2011). 《백조의 노래》. 월인.

김종대. (2020). 《이순신, 신은 이미 준비를 마치었나이다》. 시루.

_____. (2022). 《이순신, 하나가 되어 죽을 힘을 다해 싸웠습니다》. 가디언.

김종래. (2004). 《CEO 칭기스 칸》. 삼성경제연구소.

김형오. (2014). 《술탄과 황제》. 21세기 북스.

김형철. (2015). 《철학의 힘》. 위즈덤하우스.

김호동. (2011). 《몽골제국과 세계사의 탄생》. 돌베개.

김 훈. (2001). 《칼의 노래》. 문학동네.

나관중. (2002). 《삼국지》. 이문열 평역. 민음사.

니어링, 헬렌. (2009). 《아름다운 삶, 사랑 그리고 마무리》. 이석태 옮김. 보리.

다이아몬드, 제래드. (2019). 《대변동》. 강주헌 옮김. 김영사.

런치만, 스티븐. (2004). 《1453, 콘스탄티노플 최후의 날》. 이순호 옮김. 갈
　　　라파고스.

로사브스키, 헨리. (1996). 《대학, 갈등과 선택》. 이형행 옮김. 삼성경제연구소.

로사비, 모리스. (2015). 《수성의 전략가 쿠빌라이 칸》. 강창훈 옮김. 사회평론.

류성룡. (2021). 《징비록》. 오세진·신재훈·박희정 역해. 홍익출판미디어
　　그룹.

릭스, 토마스. (2022) 《제너럴스》. 플래닛미디어.

매팅리, 개릿. (2012). 《아르마다》. 콜린 박·지소철 옮김. 너머북스.

모루아, 앙드레. (2017). 《프랑스사》. 신용석 옮김. 김영사.

박기봉. (2006). 《충무공이순신전서》. 비봉출판사.

박웅현. (2011). 《책은 도끼다》. 북하우스.

_____. (2013). 《여덟 단어》. 북하우스.

박종화. (1997). 《대하역사소설 세종대왕》. 기린원.

박홍규. (2021). 《태종처럼 승부하라》. 푸른역사.

방성석. (2022). 《분노의 시대: 이순신이 답하다》. 리사.

백성호. (2015). 《인문학에 묻다, 행복은 어디에》. 민음사.

법　정. (2009). 《아름다운 마무리》. 문학의 숲.

불핀치, 토머스. (2016). 《그리스 로마 신화》. 혜원.

사마광. (2010). 《자치통감》. 권중달 옮김. 삼화.

_____. (2019). 《한권으로 읽는 자치통감》. 나진희 옮김. 현대지성.

사마천. (2016). 《사기》. 신동준 옮김. 학오재.

사이즈, 햄프턴. (2021). 《데스퍼레이트 그라운드》. 박희성 옮김. 플래닛 미
　　디어.

섀퍼, 보도. (2022). 《보도 섀퍼의 이기는 습관》. 박성원 옮김. 토네이도미디
　　어그룹.

서기원. (1997). 《대하역사소설 광화문 권7》. 대교.

소노 아야코. (2018). 《좋은 사람이길 포기하면 편안해지지》. 오경순 옮김.
　　책 읽는 고양이.

손기정. (1983). 《손기정 자서전》. 한국일보사.

송은명. (2017). 《위대한 2인자들》. 시아.

슐츠, 놀란트. (2019). 《죽음의 에티켓》. 노선정 옮김. 스노우폭스북스.

스펠마이어, 커트. (2008). 《인문학의 즐거움》. 정연희 옮김. Human & Books.

신연우·신영란. (2001).《제왕들의 책사》. 생각하는 백성.

실즈, 데이비드. (2014).《우리는 언제가 죽는다》. 김명남 옮김. 문학동네.

심재우·한형주·임민혁·신명호·박용만·이순구. (2011).《조선의 왕으로 살아가기》. 돌베개.

아산 정주영과 나 편찬위원회. (1997).《아산 정주영과 나 100인 문집》. (재)아산사회복지사업재단.

아서, 찰스. (2022).《소셜 온난화》. 이승연 옮김. 위즈덤 하우스.

안병직 외. (2005).《세계의 과거사 청산》. 푸른역사.

알렉산더, 베빈. (2000).《위대한 장군들은 어떻게 승리하였는가》. 김형배 옮김. 홍익출판사.

앤더슨, 테리. (2006).《차별철폐정책의 기원과 발자취》. 염철현 옮김. 한울아카데미.

앨리슨, 그레이엄. (2018).《예정된 전쟁》. 정혜윤 옮김. 세종서적.

염철현. (2021).《현대인의 인문학》. 고려대학교출판문화원.

영, G. F. (2018).《메디치 가문 이야기》. 이길상 옮김. 현대지성.

올리버, 메리. (2021).《기러기》. 민승남 옮김. 마음산책.

올리비에, 베르나르. (2003).《나는 걷는다》. 임수현·고정아 옮김. 효형출판.

왕 우. (2011).《삼국지 최후의 승자, 사마의》. 남영택·이현미 옮김. 한얼미디어.

요한손, 프란스. (2005).《메디치 효과》. 김종식 옮김. 세종서적.

웨더포드, 잭. (2016).《징기스칸, 잠든 유럽을 깨우다》. 정영목 옮김. 사계절.

위 리. (2021).《제왕의 스승 장량》. 김영문 옮김. 더봄

이구한. (1997).《이야기 미국사》. 청아출판사.

이규희. (2019).《신에게는 아직 12척의 배가 있습니다》. 토토북.

이노우에 고이치. (2014).《살아남은 로마, 비잔틴제국》. 이경덕 옮김. 다른세상.

이덕일. (2000).《정약용과 그의 형제들 2》. 다산초당.

_____. (2018).《조선왕조실록 2》. 다산초당.

이문열. (2012).《초한지》. 민음사.

이민웅. (2021). 《이순신 평전》. 책문.

이상돈. (2014). 《美해병대, 한국을 구하다》. 기파랑.

이순신. (1996). 《난중일기》. 최두환 옮김. 학민사.

_____. (2019). 《난중일기》. 노승석 옮김. 여해.

이스라엘, 아르망. (2002). 《다시 읽는 드레퓌스 사건》. 이은진 옮김. 자인.

이어령. (2018). 《흙 속에 저 바람 속에》. 문학사상.

_____. (2008). 《축소지향의 일본인》. 문학사상.

이재운. (2015). 《소설 징비록》. 책이 있는 마을.

이충렬. (2019). 《천년의 화가, 김홍도》. 김영사.

_____. (2021). 《신부 이태석》. 김영사.

이한우. (2022). 《태종 이방원》. 21세기북스.

장정일·김운회·서동훈. (2002). 《삼국지 해제》. 김영사.

정두희. (1997). 《조선시대 인물의 재발견》. 일조각.

정성희. (2000). 《인물로 읽는 고려사》. 청아출판사.

정윤재 외. (2010). 《세종과 재상: 그들의 리더십》. 서해문집.

정주영. (1992). 《시련은 있어도 실패는 없다》. 현대문화신문사.

조민기. (2016). 《조선의 2인자들》. 책비.

조훈현. (2015). 《고수의 생각법》. 인플루엔셜.

졸라, 에밀. (2015). 《나는 고발한다》. 유기환 옮김. 책세상.

주경철. (2017). 《주경철의 유럽인 이야기》. 휴머니스트.

진 수. (2018). 《정사 삼국지》. 김원중 옮김. 휴마니스트.

최 명. (1994). 《소설이 아닌 삼국지》. 조선일보사.

최진석. (2013). 《인간이 그리는 무늬》. 소나무.

친타오. (2020). 《결국 이기는 사마의》. 박소정 옮김. 더봄.

카, E. H. (1992). 《역사란 무엇인가》. 서정일 옮김. 열음사.

케네디, J. F. (2007). 《용기 있는 사람들》. 박광순 옮김. 범우사.

케이건, 셸리. (2018). 《죽음이란 무엇인가》. 박세연 옮김. 엘도라도.

케이티 마튼. (2021). 《메르켈 리더십: 합의에 이르는 힘》. 윤철희 옮김. 모비
    딕북스.

콤마저, H. S. (1992). 《미국 역사의 기본 사료》. 미국사 연구회 옮김. 소나무.

퀴블러-로스, 엘리자베스·케슬러, 데이비드. (2006). 《인생수업》. 류시화 옮김. 이레.

크리스텐슨, 스콧. (2016). 《세상을 바꾼 100가지 문서》. 김지혜 옮김. 라의눈.

터크먼, 바바라. (2019). 《독선과 아집의 역사》. 조민·조석현 옮김. 자작나무.

틱 낫한. (2017). 《너는 이미 기적이다》. 이현주 옮김. 불광출판사.

판초프, 알렉산더. (2017). 《마오쩌둥 평전》. 심규호 옮김. 민음사.

풍몽룡. (2008). 《열국지》. 이언호 평역. 큰방.

프리델, 에곤. (2015). 《르네상스와 종교개혁》. 변상출 옮김. 한국문화사.

플레넬, 에드위. (2005). 《정복자의 시선》. 김병욱 옮김. 마음산책.

하라리, 유발. (2015). 《사피엔스》. 조현욱 옮김. 김영사.

한국종교문화연구소. (2016). 《우리에게 종교란 무엇인가》. 들녘.

한명기. (2015). 《광해군》. 역사비평사

한승주. (2021). 《한국에 외교가 있는가》. 올림.

할라스, 니홀라스. (2015). 《나는 고발한다》. 황의방 옮김. 한길사.

허쯔취안. (2019). 《위촉오 삼국사》. 최고호 옮김. 역사 모노그래프.

헌팅턴, 새뮤얼. (1997). 《문명의 충돌》. 이희재 옮김. 김영사.

헐버트, 호머. (2019). 《대한제국멸망사》. 신복룡 옮김. 집문당.

황현필. (2021). 《이순신의 바다: 그 바다는 무엇을 삼켰나》. 역바연.

EBS 〈데스〉 제작팀. (2014). 《죽음》. 책담.

KBS 〈명견만리〉 제작팀. (2020). 《명견만리》. 인플루엔셜.

KBS 〈역사저널 그날〉 제작팀. (2019). 《역사저널 그날》. 민음사.

Shisler, Gail. B. (2009). *For Country and Corps: The Life of* General Oliver P. Smith. Annapolis, ML: Naval Institute Press.

논문

송에스더. (2021). 〈독일 전후 배상 정책의 평가 및 시사점〉. 《법과 정책》. 27(2).

송충기. (2005). 〈독일의 전후 나치피해 배상〉. 《광복 60년 종합학술대회_올바른 과거청산을 위한 전국순회심포지엄》. 11월 2일.

_____. (2005). 〈독일의 뒤늦은 과거청산〉. 《역사비평》. 73.

신문 및 잡지

《결》. (2019). 〈기림의 날에 기억하는 김학순과 그녀의 증언〉. 8월 16일.

《경인일보》. (2018). 〈달이 비추어도 그림자가 없다〉. 12월 6일.

《경향신문》. (2015). 〈매케인의 승복 연설〉. 11월 9일.

_____. (2021). 〈동아시아 군비경쟁이라는 판도라 상자를 연 '오커스'〉. 10월 9일.

_____. (2021). 〈'성폭력 말하기'의 역사, 고 김학순 할머니 '위안부' 피해 증언 30주년〉. 8월 12일.

《광주일보》. (2021). 〈'치열했던 삶' 송기숙 선생님 편히 잠드소서〉. 12월 8일.

《기독일보》. (2016). 〈물고기가 기독교의 상징이 된 이유가 뭘까?〉. 7월 26일.

《기호일보》. (2020). 〈지식인 지성인 그리고 교양인〉. 12월 23일.

《뉴스1》. (2020). 〈클레망소가 아니었더라면…〉. 9월 17일.

《데일리 투머로우》. (2017). 〈나는 레드우드 같은 마음의 친구가 있는가〉. 7월 18일.

《동아 비즈니스 리뷰》. (2017). 〈한 조각의 햇빛이라도 더 … 식물의 치열한 경쟁이 던지는 교훈〉. 4월호.

《동아사이언스》. (2019). 〈고고학자들도 속아 넘어간 희대의 사기극〉. 8월 17일.

《동아일보》. (2015). 〈정주영 회장, 500원 지폐 '거북선' 보여주며 차관 유치〉. 9월 7일.

_____. (2020). 〈연임에 실패한 美대통령들의 굴욕사〉. 10월 21일.

《매일경제》. (2016). 〈'聖君에서 暗君으로', 선조 리더십의 변명〉. 12월 1일.

_____. (2016). 〈20년 간 조조의 최측근이었던 '순욱' 동지, 친구에서 스스로 죽음을 선택한 2인자〉. 5월 25일.

_____. (2021). 〈앨리슨 "中, 노골적 패권 지향" vs 자칭궈 "美, 일방적인 中 때리기"〉. 9월 15일.

《문화일보》. (2022). 〈중·러 종주국 다툼〉. 4월 8일.

《불교신문》. (2021). 〈목탁〉. 3월 4일.

《서울신문》. (2021). 〈'AUKUS 뒤통수' 맞은 佛, 영국과 국방장관 회담도 취소〉. 9월 20일.

《세계일보》. (2016). 〈페르시아의 흠〉. 8월 30일.

_____. (2021). 〈美·英 못 믿겠다 … 佛, 드골 노선으로 복귀하나〉. 9월 19일.

《시사저널》. (2001). 〈속속 드러나는 유적 날조…"4만 년 전 일본은 없다"〉. 10월 23일.

_____. (2016). 〈오스만의 메메드 2세 비잔틴제국을 멸망시키다〉. 7월 28일.

《시사플러스》. (2019). 〈레드우드 나무에서 배워라〉. 4월 29일.

《아시아앤》. (2017). 〈종횡가 소진·장의, 합종연횡책으로 천하 평정〉. 5월 18일.

《아틀라스》. (2019). 〈'투키디데스의 함정'이 결국 미−중 전쟁 이끌까〉. 4월 14일.

_____. (2019). 〈오스만투르크 … 콘스탄티노플 함락하다〉. 10월 10일.

《연합뉴스》. (2015). 〈과거사 화해 조건 … 독일, 이스라엘 외교수립 50돌〉. 5월 11일.

_____. (2017). 〈국내 선거제도 개혁 화두의 '만년 모델' … 독일식 선거제도란〉. 9월 25일.

_____. (2021). 〈탈원전 훼방꾼이었던 메르켈, 자의로 변했을까〉. 9월 18일.

_____. (2022). 〈우크라 사태 정상 외교력 한계 … 메르켈이 그리운 이유〉. 2월 20일.

《오마이뉴스》. (2020). 〈코로나19 확산세, 남승룡 정신이 필요하다〉. 9월 1일.

_____. (2021). 〈메르켈이 보여준 정치의 품격, 국민은 왜 열광했나〉. 10월 2일.

《월간조선》. (2019). 〈53일 만에 침몰한 '동로마 제국' 비잔틴〉. 2월 28일.

《전라일보》. (2019). 〈조선을 뒤흔든 역모사건, 그 진실은?〉. 1월 21일.

《전북일보》. (2021). 〈전주의 인물명 도로, 정여립로 이야기〉. 8월 22일.

《조선일보》. (2013). 〈5년 전 '좋은 죽음' 개념 만든 영국, 마지막 10년 삶의 질 세계 1위〉. 11월 4일.

＿＿＿. (2013). 〈가장 위대한 사랑〉. 11월 15일.

＿＿＿. (2014). 〈나무로 산다는 건 굉장히 위험한 생존 방식 … 인간 세상보다 더 잔인해〉. 3월 31일.

＿＿＿. (2014). 〈영화 '명량'에 나오는 배설 장군, 과연 그렇게 비열한 인물이었나?〉. 9월 21일.

＿＿＿. (2014). 〈戰勝國 위해 정부가 나서 위안부 모집했던 일본〉. 3월 4일.

＿＿＿. (2015). 〈김응서 vs 고니시 유키나가〉. 7월 3일.

＿＿＿. (2017). 〈이순신 전라좌수사 발탁의 진상〉. 1월 18일.

＿＿＿. (2020). 〈"이태석 신부 선종 10주기 기념사업위원장 안정효 인제대 의대 81학번 동기"인터뷰〉. 1월 18일.

＿＿＿. (2020). 〈中卒 아빠, 게임중독 中卒 형제를 직접 가르쳐 서울대로〉. 6월 27일.

＿＿＿. (2020). 〈한국 6.25 전쟁 당시 UN 소련대사 야콥 말리크의 불참〉. 10월 9일.

＿＿＿. (2021). 〈"김학순 할머니, 20세기 가장 용기 있는 인물"〉. 10월 27일.

＿＿＿. (2021). 〈11월 11일 11시 당신은 어디서 무엇을 할 건가요?〉. 11월 11일.

＿＿＿. (2021). 〈금덩이를 두르고 헤엄칠 수 있을까〉. 12월 16일.

＿＿＿. (2021). 〈대통령 닮지 않은 분을 찾습니다〉. 10월 2일.

＿＿＿. (2021). 〈獨 통일은 아직 완성되지 않았다 … 떠나는 메르켈의 우려〉. 10월 5일.

＿＿＿. (2021). 〈메르켈 총리는 왜 사생활 노출을 꺼렸을까〉. 10월 15일.

＿＿＿. (2021). 〈왕의 피서법 … 성종은 '찬물에 밥', 연산군은 '얼음 에어컨'〉. 8월 5일.

＿＿＿. (2021). 〈외교로 망했던 나라의 외교 행태〉. 2월 24일.

＿＿＿. (2021). 〈중국 견제하려 … 미, 영, 호주에 핵잠수항 극비기술 전수〉.

9월 17일.

_____. (2021). 〈췌마지술(揣摩之術)〉. 10월 6일.

_____. (2021). 〈호주의 '3종 병기', 중국 경제보복을 물거품 만들다〉. 9월 30일.

_____. (2021). 〈세계에서 가장 키 큰 나무들이 있는 숲, 거대한 세월 속을 거닐다〉. 5월 29일.

_____. (2022). 〈이게 '명상'이군요 … 세상의 모든 소리가 들립니다〉. 3월 2일.

_____. (2022). 〈이타적, 건강에 도움이 된다〉. 3월 1일.

_____. (2022). 〈러시아의 침략에 분개한 쇼팽, 조국을 향한 격정을 음악에 담다〉. 3월 23일.

_____. (2022). 〈"선비가 절에 불을 질렀기로서니 왜 수사를 하는가!"〉. 3월 30일.

_____. (2022). 〈영원한 우정은 없다〉. 4월 13일.

《중앙선데이》. (2011). 〈日 침략의도 간파, 전라좌수사 되자마자 전쟁 준비〉. 12월 31일.

_____. (2014). 〈비잔틴 천년제국의 최후 전투, 세계 경제를 뒤흔들다〉. 11월 9일.

_____. (2021). 〈2001년 NHK 외압 논란 이후, 일 언론 위안부 보도 몸 사려〉. 11월 13일-14일.

《중앙일보》. (2021). 〈김일성 적군 이 38선 이북 침공하면 중국 인민군 반드시 출동해야〉. 11월 15일.

_____. (2006). 〈물고기가 기가 막혀〉. 9월 7일.

_____. (2008). 〈스탈린이 '미국 6.25 참전' 유도〉. 6월 25일.

_____. (2013). 〈유대인 학살 현장 찾은 메르켈 "슬픔과 부끄러움이…"〉. 8월 22일.

_____. (2017). 〈손기정 일장기 한' 풀어준 보스턴 영웅 서윤복 하늘로〉. 6월 28일.

_____. (2018). 〈고립 풀고 평화를 … 고려 운명이 바뀐 날〉. 6월 3일.

_____. (2018). 〈정치인은 어떤 이름을 남기는가〉. 9월 14일.

_____. (2018). 〈친구가 된 독일과 이스라엘 … 양국 대사가 밝힌 화해의 길〉. 1월 23일.

_____. (2020). 〈"우리는 장진호에서 패배하지 않았다. 위대한 승리였다"〉. 12월 7일.

_____. (2020). 〈멍하니 있으면 아이디어가 불쑥? 멍 때리기의 역설〉. 2월 4일.

_____. (2020). 〈초강대국 독일, 50년 전 '바르샤바 무릎꿇기'가 시작되었다〉. 12월 7일.

_____. (2020). 〈코로나로 지지율 79% 반전 … EU가 홍보던 '메르켈 신드롬'〉. 7월 23일.

_____. (2021). 〈김일성, 적군이 38선 이북 침공하면 중국 인민군 반드시 출동해야〉. 11월 15일.

_____. (2021). 〈"조선 왕비 죽였다" 시해 가담 일본 외교관 추정 편지 발견〉. 11월 17일.

_____. (2021). 〈16년간 유럽 이끈 메르켈 "민주주의는 그냥 주어지지 않아"〉. 10월 5일.

_____. (2021). 〈왜 인문학이 필요할까〉. 10월 28일.

_____. (2021). 〈외신이 본 韓 멍 때리기 슬픈 이유 … "코로나·집값 폭등에"〉. 11월 28일.

_____. (2021). 〈중국에 당한 호주와 미국의 밀착, 아시아 안보 지형 바뀐다〉. 10월 4일.

_____. (2021). 〈호주에 핵잠 건조 지원한 미국, 한국과도 협력해야〉. 10월 5일.

_____. (2022). 〈우크라 침공 푸틴에 … "천재, 매우 요령있다" 이런 말한 트럼프〉. 2월 23일

_____. (2022). 〈틱 낫한 스님의 유언〉. 2월 10일.

《크리스천 투데이》. (2017). 〈루터의 95개조 반박문의 중심주제〉. 10월 31일.

《프레시안》. (2021). 〈미중, '투키디데스의 함정'에 빠질까?〉. 4월 22일.

《한겨레: 온》. (2018). 〈장량과 황석공의 만남〉. 3월 7일.

《한겨레》. (2006). 〈'드레퓌스 사건' 진실 알린 에밀 졸라의 '나는 고발한다'〉. 1월 12일.

_____. (2017). 〈손기정과 남승룡〉. 5월 27일.

_____. (2018). 〈정여립은 한국 최초의 공화주의자입니다〉. 4월 22일.

_____. (2021). 〈"왕비시해, 간단했다" 일 외교관 가담 적힌 편지 발견〉. 11월 17일.

_____. (2021). 〈30년 전 세상을 깨운 김학순 할머니를 기억하며〉. 8월 13일.

_____. (2021). 〈메르켈의 합리적 리더십은 독일 정치문화가 됐다〉. 8월 22일.

《한겨레21》. (2004). 〈이순신, 내부의 적과 싸우다〉. 10월 8일.

《한국경제》. (2021). 〈동양은 계곡, 서양은 바다 … 피서명소 왜 다를까?〉. 7월 23일.

《KTV》. (2013). 〈독일, 나치 피해자에 1조원 배상 … 일본과 대조적〉. 5월 30일.

《아사히신문》. (2021). 〈外交官「王妃殺した」と手紙に 126年前の閔妃暗殺事件で新資料〉. 11월 16일.

Atlantic. (2015). The Thucydides Trap: Are the U.S. and China Headed for War? Sep. 25.

The New York Times. (2021). Overlooked No More: Kim Hak−soon, Who Broke the Silence for 'Comfort Women'. Oct. 21.

The New York Times. (2021). Secret talks and a hidden agenda: Behind the U.S. defense deal that France called a 'betrayal'. Sept. 17.

인터넷사이트

〈걷기의 놀라운 효과 7가지〉. 대한민국 정책 브리핑.

〈고승대덕_서산대사〉. 대흥사.

〈동관왕묘〉. 한국민족문화대백과사전.

〈바른 정치 구현을 위한 조선시대의 언론기관, 언론 삼사〉. 문화재청.

〈삼국지연의〉. 두산백과사전.

〈서윤복〉. 대한체육회.

〈선조〉. 한국민족문화대백과사전.

〈소서팔사〉. 다산연구소.

〈승려의 삶, 서산대사〉. 한국콘텐츠진흥원.

〈우르반 대포〉. 두산백과사전.

〈원종〉. 우리역사넷.

〈이순신〉. 위키백과.

국가기록원. https://www.archives.go.kr

유엔기념공원. https://www.unmck.or.kr

기타 자료

《고려사》 권33, 세가 권제33, 충선왕 2년(1310년) 7월 을미.

《고려사절요》 권18, 원종 1년(1260년) 3월.

《고려사절요》 권24, 충숙왕(후) 4년(1335년) 윤 12월.

《미국 헌법》. 〈수정 제22조〉.

《조선왕조실록》. 〈문종실록〉 1452년(문종 2년) 2월 8일.

《조선왕조실록》. 〈문종실록〉 권12, 2년 2월 황희의 졸년기사.

《조선왕조실록》. 〈선조실록〉 선조 24년 2월 16일.

《조선왕조실록》. 〈세종실록〉 1420년(세종 2년) 5월 8일.

《조선왕조실록》. 〈세종실록〉 1438년(세종20년) 12월 7일.

《조선왕조실록》. 〈태조실록〉 1393년(태조 2년) 12월 11일.

〈귀향〉. (2016). 영화.

〈김복동〉. (2019). 영화.

〈루터〉. (2003). 영화.

〈명량〉. (2014). 영화.

〈바람과 함께 사라지다〉. (2012). 영화.

〈비엔나 전투 1683〉. (2013). 영화.

〈울지 마, 톤즈〉. (2010). 영화.

〈인 타임〉. (2011). 영화.

〈장진호 전투〉. (1952). 영화.

〈정복자 1453〉. (2012). 영화.

〈페이스메이커〉. (2012). 영화.

〈표적〉. (2021). 영화.

〈불멸의 이순신〉. (2004). 드라마.

〈뿌리 깊은 나무〉. (2011). 드라마.

〈삼국기밀: 한헌제전〉. (2018). 드라마.

〈삼국지〉. (2010). 드라마.

〈익투스〉. (2021). 다큐멘터리.

〈1950년 혹한의 겨울_장진호에서 흥남까지〉. (2015). 다큐멘터리.

〈The Battle of Chosin〉. (2016). 다큐멘터리.

염철현

고려대학교 교육학과를 졸업하고 동 대학원에서 교육행정 및 교육법 전공으로 박사학위를 취득하고 현재 고려사이버대학교(www.cuk.edu) 인재개발학부 교수로 재직하고 있다. 가르치는 자는 '먼저 읽는 자(first reader)'라는 신념으로 다양한 분야의 독서를 하고 이를 자신의 성찰로 연결시키려는 노력을 하고 있다. 주된 학술적 관심 분야는 역사, 문화, 인권, 리더십 등이며 대표적인 저역서는 《교육논쟁 20》, 《다문화교육개론》, 《차별철폐정책의 기원과 발자취》, 《부족리더십》, 《평생학습사회와 교육리더십》, 《학습예찬》, 《현대인의 인문학》 등이 있다.

hyunkor@cuk.edu

인문의 눈으로 세상을 보다

초판발행	2022년 5월 30일
지은이	염철현
펴낸이	노 현
편 집	전채린
표지디자인	BEN STORY
제 작	고철민·조영환
펴낸곳	㈜ 피와이메이트
	서울특별시 금천구 가산디지털2로 53 한라시그마밸리 210호(가산동)
	등록 2014. 2. 12. 제2018-000080호
전 화	02)733-6771
f a x	02)736-4818
e-mail	pys@pybook.co.kr
homepage	www.pybook.co.kr
ISBN	979-11-6519-275-4 94370
	979-11-6519-292-1(세트)

copyright©염철현, 2022, Printed in Korea

정 가   16,000원

박영스토리는 박영사와 함께하는 브랜드입니다.